Tharcisse Seminega

LIEBE BESIEGT HASS

Wie meine Familie vor dem Völkermord in Ruanda gerettet wurde

Englische Originalversion:

Titel: No Greater Love - How My Family Survived the Genocide in Rwanda
Autor: Tharcisse Seminega

GM&A Publishing
George Milakovich & Associates, Inc.
Layout: Greg Milakovich
Coverfoto: Evan C. Terronez
Fotos Seite: 106, 107, 146, 147, 148, 150 © Godfrey Bint

ISBN: 978-1-937188-03-0

Deutsche Ausgabe:

1, rue Charly Gaul
L-4968 Schouweiler
Luxemburg

editions@schortgen.lu
www.editions-schortgen.lu

Übersetzt aus dem Englischen von Özgül Wienecke.
In Zusammenarbeit mit Salome und Hartmut Weschkalnies.
Lektorat: Raffael Demmler, Bernd Zäpernick
Layout: Schortgen*grafic*
Druck: Schortgen*bookprint*

www.rwanda-lamourenrayalahaine.com
nogreaterlove@rwanda-nogreaterlove.com

ISBN: 978-2-919792-58-0

Mit freundlicher Unterstützung der Arnold-Liebster-Stiftung

ARNOLD LIEBSTER STIFTUNG

Für meine verstorbenen Großeltern, Petero und Tereziya, und meine Eltern, Jean-Baptiste und Emiliana. Ihre guten Beispiele inspirierten meine Liebe zu den Menschen und zu dem, was richtig ist. Sie lehrten mich Achtung vor dem Leben zu haben, und dabei meinen Sinn für Gerechtigkeit und Loyalität zu schärfen.

Für meine Frau Chantal und meine Kinder: Marie-Providence, Pierre, Naomi, Joel und Benjamin. Ihre anhaltende Unterstützung und Zuneigung in schwierigen Zeiten waren wesentlich dafür, das Schreiben dieses Buches nicht aufzugeben.

Für Adolphe, Justin, Damascène, Félicité, Canisius, Innocent und viele viele andere, deren selbstlose Liebe mir und meiner Familie zum Überleben verhalf. Ohne sie wären wir nicht hier, um unsere Geschichte zu erzählen.

Mein größter Dank jedoch gilt dem Allerhöchsten, der die Menschen in seinem Bild geschaffen hat. Alles, was wir über Liebe und Gerechtigkeit wissen, ist ein Spiegelbild dessen, was er ist.

„Die größte Liebe beweist der, der sein Leben für seine Freunde hingibt."

(Johannesevangelium Kap. 15, Vers 13;
Neue evangelistische Übersetzung)

Inhaltsverzeichnis

Danksagungen

Ich bin dem verstorbenen Professor Alexandre Kimenyi zutiefst dankbar, der mich zum ersten Mal dazu einlud, vor einem großen Publikum über meine Erfahrungen während des Völkermords an den Tutsi in Ruanda zu sprechen. Das war an der *California State University* in Sacramento. Außerdem ermutigte er mich, meine Erfahrungen aufzuschreiben und meine Erinnerungen und die meiner Familie in einem Buch für künftige Generationen festzuhalten. Ohne seine freundliche Ermutigung wäre ich nie auf die Idee gekommen, *Liebe besiegt Hass* zu schreiben.

Auf der Zweiten Internationalen Konferenz über Völkermord 2004 erwiesen mir Professor Kimenyi und seine Gattin, Professorin Mathilde Mukantabana, außerordentliche Gastfreundschaft. Professorin Mukantabana machte mir Mut, meine Lebensgeschichte aufzuschreiben, weil die Informationen einer edlen Sache dienen könnten: Der Menschheit verstehen zu helfen, was die Tutsi in Ruanda durchgemacht haben, während die Welt im Allgemeinen keine Notiz davon nahm. Seit 2013 arbeitet Professorin Mukantabana als außerordentliche und bevollmächtigte Botschafterin der Republik Ruanda in den Vereinigten Staaten sowie als nichtansässige Botschafterin für Mexiko, Brasilien und Argentinien.

Besonders dankbar bin ich auch Ilka Hartmann. Als ich sie kennenlernte, lehrte sie an der *Sonoma State University* in Rohnert Park, Kalifornien, im *Center for the Study of the Holocaust & Genocide*. Ich war beeindruckt von ihrem Wissen über den Völkermord an den Juden in Europa sowie von ihrem großen Interesse an den Geschehnissen des Genozids an den Tutsi in Ruanda. Die durch sie ermöglichten Gelegenheiten, in verschiedenen Bildungseinrichtungen in den Vereinigten Staaten über meine Erfahrungen aus der Zeit des Genozids zu sprechen, ermutigten mich und stärkten mein Selbstvertrauen, dieses Manuskript vorzubereiten. Der Philosophieprofessor und Völkermordforscher John K. Roth, Mitherausgeber von *Genocide in Rwanda: Complicity of the Churches*, überprüfte freundlicherweise mein Manuskript und steuerte ein fundiertes und eloquentes Vorwort bei. Tobiah Waldron von *Positive Indexing* stellte dem Projekt sein Fachwissen zur Verfügung.

Ich möchte mich bei der *Arnold-Liebster-Stiftung* und der *Laura and Lorenz Reibling Family Foundation* für ihre Unterstützung bei der Veröffentlichung dieses Buches bedanken. Ebenso bei Greg und Sandra Milakovich von der *Arnold-Liebster-Stiftung*, die maßgeblich dazu beigetragen haben, bei Bildungs- und Forschungseinrichtungen das Interesse für *Liebe besiegt Hass* zu wecken.

Vor allem aber gilt mein aufrichtiger Dank meiner Familie für ihre schriftlichen Beiträge und ihre Unterstützung bei dieser Arbeit. Ich bin meiner Frau Chantal, meinen Töchtern Marie-Providence und Naomi und meinen Söhnen Pierre, Joel und Benjamin für ihr Lächeln und ihre liebevolle Unterstützung zutiefst dankbar.

Vorwort

Manchmal kommt es zu wirklich merkwürdigen Zufälligkeiten. Als ich gebeten wurde, das Vorwort zu diesem Buch zu schreiben, hatte ich gerade vom Politischen Archiv des Auswärtigen Amts in Berlin die Nachrichten erhalten, dank einer mir gewährten Schutzfristverkürzung die Akten zu Ruanda auch aus den Jahren 1991 bis 1994 ansehen zu dürfen. Normalerweise beträgt die Schutzfrist für Archivalien des Auswärtigen Amts dreißig Jahre, ich hätte also noch bis 2024 warten müssen, ehe ich hätte nachlesen können, was die Deutsche Botschaft über die Entwicklung in Ruanda in den Jahren und vor allem Monaten vor dem Völkermord zu berichten wusste.

Von Maßnahmen las ich, die, als eine allein deutsche Initiative oder eingebettet in einen internationalen Kontext, die Spannungen zwischen Hutu und Tutsi verringern helfen sollten. Namen von Personen fanden sich in den Berichten, Personen, die hoffnungsvoll Programme entwickelten für ein geeintes, friedliches Ruanda und die doch wenige Tage später ermordet werden sollten. Ein Abgrund tat sich auf und niemand schien zu erkennen, wie nahe ihm der Rand schon gekommen war. Der letzte Bericht aus der Botschaft in der Hauptstadt Kigali trägt das Datum vom 6. April 1994. In erkennbar großer Eile und mit vielen Einschüben und Korrekturen verfasst, zeugt er von einer Situation, die als hochexplosiv zu beschreiben nicht übertrieben ist. Morde, Plünderungen und fortwährende Kontrollen an Straßensperren, wo ein fanatisierter Mob seinem Freund-Feind-Verständnis freien Lauf lassen konnte, waren alltägliche Phänomene geworden. Dass der Bericht handgeschrieben ist, zudem noch in roter Kugelschreiberschrift, verstärkt den Eindruck der Dramatik, die auch mehr als 25 Jahre später beklommen macht.

Am Abend dieses 6. April 1994, kurz nach 20 Uhr, wird das Flugzeug, das den ruandischen Staatspräsidenten Juvénal Habyarimana von einer Konferenz nach Kigali zurückbrachte, beim Landeanflug abgeschossen. „Die Tutsi haben unseren Präsidenten ermordet“, geht es wie ein Lauffeuer durch das Land. Ruanda ist klein, mit gut 26 000 Quadratkilometer noch um einige tausend Quadratkilometer kleiner als das deutsche Bundesland Brandenburg. Von Nord nach Süd und von West nach Ost verbreitet sich im Nu die Nachricht, die nicht mehr als ein Gerücht ist. In Kigali und in den Regionen nördlich und östlich der Hauptstadt beginnt noch in der Nacht auf den 7. April das Morden. Zuerst werden die Menschen beseitigt, die sich den Hutu-Extremisten noch in den Weg hätten stellen können. Gemäßigte, auf Ausgleich und Verständigung mit der Tutsi-Minderheit bedachte Hutu-Politiker, bekannte Tutsi, die in großen Teilen der Bevölkerung Respekt und Sympathie genießen. Dann ist der Weg frei für das eigentliche Ziel der Mörder: die Vernichtung aller Tutsi in Ruanda.

Die Akten im Auswärtigen Amt schweigen über die einhundert Tage, die der Völkermord dauerte. Es gab niemanden mehr vor Ort. Wie die anderen diplomatischen Vertretungen wurde auch die Deutsche Botschaft evakuiert. Wer möchte, kann sich noch heute Filmaufnahmen über diese Evakuierungsaktionen ansehen. Verängstigte Europäer sind darauf zu sehen, die mit Haustieren und Habseligkeiten auf die Ladeflächen von Militär-Lkw steigen, die sie zum Flughafen und in Sicherheit bringen. Ihre Tutsi-Mitarbeiter werden zurückgelassen. Sie reihen sich ein in die Menge der Tutsi in Kigali, die verzweifelt und mit schreckensgeweiteten Augen die Rettungsaktion verfolgen, die für sie ein Todesurteil ist, denn in Sichtweite zum Geschehen schleifen bereits Hutu-Killer ihre Macheten auf dem Straßenasphalt.

Es gibt eine ganze Reihe von Berichten Überlebender, denen wir entnehmen können, was danach geschah. Nicht nur in Kigali, sondern überall in Ruanda. Es sind Berichte der Verzweiflung, der Anklage und immer wieder der Versuche, eine Antwort auf die Frage nach dem Warum zu finden. Kein Bericht ist wie der andere. Natürlich nicht. 800.000 Ermordete sind eine Zahl, die erschreckt und doch nur eine äußerst ungefähre Vorstellung von dem entstehen lässt, was menschliches Leid ausmacht. Das Schicksal Einzelner verschwindet hinter der hohen Zahl. Es kenntlich zu machen, vor dem geistigen Auge des Lesers eine Welt entstehen zu lassen, für die Bezeichnung Apokalypse die angemessene ist, ist ein schwieriges Unterfangen. Tharcisse Seminega ist es gelungen. Und es ist ihm noch weit mehr gelungen, nämlich Hoffnung zu machen für den Glauben an Mitmenschlichkeit selbst da, wo Staat und Gesellschaft unablässig und fordernd das Gegenteil propagieren. Es ist keine Übertreibung, wenn ich sage, dass ich es als Ehre empfinde, das Vorwort zu diesem Buch schreiben zu dürfen.

Über Wochen hinweg waren Menschen in Ruanda ohne zu zögern bereit, Tharcisse Seminega und seine Familie zu verstecken und zu versorgen, trotz der allzeitigen engen sozialen Kontrolle durch das Umfeld (Ruanda war und ist eines der am dichtesten besiedelten Staaten Afrikas) und der damit verbundenen Lebensgefahr für die Helfer. Tiefe Religiosität und Gottvertrauen ließen sie nicht zweifeln. Mitglieder anderer Glaubensgemeinschaften, allen voran der katholischen als der größten im Land, verhielten sich anders. Für viele von ihnen waren Christ sein und ein Mörder sein im Namen höherer, nationaler Interessen mühelos vereinbar. Zahlreiche Priester beteiligten sich selbst an den Mordaktionen oder sorgten, wie auch Nonnen, dafür, dass der Massenmord in Kirchen, Klöstern und auf dem dazugehörenden Gelände reibungslos durchgeführt werden konnte.

Ich erinnere mich noch an den Besuch in der Kirche von Ntarama, einer Ortschaft gut eine halbe Autostunde südlich von Kigali. 5000 Tutsi wurden am 15. April 1994 in und vor der Kirche getötet. Noch acht Jahre später sieht das Kircheninnere aus, als habe das Morden erst vor kurzem stattgefunden. Der Boden im Gang und zwischen den Bänken ist bedeckt von einer makabren Mischung aus menschlichen Knochen, Kleidungsresten, Töpfen und Tellern und halbzerrissenen Gebetbüchern oder religiösen Heften. Handtaschen und aufgerissene Koffer, aus denen die Habseligkeiten der in Panik geflüchteten Tutsi quellen, liegen umher. Auch ein populärwissenschaftliches Lexikon gehört offensichtlich zu den Schätzen, die gerettet werden sollten, ebenso wie ein Buch, das just an der Stelle aufgeschlagen ist, wo ein weißes und ein schwarzes Mädchen schwesterliche Eintracht demonstrieren. Jetzt wirkt es nur noch wie ein naiver und völlig deplatzierter Appell zur Überwindung rassischer Vorbehalte. Gebeine und Totenschädel, die an den Wänden und in den Ecken aufgehäuft wurden, warten darauf, in Säcke gefüllt und dann, nach einer Zwischenlagerung in einem Nebenraum, in dem bereits etliche Säcke stehen, zur Reinigung gebracht zu werden. Zuständig dafür sind eine Frau und ein Mann, beide, wie sie sagen, Überlebende des Massakers. Schon seit Jahren arbeiten sie auf dem Kirchengelände, am Anfang, um Beweise zu sichern, jetzt um die Erinnerung wach zu halten. Sie sitzen vor zwei mit einer Lauge gefüllten Eimern, in die sie die Schädel und Knochen eintauchen, um sie danach mit einer Bürste zu bearbeiten. Eintauchen, abschrubben, eintauchen, abschrubben, der Ablauf sitzt, als handelte es sich um Karotten. Die gereinigten Schädel und Knochen werden in einer Art Schuppen aus Holz mit vielen, die Luftzirkulation sichernden Spalten in den Wänden gelagert oder, genauer gesagt, ausgestellt. Auf zwei zirka fünfzehn Meter langen und bis zu zwei Meter breiten Tischen sind zunächst die Totenschädel aneinandergereiht, nebeneinander und hintereinander. Dann folgen die Knochen. Oberschenkelknochen sind es zumeist. Dicht an dicht liegen sie, manchmal auch mehrere übereinander. Ein Kondolenzbuch lädt dazu ein, Wünsche, Gedanken, Hoffnungen zu äußern. Die Betroffenheit der Besucher ist mit den Händen zu greifen. Immer wieder der Appell „never again". „Manchmal haben wir den Eindruck", sagt die Frau und der Mann nickt zustimmend, „als kämen die Menschen zu uns aus einer anderen Welt".

Es ist in der Tat eine emotionale und intellektuelle Herausforderung, die Welt Ruandas im Jahr 1994 und in den Jahren davor, die zum Völkermord geführt haben, verstehen zu wollen. Durch Tharcisse Seminega erfahren wir, wie gespalten die ruandische Gesellschaft schon zu kolonialer Zeit war und mit welcher Hypothek des innergesellschaftlichen Misstrauens und der Feindschaft das Land 1962 in die Unabhängigkeit entlassen wurde. Wir verfolgen den Weg seiner Familie ins Exil, die Versuche, sich dort trotz aller Widrigkeiten eine Existenz aufzubauen, dann die Rückkehr nach Ruanda, Heirat und Geburt der Kinder und das gemeinsame Leben in einem Land, in dem Tutsi jederzeit zum Ziel staatlicher Repression und Willkür werden konnten. Doch Heimat ist Heimat und darum hat er ein Interesse, dass das Leben in ihr besser wird. Wie schwierig das ist, wie groß die Vorbehalte seiner Hutu-Kollegen gegen ihn, den Tutsi sind, der es bis zum Hochschullehrer gebracht hat, erfährt er beinahe täglich. Als im Oktober 1990 der Krieg beginnt, der zu einer Befreiung des Landes von der Hutu-Herrschaft und der Unterdrückung der Tutsi führen soll, bekommt der ohnehin sehr fragile Lebensalltag weitere tiefe Risse. Da die Angreifer Tutsi sind, müssen, so die simple Logik der Machthaber in Kigali, auch alle Tutsi im Land zu den Feinden gerechnet werden. Die Hoffnung auf ein besseres Leben zerschlägt sich, ein erneutes Exil ist nicht möglich. Allein die Familie und enge Freunde sind noch eine Stütze, und selbstverständlich die Glaubensgemeinschaft der Zeugen Jehovas, in der für alle, ob Hutu oder Tutsi, Zuspruch und Halt zu erfahren sind.

Tharcisse Seminega berichtet nicht allein. In dem Buch äußern sich auch seine Frau und seine Kinder. Relativ kurz, wenn es um die Zeit vor dem Völkermord geht, ausführlich und über Seiten, wenn sie aus ihrer jeweiligen Perspektive darstellen, wie sie den Völkermord überlebt haben. Zu Wort kommen ebenfalls einige der Menschen, ohne deren Hilfe die Familie Seminega den Völkermord nicht überlebt hätte. Vater, Mutter und die fünf Kinder wären erschossen oder mit Macheten oder Keulen erschlagen worden. Mit Beklommenheit liest man Passagen in den Berichten der Überlebenden, in denen die Täter des Völkermords sich ihrer Taten rühmen. In ihrem Versteck nur durch eine dünne Wand von der Außenwelt getrennt, mussten Eltern und Kinder mitanhören, wer wo umgebracht worden war und wem die Mörder einen langsamen, qualvollen Tod zugedacht hatten.

Im Ruanda des Jahres 1994 erwies sich wieder einmal, dass die Richterskala der Scheußlichkeiten nach oben offen ist. Immer wieder fragt man sich bei der Lektüre, wie Menschen dergleichen überstehen können. Der Familie Seminega ist dies offensichtlich gelungen. Fotos aus späteren Jahren zeigen die Familienmitglieder lächelnd, offen in die Kamera schauend, der familiäre Zusammenhalt ist förmlich zu spüren. Überhaupt die Fotos: Sie unterstreichen auf eindrucksvolle Weise die Berichte im Buch. Wir sehen Personen und Orte, die uns hineinholen in das Geschehen: die Selbstbewusstsein und Würde ausstrahlenden Gesichter von Menschen, die sich trotz aller Anfeindungen als Teil der Gesellschaft verstehen; das Haus mit Keller und der Ziegenstall, die wochenlang als Zufluchtsorte dienten; einige der Helferinnen und Helfer, ohne deren Handeln das vorliegende Buch nicht hätte geschrieben werden können.

Dass die Liebe den Hass zu besiegen vermag ist ein Satz, der sich wohl hart am Rande des Klischees bewegt. Dennoch ist er wahr. In den Jahren 2007 und 2009 gehörte der Verfasser dieses Vorworts selbst zu den Organisatoren von zwei Konferenzen, auf denen Hutu, die während des Völkermords Tutsi gerettet hatten, ausgezeichnet werden sollten. Es war ein überaus mühseliges Verfahren, Helferinnen und Helfer ausfindig zu machen, die tatsächlich und ausschließlich in der angenommenen Weise gehandelt hatten. Zahlreiche Fälle waren nämlich publik geworden, in denen Helfer, gerade um ihre Hilfe praktizieren zu können und keinen Verdacht zu erregen, an Völkermordaktionen teilgenommen hatten, sei es als Mitläufer und Plünderer, sei es als Denunzianten und Mörder. Ich bin überzeugt, dass es uns gelungen ist, wirkliche Helferinnen und Helfer zu identifizieren, so wie auch Tharcisse Seminega nicht daran zweifelt, dass er seine Rettung und die seiner Familie Menschen verdankt, deren Glauben die Hilfe für den Nächsten als Selbstverständlichkeit erachtet.

Allerdings gibt es einen bedeutenden Unterschied zwischen unserer Initiative und den Erfahrungen der Familie Seminega. Während unsere Initiative nach 2009 eingestellt werden musste, weil die Finanzierung nicht mehr gesichert war, ist das Buch von Tharcisse Seminega in der Welt. Man kann es lesen und sich selbst ein Bild machen von dem komplexen Geschehen in Ruanda, in dem die menschenrettende Lösung an doch so einfachen, für viele aber offenkundig unüberwindbar schwierigen Gesten hing. Mit der Botschaft, dass nicht alle Hutu Täter waren, der Vorwurf der Kollektivschuld mithin falsch ist, leistet das Buch einen wichtigen Beitrag zur Annäherung zwischen den Bevölkerungsgruppen. So trägt es dazu bei, die Versöhnung zwischen Hutu und Tutsi möglich zu machen. Was kann man Schöneres über ein Buch sagen?

Dr. Gerd Hankel
Hamburger Stiftung zur Förderung von Wissenschaft und Kultur,
Hamburger Institut für Sozialforschung

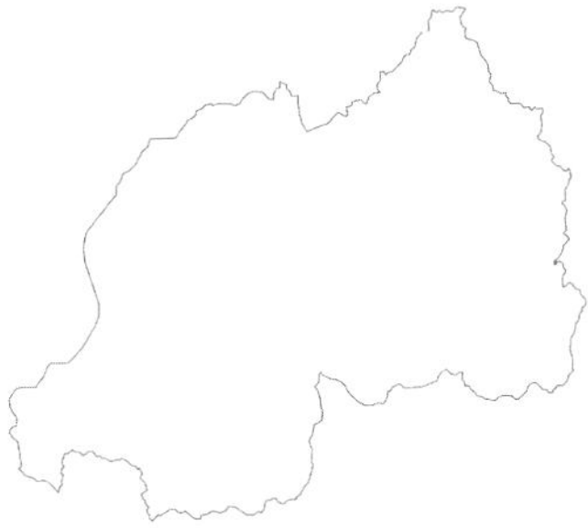

Vorwort zur englischen Originalausgabe

„Wird Völkermord jemals enden?“ Diese Frage hat mich für lange Zeit verfolgt und gequält. Es ist eine entscheidende Frage für die Menschheit und ihre Zukunft, mit der wir uns im dritten Jahrzehnt des einundzwanzigsten Jahrhunderts immer noch beschäftigen.

2002 arbeitete ich mit Carol Rittner und James M. Smith zusammen, der nach dem Völkermord in Ruanda unermüdlich tätig war, um an einem Buch zu arbeiten, welches genau diese Frage als Titel hatte: „Wird Völkermord jemals enden?“. Diese Forschungsergebnisse stützen die Kernaussagen des bemerkenswerten Buches *Liebe besiegt Hass: Wie meine Familie vor dem Völkermord in Ruanda gerettet wurde* von Tharcisse Seminega.

Der Tutsi-Autor erhielt in Ruanda eine römisch-katholische Erziehung. Seine umfassende Ausbildung sollte ihn auf das Priesteramt vorbereiten. Seminega wurde jedoch bis zum Jahr 1971 zunehmend bewusst, dass diese Laufbahn durch ethnische und rassistische Spaltungen beeinträchtigt wurde. Also wandte er sich dem Doktoratsstudium und einer Lehrtätigkeit in den Biowissenschaften zu. Während dieser Zeit lernte er Mitglieder der Gemeinschaft der Zeugen Jehovas kennen. Ihr Einsatz für den respektvollen Umgang miteinander beeindruckte ihn so sehr, dass er 1981 selbst ein Zeuge Jehovas wurde.

Liebe besiegt Hass zeigt, dass Religion ein starkes und überzeugendes Mittel zur Verhinderung von Völkermorden sein kann. Dies gilt besonders, wenn die Religion einem Weg wie den von Seminegas Glaubensgemeinschaft der Zeugen Jehovas folgt, deren Achtung und Liebe einen jeden einschließt. Die meisten Beobachter sind nach wie vor davon überzeugt, dass der ruandische Völkermord hätte verhindert oder gestoppt werden können, wenn es zu starken religiösen Protesten gekommen wäre. Der ruandische Völkermord hat aber auch gezeigt, wie Religion eine zentrale Rolle dabei spielte, den vom herrschenden Hutu-Regime begangenen Massenmord an den Tutsi anzuheizen. Religion kann Menschen trennen und die Gewalt des Völkermords legitimieren. Ohne diese zerstörerischen Aspekte von Religion wäre das Buch von Seminega nicht notwendig gewesen, weil es den Völkermord in Ruanda gar nicht erst gegeben hätte.

Wird Völkermord jemals enden? All die Katastrophen nach dem Völkermord in Ruanda, beispielsweise in Darfur, in der Demokratischen Republik Kongo, in dem vom islamischen Staat (ISIS) kontrollierten Gebieten im Irak und in Syrien sowie in Myanmar scheinen eine entschiedene Antwort zu geben: *Nein*. So haben manchmal auch meine Studenten gedacht. Zu Beginn des Semesters fragte ich in meinen Vorlesungen über Völkermord jeweils: „Wird Völkermord jemals enden? Heben Sie Ihre Hand, wenn Sie glauben, dass die Antwort auf diese Frage *Ja* ist – oder möglicherweise Ja sein könnte." Ich kann mich nicht erinnern, dass jemals zu Beginn des Semesters eine Hand nach dieser Frage gehoben wurde. Aber als der Kurs voranschritt und ich diese Frage erneut stellte, hatte die Skepsis der Studenten zumindest etwas nachgelassen, und ein paar Hände gingen hoch. Und noch mehr Studenten hätten eigentlich gern die Hand heben wollen, wenn sie nur Gründe dafür hätten finden konnten.

Zu Recht ist Völkermord als das schlimmste Verbrechen überhaupt bezeichnet worden. Auch wenn fehlgeleitete und korrupte Gemeinschaften anders denken und handeln, Fakt ist: Dieses Verbrechen nützt niemandem. Meine Studenten haben das gespürt und konnten diese Überzeugung dank ihres Studiums zum Thema Völkermord tief in ihrem Innern verankern. Wie sehr ich mir wünschte, ich hätte sie *Liebe besiegt Hass* lesen lassen können – glücklicherweise kann das jetzt jeder – denn Seminega zeigt, dass die Antwort auf die Frage: „Wird Völkermord jemals enden?" ein *Ja* sein kann und definitiv sein muss – ungeachtet der offensichtlichen Gründe, die dagegensprechen mögen.

Diese Aussage des Buches ist natürlich keine Garantie dafür, dass Völkermord jemals wirklich ein Ende findet. Aber wenn wir nicht herausstellen, dass die Antwort ein *Ja* sein kann und definitiv sein muss, dann würden wir etwas tun, was kein Leser dieses Buches für glaubwürdig halten sollte. Lassen Sie mich erklären, was ich meine: Natürlich hat Seminega recht, wenn er sagt, dass vor seinem Buch schon viele andere Bücher über

Ruanda erschienen sind. Aber nach den vielen Büchern, die ich gelesen habe, kann ich sagen, dass Seminegas Buch wirklich herausragend ist. *Liebe besiegt Hass* enthält nicht nur einen klaren, umfassenden und kompakten historischen Einblick, sondern liefert auch den Zeitzeugenbericht einer ganzen Familie: Tharcisse Seminega, seine Frau Chantal und ihre fünf Kinder – Marie-Providence, Pierre, Naomi, Joel und Benjamin – haben alle den Genozid überlebt, hauptsächlich durch die Hilfe ihrer Freunde, die ebenfalls Zeugen Jehovas waren und aus der Gruppe der Hutu stammten.

Der letztgenannte Punkt ist von entscheidender Bedeutung, denn die Berichte von Seminega und seiner Familie – ihre Stimmen sind auf diesen Seiten deutlich hörbar – bezeugen, dass der Widerstand gegen Völkermord an unterschiedlichen Orten zu finden war, auch inmitten der Volksgruppe, die das Verbrechen begangen hat. Wer sagt, Völkermord werde niemals enden und nicht einmal bereit ist, in Betracht zu ziehen, dass dies möglich ist oder möglich sein muss, der missachtet und entehrt die Helfer und Retter der Seminegas. Er verachtet und entwertet die Nächstenliebe, die diese Zeugen Jehovas zum Handeln motiviert hat. Für einen jeden, der Völkermord als falsch erachtet – wie es jede glaubwürdige Ethik verlangt – ist eine solche Haltung nicht tragbar.

Seminega lobt die lebensrettenden Lehren der Zeugen Jehovas. Das ist gut und richtig, denn wie der Autor sagt, ist das Buch *Liebe besiegt Hass* wahrscheinlich „das erste einer Familie von Zeugen Jehovas, die Dank der organisierten Rettungsaktionen ihrer Glaubensbrüder und Freunde überlebt haben." Folglich appelliert das Buch an Menschen wie mich, die nicht zu dieser Gemeinschaft gehören: Verinnerlichen Sie sich die ethischen Werte, dank derer die Seminegas gerettet wurden, und folgen Sie diesem Beispiel. Ich persönlich bin dankbar für diese Einladung. Sollte nicht jeder lebensbejahende Mensch gemeinsam mit Seminega, seiner Familie und ihren Rettern den Respekt für und die Liebe zu allen Mitmenschen hochhalten wollen? Positive Antworten auf diese Frage sind entscheidend, damit wir sagen können, dass die Antwort auf die Frage „Wird Völkermord jemals enden?" ein klares *Ja* sein kann, sogar sein muss.

John K. Roth
Edward J. Sexton Professor Emeritus of Philosophy,
Claremont McKenna College

Prolog

Über Memoiren und das Gedächtnis

Wenn das Leben normal verläuft, vergeht jeder Tag schnell und ruhig. Jeder Tag füllt den Eimer der Erinnerungen mit einigen Tropfen. Schaut man zurück, kann man aus dem Eimer trinken, aber man kann nicht immer jeden Tropfen klar identifizieren. Momente und Gespräche werden zu Eindrücken – sie sind real, sie sind wahr, aber sie verschwimmen ineinander und sind schwer voneinander zu trenne.

In Krisenzeiten ist jedoch alles anders. Die Zeit bleibt stehen, friert ein. Jeder Augenblick, jede Handlung, jedes Wort wird in dein Gedächtnis eingebrannt, als ob dein Überleben davon abhängt, denn es könnte wirklich davon abhängen. Du fühlst dich ständig, als wäre jetzt der allerletzte Moment deines Lebens, denn es könnte wirklich der letzte sein.

Ich schreibe dieses Buch, um Ihnen die wahre Geschichte meiner siebenköpfigen Familie zu erzählen und wie wir unbegreifliche Schrecken überlebt haben. Diese Monate des Jahres 1994 sind in unser Gedächtnis eingebrannt. Alles, was wir Ihnen erzählen werden, entspricht der Wahrheit. In diesem Buch finden Sie vertrauenswürdige Augenzeugenberichte von jedem Überlebenden und von unseren Helfern. Wir werden diese „eingefrorenen" Erinnerungen mit Ihnen teilen. Glauben Sie uns. Wir können sie nicht vergessen.

Beim Lesen über diese Seuche, die hundert Tage in meinem Heimatland wütete, werden Sie einfachen Menschen begegnen, die zu Mördern und Mittätern wurden. Wenn man die Machete schwingenden *génocidaires* vor Augen hat, entsteht natürlich die Frage: „Wer waren sie?" Die beunruhigende Antwort lautet: Unsere Nachbarn,

Klassenkameraden und Kollegen. Welcher Wahn drang in ihre Köpfe und Herzen? Noch immer kann ich das nicht völlig begreifen.

Die meisten Menschen in Ruanda waren Christen, und doch griffen viele dieser Christen zu Knüppeln und Macheten, um ihre Nachbarn zu ermorden – manchmal sogar in Kirchen, sogar mit dem Segen und der Unterstützung ihrer Priester und Pfarrer. Der Feuereifer, der gewöhnliche Menschen in einem so unvorstellbaren Ausmaß zum Morden trieb, könnte selbst das hoffnungsvollste Herz zur Verzweiflung bringen.

Und die über 800 000 Menschen, die ein gewöhnliches Leben führten, bis zu dem Tag, an dem ihr Blut die tausend schönen Hügel Ruandas mit Blut befleckte – waren sie alle wirklich unschuldige Opfer? Oder kamen sie – wie manche uns glauben machen wollen – in einer unvermeidlichen Explosion von Stammeshass und Unterdrückung um, die sich schon seit Jahrhunderten angebahnt hatte? Sie werden auch einige kennenlernen, die genau das behaupten. Ich werde Ihnen sagen, was ich weiß, und Sie können sich selbst Ihre Meinung bilden, ob ihr Tod wirklich unvermeidlich war.

Sie werden Geschichten von einigen Menschen hören, die sich scheinbar nicht klar waren, auf welcher Seite sie stehen wollten. Einige trugen die Waffen der Mörder, halfen uns aber ganz spontan. Andere wiederum retteten uns zwar nicht, verrieten uns aber auch nicht. Einige Freunde und Fremde halfen, weil sie unsere Verzweiflung sahen. Jedem von all diesen Menschen gebührt unsere Dankbarkeit für das, was sie taten beziehungsweise nicht taten.

Schließlich werden Sie auch die Menschen treffen, die zu Helden wurden: Einfache Menschen, die sich aktiv für unsere Rettung eingesetzt haben. Sie haben dabei eine tiefe Liebe gezeigt, eine Liebe, die größer ist als das Leben selbst. Wer waren diese Menschen? Ich werde es Ihnen erzählen. Noch heute bewegen mich ihre selbstlosen und mutigen Taten jeden Tag zu der Frage: Was bin ich für ein Mensch und wie weit wird meine Liebe reichen?

Viele andere haben ihre Geschichten über diese schrecklichen Tage im Jahr 1994 erzählt. Warum erzählen wir Ihnen unsere? Zum einen, weil wir überlebt haben. Ja, wir alle haben überlebt. Sieben Menschen, darunter fünf Kinder, wurden monatelang erfolgreich versteckt. Inmitten der grausamsten und aktivsten Bemühungen, uns zu jagen und zu vernichten, nicht nur durch ausgebildete Mörder, sondern auch durch gewöhnliche Menschen.

Wir haben nicht überlebt, weil wir von den *génocidaires* übersehen wurden. Nein, wir wurden ausdrücklich zur gnadenlosen Hinrichtung bestimmt. Wie haben wir dann überlebt? Waren es unsere Gebete, unser Glaube an Gott? War unser Leben für ihn wertvoller als das der Opfer, die ermordet wurden und immer noch auf Gerechtigkeit warten? Sicherlich nicht. Dieser Gedanke wäre ungeheuerlich.

Und doch ist uns klar: Die Ehre gebührt Gott. Warum eigentlich? Weil er uns zur Rettung Engel gesandt hat? Nein, unsere Retter waren Menschen. Sie waren Hutu, also Teil der ethnischen Gruppe, die die Vernichtung der Tutsi zum Ziel hatte. Aber unsere Retter wollten anders sein. Unsere Geschichte des Überlebens ist die Geschichte der Liebe, die sie uns entgegenbrachten. Es ist wahre selbstlose Liebe, wie sie Jesus bei seinen Nachfolgern sehen wollte. Die Kraft dieser Liebe ist ein Hoffnungsschimmer in einer Geschichte, die ansonsten in blutbefleckte Dunkelheit gehüllt ist.

Die folgenden Seiten sind ein Zeugnis der Ereignisse in Ruanda im Jahr 1994. Mit *Liebe besiegt Hass* möchte ich eine Möglichkeit bieten, über die tieferen Ursachen des Völkermordes nachzudenken und zu erkennen, wie er auf unglaubliche Weise ganz gewöhnliche Menschen verändert: Viele zu brutalen Mördern, aber einige auch zu tapferen Helden.

Um unsere Erfahrungen auf verständliche Weise zu erzählen, muss ich etwas weiter ausholen und in eine Zeit zurückgehen, in der das Leben ruhig und gut war. Eine Zeit, in der ich mich nicht an die Einzelheiten jedes Moments und jedes Gesprächs erinnern brauchte. Um die Ereignisse dieser Zeit möglichst verständlich und gleichzeitig auch wahrheitsgetreu wiedergeben zu können, musste ich einige kleine Erinnerungslücken füllen und Ereignisse zusammenfassen. Vielleicht haben sich hier und da Tropfen in meinem Eimer vermischt, aber das Wasser, das ich für Sie schöpfe, ist so klar und rein wie möglich.

Dies ist unsere Geschichte.

Meine Familie heute. Von links nach rechts: Naomi, Benjamin, Pierre, Chantal, Tharcisse, Joel und Marie-Providence. Ich wünschte, ich könnte Ihnen Fotos von unseren Kindern zeigen, wie sie in Ruanda aufwuchsen. Die meisten unserer Familienfotos wurden uns aus einem äußerst niederträchtigen Grund gestohlen, wie ich später erklären werde.

Einführung

Paris, Internationaler Flughafen Charles de Gaulle, August 1988

„Papa, ich verstehe es immer noch nicht: Warum müssen wir unbedingt zurück nach Ruanda?" Meine älteste Tochter sah mich über einen Berg aus Gepäck hinweg an, ihr Blick war grimmig und flehentlich zugleich. Als unsere Erstgeborene und die stärkste Persönlichkeit unter unseren fünf Kindern war die neunjährige Marie-Providence deren Anführerin und Sprecherin. Der siebenjährige Pierre schaute von seinem Buch auf, das er in aller Stille las. Die fünfjährige Naomi, mein kleines Papakind, schmiegte sich an mich und wartete vertrauensvoll auf meine Antwort. Ich warf meiner Frau Chantal einen Blick zu, die so tat, als würde sie mit dem Baby und dem dreijährigen Joel beschäftigt sein. Ich wusste, dass auch sie zuhörte.

Natürlich hatten wir das Thema schon oft besprochen und es den Kindern so gut wie möglich erklärt. Chantal hatte sich zwar mit unserem Umzug abgefunden, aber selbst zu diesem Zeitpunkt war sie noch immer nicht dafür. Was sollte ich Marie nun sagen? Sie war für ihr Alter sehr schlau und wissbegierig und nahm genau wahr, ob ich wirklich die Wahrheit sagte. Ich holte tief Luft:

„Marie, erinnerst du dich, was Jesus gesagt hat: ‚euer Wort Ja bedeute…'?"

„‚... einfach ja'?"

„Genau. Wenn wir Christen sein wollen, müssen wir unser Wort halten. Als ich für mein Studium und meine Promotion hierhergeschickt wurde, hatte ich versprochen, für fünf Jahre an die *National University of Rwanda* zurückzukehren. Jetzt muss ich mein Versprechen halten. Denn genau das macht einen echten Christen aus. Siehst du? Ganz einfach."

Chantal schnaubte leise, es klang nach Liebe und Verzweiflung zugleich. Als wir uns Jahre zuvor in Italien kennengelernt hatten, waren wir beide desillusionierte junge Ausländer gewesen. Ich hatte damals vor Kurzem das Studium zum katholischen Priester aufgegeben. Und sie, sie war eine fromme Nonne gewesen, die sich bald gegen ihren bisherigen Lebensweg entscheiden würde. Später verliebten wir uns und heirateten.

Ich musste mich weiterbilden, um für meine wachsende Familie sorgen zu können und unsere Lebenssituation zu verbessern. So waren wir in Frankreich gelandet. Aber jetzt wollte ich meiner Verpflichtung nachkommen und in unsere Heimat zurückkehren.

Mir war klar, dass die politische Lage dort prekär war. Aber mit Politik hatte ich sowieso nichts zu tun. Warum sollte ich mir da Gedanken machen? Ich hatte schöne Erinnerungen an meine Heimat. Außerdem wollte ich, dass meine fünf Kinder diesen besonderen Ort kennenlernen, mit seinem Klima des ewigen Frühlings, seinen herzlichen und gastfreundlichen Menschen, seinen vielen schönen Hügeln und Vulkanen, seinem reichen kulturellen Erbe an Gesang, Tanz und Kunst. Und sie sollten die weltberühmten Berggorillas sehen, die sich dort tummeln. So malte ich es mir aus, als ich mit meiner Familie am Flughafen saß und auf die Durchsage für unseren Flug nach Kigali wartete. Wir hätten niemals gedacht, zu welch einem Alptraum unser Leben in Ruanda werden würde.

Aber Moment mal.

Wir hätten es eigentlich wissen müssen. Chantal und ich hatten bereits beide Hass und Verfolgung erlebt, einfach nur weil wir Tutsi waren. Jeder von uns musste schon 1961 zusammen mit Eltern und Geschwistern um sein Leben fliehen. Wir beide hatten Jahre im Exil verbracht und dabei um Bildung und Chancen gekämpft.

Da waren wir nun, schoben unsere Bedenken beiseite und kehrten gerne (beziehungsweise Chantal mir zuliebe) an den Ort zurück, den wir beide liebten und als unser Zuhause ansahen. Trotz der erlittenen Enttäuschungen und Schikanen hatte ich Hoffnung, dass die Machthaber zur Besinnung kommen, die Menschenrechte für alle Bürger durchsetzen und Ruanda zu einem Ort des Friedens und der Verbundenheit machen würden – denn genau so war das Land in meinen Erinnerungen, als ich ein Junge war. Es sollte sich jedoch herausstellen, dass ich mir selbst etwas vormachte, denn die Saat des Völkermords war damals bereits gesät worden.

Gerade hatten wir jedoch andere Sorgen. Mein Zitat der Worte Jesu brachte Marie-Providence dazu, ein weiteres heikles Thema anzusprechen: „Gibt es dort Menschen, die dasselbe glauben wie wir? Können wir dort mit ihnen zusammen beten?“ Chantals Lippen zogen sich bei der Frage zusammen. Auch wenn meine Frau das Kloster verlassen hatte, war sie immer noch eine gläubige Katholikin und hatte viele Verwandte, die Priester und Nonnen waren. Nun hatte mich mein Glaubensweg jedoch in eine andere Richtung geführt – eine, die uns jetzt gefährlich werden könnte.

Nach Jahren des Bibelstudiums hatte ich mich 1983 entschieden, ein Zeuge Jehovas zu werden. Chantal blieb eine praktizierende Katholikin. Kurz nach meiner Taufe als Zeuge Jehovas zogen wir dann nach Frankreich.

Trotz unserer unterschiedlichen Glaubensrichtungen respektierten und unterstützten wir uns gegenseitig. Im säkularisierten Frankreich stellte mein etwas ungewöhnlicher Glaube kein großes Problem dar. Die Zeugen waren zwar eine unbeliebte Minderheit, weil sie politisch streng neutral blieben und das Evangelium predigten, um Jesu Auftrag zu erfüllen. Aber wir konnten uns ohne Probleme zum Bibelstudium treffen und unsere religiösen Lieder singen, die Marie so gerne sang. In Ruanda würden die Dinge anders liegen.

In einem streng katholischen Land, in dem die Regierung in Angst vor dem eigenen Volk lebt und bedingungslose Treue fordert, war es riskant, ein Zeuge Jehovas zu sein, denn dafür konnte man ins Gefängnis kommen. Für Chantal war Gefängnis gleichbedeutend mit dem Tod. Denn Bertrand, ihr älterer Bruder, war als Spion inhaftiert worden. Er wurde damals beschuldigt, die Grenze nach Burundi illegalerweise überquert zu haben und daraufhin so schlimm misshandelt, dass er sich nie wieder davon erholt hatte. Deshalb hatte Chantal große Angst davor, dass ich für meinen neu gefundenen Glauben leiden könnte. Dennoch versprach sie mir, dass sie sich im Fall meiner Verhaftung um die Kinder kümmern und mir Essen bringen würde. Ihre Verbundenheit mit mir trotz unseres unterschiedlichen Glaubens war nur eine der vielen Dinge, die sie so liebenswert machten.

„Unsere Freunde machen es dort vielleicht anders, aber sie werden uns zeigen, wie alles läuft. Mach dir keine Sorgen: Sie sind unsere Brüder und sie werden sich um uns kümmern.“ Lächelnd blickte ich zu Chantal und hoffte sie damit zu beruhigen. Dann versuchte ich das Thema zu wechseln.

„Kinder, es wird euch in Ruanda gefallen“, sagte ich und schaute dabei nacheinander Marie-Providence, Pierre, Naomi und Joel an. Benjamin, unser Baby, war eingeschlafen. „Wir werden nicht mehr in einem Hochhaus leben. Wir werden ein großes Haus mit Hof und Garten haben und drum herum einen Zaun aus Ziegelsteinen. Wir können Gemüse anpflanzen, Hühner und Kaninchen halten, Bienen züchten. Vielleicht werden wir sogar eine Kuh haben. Ihr werdet Kinyarwanda lernen, und schon bald fühlt ihr euch zu Hause.“

„Eine Kuh, Papa?“, fragte Naomi.

„Ja, Kühe sind in Ruanda sehr wichtig. Als ich ein Junge war, hat mein Großvater ...“

„Großvater Pierre!“, rief Pierre. „Pierre wie ich!“

„Ja, Pierre wie du, aber sein richtiger Name war Ndekezi, und später nahm er dann den Namen Pierre an, aber in Ruanda sagen wir Petero. Jedenfalls war Großvater Petero Ndekezi ein sehr wichtiger Mann, und zwar wegen der Kühe.“

„Erzähl uns die Geschichte, Papa!“

Ich erzählte ihnen die Geschichte, als unsere Reise begann. Die Reise in unsere Heimat, in der uns so viel bevorstehen sollte.

RUANDA
Landeshauptstadt
Hauptstadt der Präfektur
Stadt, Dorf
Flughafen, Flugfeld
Internationale Grenze
Präfekturgrenze
Straße
Weg
DEMOKRATISCHE REPUBLIK KONGO
Lowa
Kiwusee
Insel Bugarura
Insel Wahu
Insel Idjwi
Insel Gombo
BIRUNGA NATIONALPARK
Mutanda See
Rutshuru
Kisoro
Cyanika
Kidaho
Ruhengeri
Busogo
RUHENGERI
Kora
Mutura
Kagali
Goma
Gisenyi
Nyundo
Kabaya
Ngaru
Nemba
GISENYI
Ngororero
Bulinga
Mabanza
Kibuye
KIBUYE
Birambo
Gishyita
Bwakira
Rwamatamu
Masango
Gatagara
Kaduha
GIKONGORO
Rwesero
CYANGUGU
Kamembe
Gisakura
Gikongoro
Karaba
Karama
Nyabisindu
Bukavu
Cyangugu
Cyimbogo
Rwumba
Kitabi
Karengera
Nyakabuye
Bugumya
Ruramba
Butare
Busoro
Bugarama
Munini
Runyombyi
1° 30'
2° 00'
2° 30'
29° 00'
29° 30'

30° 30'
31° 00'
1° 00'
Kafunzo
Merama
Kagitumba
ANDA
RUANDA
Rwemhasha
Lubirizi
Nyagatare
Kabale
Muvumba
Kagitumba
Kagera
KAGERA-
Rwanyakizinga-See
Mulindi
Gatunda
BYUMBA
Gabiro
Ngarama
Byumba
1°30'
Mikindi-See
NATIONAL-
Hago-See
Mujunju-See
Kinihira
Kinyami
Muhura
Rutare
Kivumba-See
Murambi
Muhazi-See
Rukara
PARK
Shyorongi
Ihema-See
VEREINIGTE
REPUBLIK
TANSANIA
Kinyinya
Kigali
Gikoro
Rwamagana
Kayonza
Kicukiro
Bicumbi
Mugesera-See
Nasho-See
2° 00'
KIGALI
Kigarama
Mpanga-See
Cyambwe-See
Bisongou-See
Bugesera
Kibungo
Rukira
Rilima
Sake
KIBUNGO
Gashora
Rusumo
Bare
Kirehe
Nemba
Ngenda
Kagera
Rweru-See
Cyohoha-See
2°30'
Die im Buch genannten Orte sind unterstrichen.
BURUNDI
0 10 20 30 40 50 km
0 10 20 30 mi
30° 30'

Kapitel 1

Eine unbeschwerte Kindheit
(1941-1955)

„Wie gut und wie angenehm ist es doch, wenn Brüder in Einheit zusammenwohnen!" (Psalm 133:1)

Kabirizi, Ostprovinz von Ruanda, 1941[1]

Ruanda, mein schönes Heimatland, ist als das *Land der tausend Hügel* bekannt. Im Schatten eines dieser Hügel, in der Nähe des Mugesera-Sees in der heutigen Ostprovinz Ruandas, liegt das Dorf, in dem ich geboren wurde. Es trägt den Namen Kabirizi, wahrscheinlich in Anlehnung an eine sehr bittere Heilpflanze, die dort überall wächst und noch immer zur Heilung von vielen Krankheiten verwendet wird. Kabirizi ist umgeben von üppig grünen Weiden, Bananenplantagen und stattlichen Eukalyptus- und Akazienbäumen. Der Bus aus Ruandas Hauptstadt Kigali fährt die asphaltierte Hauptstraße hinunter, vorbei an Fahrradfahrern und Fußgängern, die dabei geschickt einen Korb auf dem Kopf balancieren. Man könnte meinen, es sei ein friedlicher Ort. In meiner Kindheit war das auch so. Aber wie gesagt bedeutet Kabirizi „Bitteres", und Bitteres ist hier auch wirklich geschehen.

In den Jahren vor meiner Geburt war ein Mann namens Ndekezi der Häuptling der Hügel von Kabirizi[2]. Er war in den 1920er-Jahren

1 In dieses erste Kapitel nehme ich einige detaillierte, aber notwendige historische Informationen auf. Sie sollen dem Leser helfen, die recht komplizierte soziale, religiöse und politische Geschichte Ruandas zu verstehen. Während der Kolonialzeit war das zusammengehörige Staatsgebiet von Ruanda-Urundi ein von Belgien verwaltetes UN-Treuhandsgebiet. Im Jahr 1962 erlangten diese beiden Staaten als Ruanda und Burundi ihre Unabhängigkeit. Aus Gründen der Lesbarkeit wurde im gesamten Text unabhängig von der Zeitperiode die Bezeichnung „Ruanda" verwendet.

2 Die ruandische Monarchie regierte mithilfe verschiedener Arten von Häuptlingen. Es gab einen König, dem die großen Häuptlinge unterstellt waren. Unter den großen Häuptlingen gab es Vieh-, Land- und Militärhäuptlinge. Häuptlinge der Hügel und der Nachbarschaft gehörten zu den kleineren Häuptlingen. Die Militär- und Viehhäuptlinge waren meist Tutsi, ebenso wie die Häuptlinge der Hügel und Häuptlinge der Nachbarschaft.

in diese Region gekommen. In den 1930ern nahm Ndekezi den Vornamen Petero an, als er sich zusammen mit vielen anderen Tutsi der katholischen Religion der belgischen Kolonialherren anschloss. Das geschah während einer Welle von Massenbekehrungen, die *la tornade* (der Tornado) genannt wurde. Petero Ndekezi bekam 1922 einen Sohn namens Jean-Baptiste Karoro. Im Jahr 1940, als Jean-Baptiste 18 Jahre alt war, wählte Petero Ndekezi eine Braut für ihn aus. Ihr Name war Emiliana. Sie hatte eine hellere Haut, war groß, schlank und sehr schön.

Im folgenden Jahr brachte Emiliana mich zur Welt. Sie war damals 19. Stellen Sie sich meine erschöpfte Mutter vor, wie sie wenige Tage nach der Geburt früh aufsteht. Sie weckt ihr Dienstmädchen und sagt ihr, sie solle die Rückentrage aus Schafsfell holen. Zusammen wickeln sie das schläfrige Baby in ein Tuch und befestigen es auf dem Rücken des Dienstmädchens. Dann gehen sie zusammen mit meinem Vater 18 Kilometer barfuß auf dem Feldweg zwischen Kabirizi und der katholischen Missionsstation in Zaza, um mich dort taufen zu lassen. Bestimmt habe ich die meiste Zeit des Weges geschlafen, eingelullt vom schwingenden Rhythmus der Schritte des Dienstmädchens.

Richtig wach wurde ich erst, als der Priester mir vorsichtig Weihwasser auf meine winzige Stirn träufelte. So wurde ich Mitglied der katholischen Kirche. Mein Taufname war Tharcisse, nach dem heiligen Tarzisius. Einer Legende nach steinigte ein römischer Mob diesen jungen Mann, als christliche Gefangene in den Katakomben die Kommunion von ihm empfingen. Seminega, mein zweiter Name, ist nicht mein Familienname. Denn ruandische Familien wählen für ihre Kinder traditionell Nachnamen, die ein Merkmal oder eine Sehnsucht ausdrücken. Mein Vater entschied sich für Seminega, was so viel wie „der Vater der Pfeile" oder „mutiger Krieger" bedeutet.

Mein Nachname sagt also nichts über meine Abstammung aus. Trotzdem sind ruandische Stammbäume extrem gut dokumentiert. Die Gesellschaft ist in *ubwoko* oder Clans gegliedert. Das sind seit Jahrhunderten bestehende sozialpolitische Einheiten. Alle Ruander wissen, von welchem Clan sie abstammen und können ihre Vorfahren über mehr als zehn Generationen zurückverfolgen. Wir sind eine patrilineare Gesellschaft, das heißt die männliche Familienlinie ist ausschlaggebend. Zusätzlich zu meinen zwei Namen war ich auch als Sohn von Karoro und als ein *umwega* bekannt, was bedeutet, dass ich zum Clan der *Abega* gehöre. Durch meinen Großvater gehöre ich zu dem Unterclan der *Abakongori*.

Meine Eltern behielten mich für einige Monate bei sich, doch als meine Mutter mit meiner Schwester Euphrasie schwanger wurde, übergaben sie mich in die Obhut meiner Großeltern. Meine Oma war über 60 und konnte mich natürlich nicht stillen, weshalb ich mit Kuhmilch aufwuchs. Kuhmilch ist heute noch eines meiner Lieblingsgetränke. Ich hing an Großmutter Tereziya wie eine Klette und sie war mir wie eine zweite Mutter. Meine Großeltern vergötterten mich – ich war für sie der Höhepunkt ihres Lebensabends. Ich lebte gern bei ihnen und lernte viel dort. Ich versuchte, ein gehorsames Kind zu sein. Dank ihnen habe ich schon als Junge eher wie ein Erwachsener argumentiert.

Ich erinnere mich noch gern daran, wie die Erwachsenen in meinem Dorf friedlich und harmonisch zusammenarbeiteten. Als die Saison zur Herstellung von Bananenwein kam, gingen einige mit schweren Tongefäßen auf dem Kopf los, um Wasser aus entfernten Quellen zu holen. Andere saßen zwischen Bergen reifer Bananen, die immer kleiner wurden, je höher die Haufen mit Bananenschalen wuchsen. Freundschaftliches Geplauder erfüllte die Luft, als die Dorfbewohner die Bananen zu Saft verarbeiteten, und alle freuten sich auf die Früchte ihrer gemeinsamen Arbeit.

Die Dorfbewohner organisierten Jagdgruppen. Früh morgens brachen die Jäger mit ihren Hunden zu entlegenen Wildreservaten auf. Nachdem sie erfolgreich etwas erlegt hatten, kehrte die Gruppe ins Dorf zurück und sang Jagdlieder. Die Beute wurde mehrere Stunden in Tongefäßen gekocht. Danach wurde getanzt, gefeiert und es gab Bananenwein und Fleisch für alle im Überfluss.

An dieser Stelle fragen Sie sich vielleicht, wie wohl die Hutu und Tutsi in dieses Bild passen. In unserem Dorf gab es sie – sie lebten und arbeiteten Seite an Seite.

Heute noch wird viel über die Ursprünge der Hutu und Tutsi diskutiert. Im Allgemeinen jedoch sind sich Historiker darin einig, dass sich um 1100 n. Chr. bantusprachige Gruppen aus Westafrika in Ruanda ansiedelten, die später einen Großteil der größten Gruppe bildeten:

die Hutu. Sie betrieben in der Regel Landwirtschaft und waren bis ins 20. Jahrhundert in bestimmten Regionen politisch unabhängig. Weitere Gruppen kamen nach Ruanda, höchstwahrscheinlich aus dem benachbarten Uganda oder Tansania. Viele von ihnen waren Viehzüchter und wurden als Tutsi bekannt. Eine dritte Gruppe, zahlenmäßig und auch von ihrer Statur die kleinste, war die Gruppe der Twa. Sie waren Jäger, Sammler und Waldbewohner. Es war üblich, dass sich diese Gruppen vermischten und untereinander heirateten, vor allem im heutigen südlichen und östlichen Ruanda.

Die Vorfahren der Ruander stammten aus den unterschiedlichsten Regionen. Doch die Begriffe Hutu und Tutsi entwickelten sich mit der Zeit von Stammesidentitäten oder Bezeichnungen der Herkunft zu Kategorien des Berufs und des sozioökonomischen Status. Gelegentlich kam es sogar vor, dass manche zwischen diesen Kategorien wechselten, wenn sich ihre finanziellen Verhältnisse änderten.

Zwar ist die Geschichte Ruandas nicht gerade konfliktlos, doch 700 Jahre lang gab es keinen einzigen bekannten Fall von gruppenbezogener Gewalt zwischen Hutu und Tutsi. Alle sprachen die gleiche Sprache, Kinyarwanda, hatten die gleichen kulturellen und religiösen Traditionen und lebten unter derselben Monarchie zusammen.

Damals kannten die Menschen zwar den Unterschied zwischen Hutu und Tutsi, aber sie bezeichneten selten jemanden mit diesen Begriffen. Selbst heute ist es nicht üblich, danach zu fragen. Man würde eher wissen wollen, wie der Name des Vaters, des Großvaters oder des Clans lautet. Einige Hutu- und Tutsi-Clans tragen sogar dieselben Namen, obwohl sie nicht verwandt sind.

Erst in der jüngeren Geschichte wurden die Bezeichnungen Hutu, Tutsi und Twa zu ethnischen und politischen Kategorien. Diese schreckliche Entwicklung ebnete den Weg zu Vorurteilen, Unterdrückung und schließlich zum Genozid. Dazu mehr im Verlauf meiner Geschichte.

In meinen jungen Jahren hatte ich viele Freundschaften – Hutu und Tutsi. Großvater hatte mir nie erklärt, warum einige Tutsi, Hutu oder Twa hießen. Meine Großeltern hatten sowohl Hutu- als auch Tutsi-Bedienstete. Großmutter koordinierte und beaufsichtigte die Arbeit der Bediensteten. Sie behandelte sie respektvoll und freundlich. Wie ein Familienmitglied wurden sie von ihr ernährt. Wenn sie krank waren oder einen Trauerfall hatten, sorgte sie sich um sie. Ich habe nie erlebt, dass Großmutter die Bediensteten schlug oder sie unfreundlich anging, auch wenn das in anderen Familien durchaus vorkam. Sie wies ihnen verschiedene Aufgaben zu, wie Kochen, Wäsche waschen und Putzen. Andere mussten sich um die Kühe auf der Weide kümmern, sie melken und manchmal nachts hüten. Das war damals völlig normal.

Mit acht Jahren kam ich in die katholische Schule. Der Schulweg war ein ordentlicher Fußmarsch von vier Kilometern. Doch ich liebte die Schule. Ich lernte lesen, schreiben und rechnen. In Französisch war ich gut. Mein Vater war sehr stolz auf mich. Er selbst hatte Suaheli gelernt, daher kannte er die Herausforderung des Sprachenlernens. Mama konnte weder lesen noch schreiben.

Je älter ich wurde, desto mehr wurden mir die sozialen Schichten der ruandischen Gesellschaft bewusst. Ich merkte, dass der größte Teil der traditionellen ruandischen Gesellschaft aus Bediensteten und Bauern bestand, die nur wenig oder gar kein Vieh hatten. Ungefähr 85 Prozent dieser einfachen Menschen waren Hutu, der Rest waren Tutsi oder Twa. Allerdings waren die meisten Tutsi genauso arm wie ihre Hutu-Landsleute.

Ich hatte beobachtet, dass alle Ruander – Hutu, Tutsi und Twa – ihren Vorgesetzten dienen mussten. Mein Großvater Petero war Tutsi und Häuptling der Hügel. Trotzdem musste er dem nächsthöheren Tutsi, Häuptling Kayondo, Dienste leisten. Kayondo wiederum musste König Mutara, ebenfalls ein Tutsi, Tribut zollen.

In der Schule lernte ich, dass Herren und ihre Untergebenen eigentlich Teil eines dem europäischen Feudalsystems ähnlichen Abhängigkeitsverhältnisses namens *ubuhake* waren. Die Ruander waren mehr als acht Jahrhunderte lang von einer herkömmlichen Monarchie regiert worden. Für den Großteil dieser Zeit beschäftigten die Grundbesitzer die landlosen Bauern im Austausch für Nahrungsmittel, Vieh und Schutz. Ich war überrascht zu erfahren, dass dieses Abhängigkeitsverhältnis nicht hauptsächlich von den Herren ausging. Vielmehr wollten damals landlose Bauern in diese Schutzgenossenschaft eintreten, um durch ihre treuen Dienste für ihre Herren Schutz zu erhalten und Wohlstand zu erlangen. Die Herren besaßen Vieh und Land und hatten daher Milch und Butter zu bieten, während sich die Mehrheit der Bevölkerung bescheidener ernährte.

Theoretisch war das System für beide Seiten von Vorteil. Wenn die Kühe zum Beispiel weibliche Kälber zur Welt brachten, gab der Herr sie einem seiner bisherigen Untergebenen als Belohnung oder einem seiner neuen Gefolgsleute zur Pflege. Alle männlichen Tiere wurden

den Viehhirten gegeben, die sie gegen Kühe eintauschen konnten.[3] Das *ubuhake*-System ermöglichte einem erfolgreichen Hutu, der Rinder erworben hatte, als ein Tutsi angesehen zu werden. Dieser Prozess wurde *icyihuture* genannt.

Nur wenige Ruander sahen dieses jahrhundertealte Patronatssystem an sich als rassistische Unterdrückung an. Doch Vieh, Prestige und Land – die traditionellen Kennzeichen des Reichtums – wurden mit der Zeit

3 Im Patronatsvertrag wird eine ethnische Zuschreibung nie als Grundlage für die dem Herrn erbrachten oder dem Diener auferlegten Dienste erwähnt („Le contrat de servitude agro-pastoral", in: *Bulletin de Jurisprudence*, 1946). In den frühen 1950er-Jahren wurde *ubuhake* mit Bestimmungen zum Schutz der Untergebenen vor möglichen Missbräuchen gesetzlich verankert. Beispielsweise wurde festgelegt, wie viele Rinder dem Bediensteten anzuvertrauen waren und welche Art von Dienstleistung dem Herrn in einem bestimmten Zeitraum zu erbringen war. Dadurch wurden der Macht der Patrone Grenzen gesetzt und deutlich die Verpflichtungen der jeweiligen Vertragspartei aufgezeigt. (Siehe Anhang 3.)

Ein Symbol für Adel und Reichtum: *Inyambo*-Kühe haben ein wunderschönes dunkelbraunes Fell und zwei prächtige Hörner, die einen Abstand von bis zu 2;50 Metern haben können.

nicht nur zum Symbol für die Kluft zwischen Herren und Dienern, sondern auch zwischen den politisch Mächtigen und den Machtlosen. Einige der Patrone benutzten die Bezeichnung „Diener“ und „Hutu“ synonym für die Arbeiterschicht.

Während der Wohlstand anstieg, konzentrierte sich auch die politische Macht verstärkt bei den Patronen, meist Tutsi. So übten einige dieser Herren unangemessene Gewalt über ihre Diener aus. Die Regeln des Patronatswesens verboten zwar körperliche Misshandlungen und unangemessene Forderungen jeder Art. In der Praxis jedoch gabe es keine Möglichkeiten zu kontrollieren, wie Patrone ihre Klienten behandelten. Wo Arroganz und Geringschätzung das Verhältnis zwischen den Parteien vergiftete, erlebten Bauern das Patronat als eine Art Kastensystem. Doch diese soziale Spaltung wurde toleriert. Noch bis weit in die 1940er-Jahre hinein kam es nur selten zu Gewalt zwischen der Minderheit der Tutsi und der Mehrheit der Hutu.

Mein Vater, Jean-Baptiste Karoro, erzählte mir diese Geschichte über das Patronatssystem:

Der Patronatsvertrag wurde im traditionellen Ruanda folgendermaßen praktiziert: Ein reicher Mann, sei es ein Hutu oder ein Tutsi, erhielt von seinem Abhängigen Abgaben. So besaßen beispielsweise reiche Hutu, Abahinza genannt, kleine Königreiche im Norden Ruandas. Sie ließen Hutu und Tutsi für sie arbeiten und verlangten Abgaben von ihnen. Unabhängig ihrer Herkunft suchten alle nach guten Patronen und versuchten, deren Gunst zu erlangen. Das Wichtigste dabei war, möglichst gut behandelt zu werden und die eigenen Lebensbedingungen zu verbessern.

Die Haltung einer Person, die einen neuen Herrn suchte, drückte sich in dem Satz aus: „Nje kugukeza kuko nzi ko uzankiza.“ („Ich komme, um dir zu dienen, weil ich glaube, dass du mich wohlhabend machen wirst.“) Natürlich brauchte ein Diener auf der Suche oft eine Person, die ihn bei seinem zukünftigen neuen Herrn vorstellte. Ein Diener durfte seinem Herrn entweder einen Sohn oder einen seiner Freunde als potentiellen neuen Diener vorstellen.

Diener erledigten verschiedene Aufgaben wie Häuser bauen, Vieh hüten, kochen oder andere Hausarbeiten erledigen. Nach mindestens einem Jahr treuen Dienstes erhielt der Diener Kühe oder andere Belohnungen. In den meisten Fällen gab der Herr Kühe. Dabei musste der Diener dann auf den Namen seines Herrn schwören: „Mba ndoga

Kanaka!" (wörtlich: „Verflucht sei ich, wenn ich Herrn Soundso vergifte!") oder „Jeder soll wissen, dass Soundso mir eine Kuh gegeben hat!" Diese öffentliche Erklärung, Kühe erhalten zu haben, war eine außergewöhnliche Ehre für den Geber. Man schwur damit die Treue und zeigte Loyalität.

Hier ein interessantes Beispiel für das Patronat im traditionellen Ruanda: Der Tutsi-Bezirkshäuptling Kayondo, Sohn von Mbanzabigwi, stammte aus dem Abega*-Clan. Er hatte einen Tutsi-Bediensteten namens Ndekezi, Sohn von Mushenyi, der zufällig auch ein* umwega *war. Häuptling Kayondo vertraute Ndekezi eine auserlesene Viehherde namens Izogeye („die berühmten Kühe") an und ernannte ihn zum Häuptling der Hügel über zwei Dörfer: Kabirizi (mein Heimatdorf) und Runyinya. Kayondo, ein Tutsi, war ein Diener von König Charles Mutara III. Der König mochte Kayondo so sehr, dass er ihn aussuchen ließ, welche Region in Ruanda er regieren durfte. Ndekezi musste Kayondos Herde Izogeye hüten, deren Weiden sich bei Kabirizi in der Kibungo-Region befanden. Weitere Weideplätze befanden sich in Runyinya und Gati in der Region Buganza. Um diese wertvolle Herde, die wiederum aus einzelnen mittelgroßen Herden bestand, richtig zu versorgen, war es nötig, zwischen den Weiden Wege von 30 bis zu 80 Kilometer hin- und herzulaufen.*

Logischerweise benötigte Ndekezi Bedienstete, die ihm bei der Erfüllung dieser herausfordernden Verpflichtung halfen. Diese Arbeiter kümmerten sich um die Herden, fütterten und weideten sie, melkten sie und kümmerten sich um kranke Tiere. Er wählte sowohl Hutu als auch Tutsi als seine Diener aus.

Bei Ndekezi handelt es sich natürlich um meinen Großvater Petero. Das Patronatssystem hatte jahrhundertelang als ständiges Aushandeln von sozialen Rollen und wirtschaftlichen Bedürfnissen existiert. Mein Großvater erlebte jedoch den großen Wandel dieses seit langem bestehenden sozialen Arrangements Ruandas.

Alles begann 1884 bis 1885 im fernen Berlin, als die europäischen Mächte und die Vereinigten Staaten zur Aufteilung des afrikanischen Kontinents zusammenkamen. Die eilige Eroberung von Territorien und Gründung von Kolonien wurde als „Wettlauf um Afrika" bekannt. 1894 wurden Ruanda und Burundi Teil von Deutsch-Ostafrika. Deutsche Kolonialbehörden regierten Ruanda indirekt durch die Tutsi-Monarchie. Während des Ersten Weltkrieges besetzten belgische Truppen Ruanda als

Vergeltung für den deutschen Einmarsch in Belgien. Nachdem Deutschland den Krieg verloren hatte, machte ein Mandat des Völkerbundes Belgien zum neuen Kolonialherren von Ruanda.

Genauso wie die deutschen sahen auch die belgischen Behörden einen Vorteil darin, enge Beziehungen zur Tutsi-Monarchie und den wohlhabenden Landbesitzern zu pflegen. Das Patronatssystem kam ihnen sehr gelegen. *Ubuhake* wurde zu einem Instrument der Kontrolle und Unterdrückung, da die Kolonialbehörden die Tutsi-Elite dazu benutzten, die Hutu-Mehrheit zu beherrschen und auszubeuten. Viele Tutsi-Herrscher waren nur allzu gern bereit, diese Rolle auszufüllen[4].

Die Tutsi hatten die besten Zugänge zu Bildung, Arbeit und Wohlstand. Um sich die Kontrolle über die ruandischen Führungsebenen zu sichern, entmachteten die belgischen Behörden alle Hutu-Häuptlinge und ersetzten sie durch Tutsi.

Trotz jahrhundertelanger Mischehen und sozialer Durchmischung sahen die belgischen Behörden in den 1930er-Jahren die Notwendigkeit, die von ihnen selbst geförderten Spaltungen offiziell zu manifestieren. Um die Grenzen zwischen den zuvor durchlässigen Gruppen der Hutu, Tutsi und Twa endgültig zu schließen, musste jeder Ruander einen Ausweis bei sich tragen. Beamte notierten die Körpergröße, vermaßen die Nase, verglichen die Hautfarbe und notierten den Beruf jeder Person. Große, hellhäutige Ruander mit feinen Gesichtszügen sowie Landbesitzer und Eigentümer von mindestens zehn Stück Vieh wurden als Tutsi klassifiziert. Kleinere, dunkelhäutige Ruander wurden als Hutu bezeichnet, ebenso wie die Besitzer von weniger als zehn Kühen, Handwerker und Bauern. Die kleinsten und dunkelhäutigsten wurden als Twa eingestuft (Siehe den Kasten „Hutu und Tutsi: Woher kommt die tödliche Dichotomie?“). Die Vorstellung von „ethnischen“ Unterschieden und die ungleiche Behandlung der Gruppen verstärkte sich in Schulen, Kirchen und politischen Institutionen.

Uburetwa wurde eingeführt, eine von den Kolonialbehörden auferlegte Zwangsarbeit. Als ich zehn Jahre alt war, sah ich weiße Männer in unserem Dorf unweit unseres Hauses. Sie ließen Hutu-Arbeiter ohne Bezahlung tiefe Löcher mit seltsam aussehenden Werkzeugen graben. Die

4 Linda Melvern schrieb in *Conspiracy to Murder, The Rwandan Genocide*: „Die Hutu waren der Zwangsarbeit unterworfen, die viele europäische Kolonien in Afrika verunstaltete, aber hier waren es ihre eigenen Landsleute, die Tutsi, die die Ausführung der Arbeiten überwachten.“ (London: Verso, 2004).

Belgier führten *uburetwa* in immer mehr Berufsfeldern ein: Auf Kaffee- und Teeplantagen, in Bergwerken und in vielen Bereichen des Gemeinwesens, zum Beispiel im Straßen- und Brückenbau. Ich fragte Großvater nach den Weißen. Er sagte mir, sie seien belgische Goldsucher. Die Aufsicht über die Arbeiter übergaben die Belgier oft den Tutsi.

Die Belgier brachten auch das Christentum nach Ruanda.

Unser Dorf Kabirizi und die umgebende Region, Kibungo, gehörten historisch gesehen zum kleinen Königreich Gisaka. Die Ruander scherzten, Kibungo gehöre wegen seiner eigenartigen Sitten und seines ausgeprägten Akzents nicht wirklich zu Ruanda. Einige Ausdrücke waren der Sprache Kirundi aus dem nahe gelegenen Burundi entlehnt. Es gab eine Reihe von seltsamen abergläubischen Vorstellungen und Legenden über Geister, Gifte und Zaubersprüche. Einige behaupteten, dass die Bewohner Kibungos auf fliegenden Objekten reisen würden und übernatürliche Kräfte gegen ihre Feinde einsetzen könnten. Als Kind hatte ich nie fliegende Menschen gesehen, aber ich glaubte an diese Geschichten und lebte in Angst vor übernatürlichen Wesen und bösen Flüchen.

Unsere Familie hat jedoch nie die traditionelle ruandische Religion oder Zauberei praktiziert. Großvater erzählte mir, dass sie durch Missionare in die katholischen Bräuche und Lehren eingeführt wurden. Die traditionellen Glaubensvorstellungen wurden einfach abgeschafft, Zauberer wurden eingesperrt und ihre magischen Gegenstände wurden konfisziert oder zerstört. Sie wurden als heidnisch und satanisch bezeichnet. Niemandem wurde mehr die Kraft zugeschrieben, es regnen lassen zu können.

In den 1930er-Jahren ließen sich Zehntausende Ruander als Katholiken taufen, darunter auch meine Großeltern, Eltern und ihre Nachbarn. Bei diesen Massenbekehrungen, *la tornade* genannt, waren die meisten der neuen Katholiken Tutsi. Schon als Kind lernte ich weiße Missionare aus Belgien, Frankreich, Deutschland und Italien kennen.

Meine Großeltern knieten sich jeden Abend hin und beteten den Rosenkranz. Ich musste neben ihnen knien und beten. Gemeinsam gingen wir über acht Kilometer zur Sonntagsmesse in die Mission in Zaza, eine der ältesten katholischen Missionsstationen Ruandas. Der Sonntag war ein Tag der Freude. Wir trugen schneeweiße Kleidung und gingen barfuß, in der Trockenzeit mit staubigen und in der Regenzeit mit schlammigen Füßen. Wir schlossen uns einer großen Menschenmenge weiß gekleideter, singender Kirchgänger an. Die ethische Herkunft schien dabei für niemanden von Bedeutung zu sein.

Ich erinnere mich an einen Nachmittag, als ich mit meinem Großvater vom Sonntagsgottesdienst nach Hause kam. Es war ein wunderschöner warmer, sonniger Tag, doch es gab kein Trinkwasser auf dem Weg. Er sagte: „Mein Junge, komm mit, ich will dir etwas zeigen." Wir gingen zu einem Laden, der von einem Hutu geführt wurde. In den Regalen standen exotische Waren aus fremden Ländern. Mein Großvater bestellte eine Flasche mit einem Inhalt, der mir damals noch völlig unbekannt war. Es zischte, als der Ladenbesitzer sie für ihn öffnete. Er goss die Flüssigkeit in ein Glas. Weißer Schaum krönte das goldgelbe Getränk. Er lud mich ein, einen Schluck zu nehmen. Es war bitter, aber erfrischend.

„Du hast Bier gekostet", sagte mein Großvater mit einem Lächeln.

Während meiner Jugend war der 1911 geborene Mutara III. Rudahigwa Charles Léon Pierre der regierende König, auch *mwami* genannt. Mutaras Vater, König Yuhi IV. Musinga, hatte sich dem europäischen Einfluss widersetzt und sich hartnäckig gegen die Bekehrung zum katholischen Glauben gewehrt. Auf Drängen katholischer Beamter wurde Musinga 1931 durch die belgischen Behörden abgesetzt und drei Tage später durch seinen Sohn ersetzt.

König Mutura hatte heimlich eine katholische Erziehung erhalten, um schließlich eines Tages seinen unkooperativen Vater ersetzen zu können. Er regierte von 1931 bis 1959 und bemühte sich um die Loyalität des Volkes, welches ihn für einen Menschen himmlischer Abstammung hielt. Im Jahr 1933 heiratete er Nyiramakomali. 1941 ließen sie sich scheiden. Zwei Jahre später heiratete er eine neue Königin, Rosalie Gicanda, eine Katholikin. Aus keiner der beiden Ehen ging ein Erbe hervor.

Mutara war der erste ruandische König, der zum Katholizismus konvertierte. Nachdem er 1943 getauft worden war, widmete er 1946 das Land Ruanda „Jesus Christus, dem König" und machte das Christentum zur Staatsreligion.

Das königliche Symbol *„Imbaga y'Inyabutatu ijyambere"* („Die Drei-Säulen-Bevölkerung drängt voran!") spielte auf die drei Gruppen Hutu, Tutsi und Twa an, welche gemeinsam auf die nationale Einheit hinarbeiteten. Durch den königlichen Gerichtshof förderte Mutara die Demokratie und bekämpfte die Ungerechtigkeit. Er verbot alle Formen der Sklaverei und schaffte *ubuhake* (Patronatssystem) und *uburetwa* (Zwangsarbeit der Hutu) ab, wenngleich die Ausbeutung der Hutu weiterging. Während der Herrschaft von Mutara genoss das Land Frieden.

König Mutara machte die Bildung der Ruander zu einem seiner Ziele und rief dafür den Mutara-Fonds ins Leben. Als Teil seines inklusiven Ansatzes richtete er die islamische Schule in Nyamirambo (ein Vorort der Hauptstadt Kigali) und eine weitere Schule in Kanyanza ein. Viele Ruander erhielten Stipendien für ein Studium in Europa.

Während der Herrschaft Mutaras konnten Hutu und Tutsi Regierungsämter bekleiden. Mein Vater erzählte mir, dass der König treue Dienste sowohl von Hutu als auch von Tutsi mit mehr als nur regionalen Häuptlingsämtern oder großen Viehherden belohnen würde. Wenn Viehhirten in den Rängen aufstiegen, konnten sie sogar einen Posten in der Lokalregierung erhalten. Viele Ruander betrachten Mutara als einen Helden, als den besten Monarchen, den Ruanda je hatte.

König Mutara war ein Nachkomme der Nyiginya-Familie des Tutsi-Clans *Abahindiro*. Chantal, meine zukünftige Frau, wurde ebenfalls in der Königslinie von Abahindiro geboren.

In mancherlei Hinsicht gleichen Chantals Kindheitserinnerungen den meinen.

Ich wurde als Tutsi geboren. Meine bescheidene Familie war mit der königlichen Familie der Abahindiro verwandt. Ich war die Jüngste – das einzige Mädchen – von sechs Kindern. Meine Eltern, Claver und Veronique, waren einfache und bescheidene Leute. Tharcisse lernte sie 1978 zum ersten Mal kennen, als wir schon zusammen waren. Damals waren sie über 70 Jahre alt.

Als ich jung war, lebte ich in Dahwe, Gisagara, in der Gemeinde Muganza, Butare (heute Teil der Südprovinz von Ruanda). Mein Großvater, Kabagema, lebte in Kivumu, 20 bis 30 Minuten zu Fuß von meinem Zuhause entfernt. Meine älteren Brüder – Narcisse, Sandrart, Bertrand, Louis und Hermann – wohnten bis 1959 bei uns.

Früher habe ich miterlebt, wie Hutu und Tutsi in unserem Dorf zusammenarbeiteten. Rutaboba machte Bananenwein für meinen Vater. Bakame unterhielt uns mit einem Musikinstrument namens Iningiri. Seine Söhne sangen mit. All diese Leute waren Hutu, und wir liebten sie, sie waren unsere Freunde. Fast jeden Abend kamen sie zu uns und blieben stundenlang, wir tranken gemeinsam und unterhielten uns. Ihre Kinder aßen mit uns. Meine Eltern nahmen sie alle auf, unabhängig von ihrer Herkunft.

Ein anderer Freund namens Ndimurwango übergab seinen Sohn meinem Vater, damit er unser Vieh hüten konnte. Ndimurwangos Töchter waren meine Freundinnen und sie halfen mit, unseren Hof zu säubern und Wasser und Brennholz zu holen. Meine Mutter liebte sie und behandelte sie wie ihre eigenen Kinder. Häufig gab sie ihnen Essen und legte reife Bananen, Saft und Milch für sie beiseite.

Die Mädchen in meinem Dorf, Hutu und Tutsi, arbeiteten in Gruppen zusammen und halfen einander beim Hausputz, bei Hochzeitsfeiern und bei Notfällen. Wenn es eine Beerdigung, ein Feuer, einen Sturm, eine Überschwemmung oder eine andere Katastrophe gab, retteten Hutu und Tutsi gemeinsam die Opfer und leisteten nötige Hilfe.

Wir beide erlebten die ruandische Gesellschaft in unserer Jugend voller gemeinschaftlicher Harmonie und angenehmer Beschaulichkeit. Das schien die zeitlose Lebensart zu sein, die fest mit Ruanda verknüpft ist. Durch die naiven Augen eines Kindes konnte man meinen, eine solche Ruhe habe es immer gegeben und werde es auch immer geben.

Hutu und Tutsi: Woher kommt die tödliche Dichotomie?

Rassentheoretiker und der englische Forscher John Speke

Als der englische Entdecker John Henning Speke in den 1860er-Jahren nach Ostafrika kam, trug er das gleiche Gepäck mit sich wie die meisten weißen Besucher Afrikas: Den festen Glauben an die Überlegenheit einer europäischen „weißen Rasse". Im darwinistischen Kampf, so die Überzeugung der Europäer, bewies die Dominanz der weißen Rasse eindeutig die Theorie vom Überleben des Stärkeren. Doch die komplexen sozialen und politischen Strukturen, denen Speke in Uganda und Ruanda begegnete, entsprachen nicht ganz seinen Vorurteilen. Anstatt seine Sichtweise zu ändern, konstruierte Speke eine Legende, um diese Problematik in Einklang mit seinem Rassenstolz zu bringen. Dieser Mythos ist der Ursprung der Vorstellung, dass die Bezeichnungen „Hutu" und „Tutsi" auf biologischen und stammesspezifischen Unterschieden beruhen.

Rassentheoretiker hatten bereits in der Zeit vor Speke argumentiert: Jeder zililisatorische Fortschritt unter der schwarzen Bevölkerung in Afrika muss von Migranten aus Europa stammen. Diese wurden als Nachkommen von Ham interpretiert, einem der drei Söhne Noahs. Speke stellte die Verbindung zwischen dieser Hamitentheorie und den herrschenden Tutsi-Eliten her, auf die er in Ostafrika traf. Er führte die Dominanz der Tutsi über die Hutu auf ihre angeblich höhere Intelligenz, ihren größeren Mut und ihre natürlichen Herrscherfähigkeiten zurück – und natürlich auf ihre angeblich europäischen Wurzeln. Weitere Ausschmückungen der Hamitentheorie behaupteten, die Tutsi seien über Äthiopien eingewandert und hätten die physisch starken, aber minderwertigen, wilden Hutu besiegt und zivilisiert.

Kirche und Staat nutzen den Mythos der Hamitentheorie aus

Für die deutschen und später auch für die belgischen Kolonialherren war die Hamitentheorie eine nützliche Strategie, um die Bevölkerung zu kategorisieren und zu kontrollieren. Die Kolonialbehörden bauten Beziehungen zur Tutsi-Monarchie und zur herrschenden Elite auf.

Der katholische Orden der Afrikamissionare *Weiße Väter* kam 1900 nach Ruanda. Sie waren fasziniert von den angeblichen biologischen Beweisen für eine überlegene Rasse, die von einer alten biblischen Person abstammt. Ihr Umgang mit den Tutsi am Königshof bot ihnen weitere scheinbare Bestätigungen für diesen konstruierten Mythos.

Die *Weißen Väter* sahen die bestehenden sozialen und politischen Spaltungen im Lichte der Hamitentheorie. Der Weg zur religiösen Vorherrschaft bestand für sie darin, ihre Bekehrungsbemühungen auf einflussreiche Tutsi zu konzentrieren und gute Beziehungen zu politischen Führern zu pflegen. Sie gingen bequemerweise davon aus, dass alle Herren Tutsi und alle ihre Untergebenen Hutu sein mussten. Dabei ignorierten sie sowohl die Existenz von Hutu-Häuptlingen als auch von Tutsi-Bauern, die genau so arm und ungebildet waren wie ihre Hutu-Pendants.

Die kirchlich unterstützte ethnische Spaltung schafft die Voraussetzungen für den Völkermord

Die Missionare unternahmen weitere Schritte, um die einst so flexiblen sozialen Kategorien zu verhärten. Seite an Seite mit belgischen Wissenschaftlern mit ihren Maßbändern im Gepäck förderten sie die Vorstellung, jede Gruppe könne durch bestimmte körperliche Merkmale identifiziert werden. Die Tutsi waren groß, schlank, hatten eine hellere Haut und feine Gesichtszüge. Die Hutu waren klein gewachsen, stämmig, dunkelhäutig und hatten breite Gesichtszüge. Die Twa waren die kleinsten und die dunkelhäutigsten, ihre Nasen waren die breitesten. Viele Jahre gewährte die Kirche nur Tutsi die Möglichkeit, Priester oder Nonne zu werden.

Im Lauf der nächsten zwei Jahrzehnte, als sich bei den verarmten Hutu zunehmend Verbitterung aufstaute, begannen jüngere weiße Missionare mit ihren Anliegen zu sympathisieren. Die ruandische katholische Hierarchie (und bis zu einem gewissen Grad auch die protestantischen Kirchen) hatte eine wichtige Rolle bei der Errichtung der künstlichen ethnischen Grenzen gespielt, die die Ungleichheit und Feindseligkeit stark verschärften. Doch seit Ende der 1950er-Jahre hatten die europäischen Missionare ihre Unterstützung weitgehend auf die wütende Hutu-Mehrheit verlagert, zu deren Schaffung sie selbst beigetragen hatten. Die *Weißen Väter* arbeiteten an der Reformierung des politischen Systems Ruandas, indem sie junge Hutu unterrichteten und politische Aktivisten heranbildeten.

Mein Vater, Jean-Baptiste (1922–2008), und meine Mutter, Emiliana. Jean-Baptiste wurde 1961 ohne Prozess inhaftiert, nur weil er Mitglied der Partei UNAR war. Meine Eltern waren danach für 34 Jahre im Exil in Uganda und Burundi. Er kehrte 1994 nach Ruanda zurück, erlitt 2007 einen Schlaganfall und starb 2008.

Kapitel 2

Zwischen Gott und dem Hass

(1955-1962)

„Ein Verleumder trennt enge Freunde." (Sprüche 16:28)

Ich war ein heranwachsender Junge mit großen Plänen. Als ich mit meinen Großeltern zur Messe ging, sah ich europäische Männer und Frauen in weißen Amtstrachten. Sie wurden *Weiße Väter* und *Weiße Schwestern* genannt – ich dachte, vielleicht weil sie alle weiß waren oder weiße Kleidung trugen. Einige von ihnen waren sehr nett zu mir. Die *Weißen Väter* und *Schwestern* wurden als heilige Diener Gottes respektiert. Sie rekrutierten ruandische Männer und Frauen, die ebenfalls weiße Amtstrachten und Kleider trugen, aber nicht *Weiße Väter* oder *Weiße Schwestern* genannt wurden ich dachte, vielleicht weil sie Ruander waren und nicht weiß. Wir nannten sie stattdessen *Abbés* oder *Abenebikira* (Töchter der Jungfrau Maria).

Ein Abbé, Alexander, war ein Freund meines Großvaters. Er gehörte wie wir zum Clan der *Abega*. Er besaß ein großes Motorrad aus Deutschland, mit dem er mich sogar einmal mitnahm. Ich war begeistert von einem heiligen Diener Gottes, der so etwas Nettes für mich tat. Mein Traum war, eines Tages auch ein Diener Gottes zu werden und auch so ein großes Motorrad zu fahren.

Während ich in die Grundschule der Missionsstation Zaza ging, besuchte ich mehrmals pro Woche die Morgenmesse. Als Messdiener durfte ich bei der Messe mithelfen. Als guter Katholik ging ich auch zur Beichte. Mit ungefähr 13 Jahren erzählte ich einem Priester in der Mission von meinen Plänen, auch einmal Priester zu werden. So kam es, dass ich 1955 mit 14 Jahren unser Dorf verließ und ein Internat in Nemba besuchte, um mich auf meine Ausbildung in einem katholischen Priesterseminar vorzubereiten.

Einen Schulbesuch betrachteten viele als Privileg und sahen in guten Schülern zukünftige Regierungs- und Wirtschaftsführer des Landes. In früheren Generationen hielten die Besitzer großer Rinderherden die Zügel der

Macht in der Hand. Die Mehrheit von ihnen, aber nicht alle, waren Tutsi. Nun bildete sich in Ruanda eine neue Gesellschaftsklasse heraus, die sich *les évolués* (die Fortgeschrittenen) nannte. Zu dieser westlich gebildeten sozialen und politischen Elitegruppe gehörten sowohl Hutu als auch Tutsi. Wie auch unter den Viehbesitzern fühlten sich nun einige dieser Elitegruppe den ärmeren und ungebildeten Hutu und Tutsi gegenüber überlegen.

Kleines Seminar von Rwesero, Ruanda, 1956

Von 1956 bis 1962 lernte ich am *Kleinen Seminar von Rwesero (Petit Séminaire de Rwesero)*, einer Schule für zukünftige Priester. Die Stadt Rwesero lag eine 129 Kilometer lange Autofahrt südlich von Kabirizi. Zu Fuß über Hügel und Berge (meine einzige Fortbewegungsmöglichkeit) schaffte ich es in zwei Tagen dorthin.

Ein katholischer Orden aus Italien namens *Salesianer* leitete die Schule. Die meisten Lehrer kamen aus Belgien oder Italien. Damit wir die französische Sprache schneller erlernen, verbaten uns die Patres, unsere Muttersprache Kinyarwanda zu sprechen. Sechs Jahre lang lernten wir Latein und beschäftigten uns mit römischer Kultur und Philosophie. Außerdem lernten wir fünf Jahre Altgriechisch und die dazugehörige griechische Mythologie und Philosophie. Am wichtigsten war jedoch, dass ich Mathematik, Naturwissenschaften, Geschichte, Französisch, Englisch und Niederländisch lernte. Das Sprachenlernen mochte ich besonders gerne.

Wir Schüler, egal ob Hutu oder Tutsi, waren durch unsere Kultur und unsere Glaubensüberzeugungen vereint. Sechs meiner Mitschüler trugen den gleichen Namen wie ich, Tharcisse. Schon dieser Zufall allein hat uns zu Freunden gemacht. Mit meinem Freund Jean Pierre spielte ich Basketball. Einige meiner Freunde lernten gerne Sprachen wie ich. Wir bildeten Teams und traten mit einem französischen Wörterbuch gegeneinander an, um herauszufinden, wer die schwierigsten Wörter kannte. Simeon, Tharcisse und ich waren sehr schwer zu schlagen! Diese beiden Hutu-Freunde hatten einen großen Einfluss auf mein Leben. Wir beteiligten uns an den katholischen Gottesdiensten und versuchten, uns an die Schulordnung zu halten; wir wollten sogar ein gutes Beispiel für unsere Schulkameraden geben. Während meines Studiums lernte ich das Prinzip der Gleichstellung kennen. Allmählich verloren wir unsere traditionellen Ansichten und nahmen die europäische Denkweise an. Hutu waren in den Schulen immer noch eine Minderheit, aber sie fühlten sich nicht diskriminiert. Tutsi- und Hutu-Schüler waren unabhängig ihrer Herkunft miteinander befreundet.

Unser Schulmotto lautete „anima sana in corpore sano“ (ein gesunder Geist in einem gesunden Körper). Meiner Ansicht nach würde ein gesunder Geist Rassendiskriminierung zurückweisen. Mir gefiel das angenehme und friedliche Umfeld, das die *Salesianer* geschaffen hatten, damit wir Schüler im Seminar in Einheit leben konnten. Sie waren eine hingebungsvolle Gemeinschaft von Priestern und Brüdern. Alle gaben ihr Bestes, um uns Schüler besser kennenzulernen und uns materiell und spirituell mit allem zu versorgen, was wir brauchten. Unser Alltag war ein Gleichgewicht zwischen Arbeit, Unterhaltung und Studium. Sie förderten ein harmonisches Miteinander und stellten sich gegen Rassendiskriminierung. Ich bin damit aufgewachsen, Rassismus abzulehnen, Menschen aus allen Gesellschaftsschichten gleichermaßen zu lieben und mich anzustrengen, das Richtige zu tun. Meine Hutu-Freunde habe ich nie als Hutu klassifiziert – wir waren dicke Freunde.

In der Zwischenzeit führte Chantal ein stark religiös geprägtes Leben.

Meine Eltern liebten Gott und hatten mir beigebracht, dass Gott auch mich liebt. Sie lehrten mich christliche Eigenschaften wie Nächstenliebe und Respekt. Jeden Abend sprachen wir ein Gebet oder beteten den Rosenkranz. Sonntags gingen wir zur Messe. Mein Vater hatte eine Bibel für unsere Familie gekauft. Er las darin, als würde er eine Zeitung lesen. So, wie andere Eltern ihren Kindern Märchen erzählten, gab er Geschichten aus der Bibel wieder. Keiner von uns verstand wirklich, was er vorlas. Meine älteren Brüder Sandrart, Louis, Bertrand und Hermann waren Messdiener und sangen im Kirchenchor. Sie hatten großartige Singstimmen. Bei besonderen Anlässen in der Kirche wie Ostern, Weihnachten oder anderen wichtigen Festen saßen sie in der ersten Reihe. Kirchenlieder sangen wir auch abends zu Hause, besonders nach dem Abendessen.

Zu meinen Verwandten gehörten auch Priester und Nonnen – einige meiner Onkel, Tanten, Cousins und Cousinen. Sie waren äußerst gastfreundlich und liebenswert. Ihre Liebe zu den Menschen zog mich einfach zu ihnen hin. In unserer Nachbarschaft gab es eine Nonnengemeinschaft, die Sœurs auxiliatrices des âmes du purgatoire. *Es war eine gemischte Gruppe aus französischen, spanischen, italienischen, belgischen und sogar ruandischen Nonnen. Ich wollte auch zu einer solchen Gemeinschaft gehören. Sie zeigten bemerkenswerte Menschlichkeit, indem sie sich Tag und Nacht um Kranke kümmerten. Außerdem wollten sie unbedingt unsere Sprache lernen. Sie hatten eine selbstlose Haltung und verausgabten sich im Dienst für Gott.*

Wie andere afrikanische Länder wurde auch Ruanda von immer heftiger wehenden Winden der Unabhängigkeit erschüttert. König Mutara und viele Nationalisten der Tutsi drängten auf säkulare staatliche Schulen, um gegen die Dominanz der Missionare im Bildungssystem anzuarbeiten. Nach Jahren voller Entbehrung und Elend sehnte sich die Hutu-Mehrheit danach, die Fesseln der von den Kolonialherren unterstützten, regierenden Tutsi abzuwerfen. An der Spitze der Bewegung für Entkolonialisierung und Demokratie standen Hutu-Intellektuelle. Die katholische Führungsebene befürchtete, mit der Unabhängigkeit des Landes würden auch gottlose kommunistische Ideologien in Ruanda Einzug erhalten.

Die Anführer der Tutsi konnten den wachsenden Einfluss der Hutu-Aktivisten nicht ignorieren, von denen viele in katholischen Seminaren von sozial engagierten Priestern ausgebildet worden waren. König Mutara selbst setzte sich an die Spitze der Bewegung für die Unabhängigkeit von Belgien, indem er sein Anliegen 1956 vor die Vereinten Nationen brachte und sich von seinen früheren Verbündeten, den Belgiern, distanzierte.

In den späten 1950er-Jahren wechselten sowohl die belgische als auch die katholische Führung abrupt die Seite. Um ihren Einfluss nicht zu verlieren, wandten sie sich von der Tutsi-Führung hin zur Hutu-Elite. Diese Verschiebung zugunsten der Hutu-Eliten veränderte die politische und religiöse Sprache der Hutu, der Belgier und auch der katholischen Wortführer deutlich. Die Probleme des Landes begannen sich in „ethnischem" Antagonismus zwischen Hutu und Tutsi zu manifestieren. Einige Hutu-Intellektuelle schraubten mit immer extremeren Reden die ethnischen Spannungen hoch und hetzten die Bevölkerung auf.

Als die Umrisse der aufsteigenden Mächte der Hutu immer mehr Gestalt annahmen, bildeten sich neue politische Parteien, die für streng abgegrenzte ethnische Kategorisierungen eintraten. Eine dieser Parteien war die Partei PARMEHUTU *(Parti du Mouvement de l'Emancipation Hutu)*, die nur aus Hutu bestand. Im März 1957 veröffentlichten neun katholisch erzogene Hutu-Führer das „Bahutu-Manifest", das die Hutu deutlich zur Befreiung von ihren Tutsi-Unterdrückern aufforderte (siehe Anhang 3). Einer der Autoren, Grégoire Kayibanda, war Lehrer und ehemaliger Herausgeber der katholischen Zeitung *Kinyamateka*.[1] Das Manifest gab der Hamitentheorie, die einst zur Rechtfertigung der Überlegenheit der Tutsi benutzt wurde, eine neue Wendung. Die Tutsi wurden darin als Invasoren aus Äthiopien gebrandmarkt, die die Hutu lange genug ausgebeutet und beherrscht hatten. Das Manifest forderte die Befreiung von der weißen Rasse und von den „hamitischen" Tutsi.

---

1 Nachdem Ruanda 1962 die Unabhängigkeit erlangte, wurde Kayibanda der erste gewählte Präsident Ruandas.

Im Seminar bestand meine Welt jedoch aus dem, was ich in meinen Lehrbüchern las oder von meinen Lehrern, den *Salesianern*, hörte. Wir hatten kein Telefon, keine Zeitung, kein Fernsehen und keine Besucher. In unserem ziemlich abgeschirmten Seminar waren wir uns kaum bewusst, was für enorme soziale und politische Veränderungen vor sich gingen.

Als ich 1957 in den Ferien nach Hause zurückkehrte, war ich am Boden zerstört: Mein Großvater war gestorben. Diese Neuigkeit hatte mich in Rwesero nicht erreicht. Er war über 56 Kilometer gelaufen, um Freunde zu besuchen. Nicht lange nach seiner Rückkehr hatte sein Herz aufgehört zu schlagen. Der Verlust meines Großvaters war niederschmetternd für mich – lieber wäre ich selbst gestorben.

Kabirizi, Ruanda, 1959

Im Juli 1959 kam es zu einer Schockwelle, die alle Altersgruppen und Gesellschaftsschichten in Ruanda traf. Ich war zu dem Zeitpunkt zu Hause in den Ferien, als Veronica, eine ältere Hutu, weinend zu Großmutters Haus gerannt kam. Veronica war eine unserer nettesten Nachbarinnen und hatte tausend verschiedene Kosenamen für mich. An diesem Morgen war sie so verzweifelt; ich nahm an, dass ihre Tochter oder ihre Enkelin verstorben sei. Stattdessen erzählte sie, dass der König von Ruanda, Charles Mutara III. Rudahigwa, plötzlich unter mysteriösen Umständen im benachbarten Burundi gestorben war. Warum sollte eine Hutu-Frau um einen Tutsi-König weinen? Weil sie wie viele ihrer Landsleute, egal ob Hutu oder Tutsi, ihren König liebte. König Mutara war 48 Jahre alt, als er am 25. Juli 1959 in Usumbura (ab 1962 Bujumbura) starb.

Der Tod des Königs fiel mit einem Crescendo von Spannungen zusammen, da Hutu- und Tutsi-Nationalisten um die politische Macht rangen. Am 1. November 1959, an Allerheiligen, griffen Tutsi-Extremisten einen der wenigen verbliebenen Hutu-Unterhäuptlinge an, als dieser die Kirche verließ. In einem gewaltsamen Racheakt plünderten und verbrannten Hutu die Häuser von tausenden Tutsi. Ein Hutu-Mob tötete zwei örtliche Tutsi-Beamte „im Namen Gottes, der Kirche und Ruandas". Die Tür zu ethnischer Gewalt war plötzlich aufgesprengt worden.[2] Extremisten auf beiden Seiten verübten nun gezielte Morde.

Der zweiwöchige Gewaltausbruch wurde später als „Hutu-Sozialrevolution" bezeichnet. Das war wahrlich eine Revolution: Die

2 Der Historiker J. J. Carney schrieb dazu: „Dies war das erste Mal in der ruandischen Geschichte, dass Hutu Tutsi *qua* Tutsi angriffen" (*Rwanda before the Genocide: Catholic Politic und ethnic Discourse in the Late Colonial Era*. Oxford: Oxford University Press, 2014, S. 124).

Art und Weise, wie das Land jahrhundertelang regiert worden war, wurde gänzlich auf den Kopf gestellt. Bis Dezember übernahmen Hutu-Häuptlinge Hunderte von Posten der Tutsi, denn diese waren geflüchtet, um ihr Leben zu retten.

Viele Tutsi gingen ins Exil. Die Hutu konzentrierten sich nun darauf, mithilfe der Belgier ihre Unabhängigkeit zu erlangen. Die Hutu-Revolution zerstörte auch die ruhige und freundliche Atmosphäre im Seminar von Rwesero. Wir Tutsi-Schüler hielten uns bedeckt und zählten die Tage bis zum Ende des Schuljahres, um den wachsenden Spannungen zu entkommen.

Zu Beginn des nächsten Schuljahres kam ein europäischer Priester in das Seminar von Rwesero zu Besuch. Wir nannten ihn Abbé Gérard. Er war Professor am *Collège Christ-Roi de Nyanza*. Was war seine Mission? Er gehörte zu einer Gruppe von weißen ruandischen Geistlichen, die die Abschaffung der traditionellen Tutsi-Monarchie forcierte und die Hutu in der Regierung sehen wollte. Also kam er, um Hutu-Studenten zu rekrutieren und um sie an seiner Schule für politische Ideologien zu sensibilisieren. Als diese Studenten aus Nyanza zurückkehrten, wurde offensichtlich, dass Rassenhass und Diskriminierung ihre Herzen erreicht hatten.

Die damaligen Schüler des Seminars erinnern sich bestimmt immer noch daran, wie die Hutu praktisch über Nacht den Tutsi gegenüber misstrauisch und feindselig wurden. Warum hassten plötzlich die Hutu in der Schule mich und all die anderen Tutsi? Wie konnten sie so schnell von Hass erfüllt werden? Dieser tragische Sinneswandel vollzog sich in den Schulen überall und auch sonst im ganzen *Land der tausend Hügel*. Glücklicherweise gaben die *Salesianer Patres* an unserer Schule dem starken ethnischen Druck nicht nach.

Ich konnte beobachten, wie das Vorgehen der belgischen Kolonialbehörden zur Agenda einiger europäischer Missionare der *Weißen Väter* passte. Allerdings beteiligte sich zu diesem Zeitpunkt die ruandische katholische Hierarchie nicht geschlossen an der Verfolgung der Tutsi, da eine beträchtliche Anzahl katholischer Priester Tutsi waren und einige weiße Priester die Anti-Tutsi-Ideologie nicht teilten. Dass sich viele weiße Geistliche gegen die Tutsi wandten, war lediglich eine persönliche Sache dieser kompromittierenden Mitglieder des Klerus. Demzufolge stellten viele Kirchen in den 1960er-Jahren den Tutsi-Flüchtlingen Unterkunft, Nahrung, Medizin und Kleidung zur Verfügung (was 1994 nicht der Fall war).

In den Jahren 1959 bis 1961 ereigneten sich organisierte Morde an Tutsi in ganz Ruanda nach einem einheitlichen Muster. Die Angreifer plünderten und brannten Häuser nieder, schlachteten Kühe und ermordeten Menschen. Viele Tutsi gingen gezwungenerweise in benachbarte Länder ins Exil. Bis 1961 waren schätzungsweise 20 000 Tutsi getötet worden, und mehr als 200 000 mussten aus ihrer Heimat fliehen. Es schien, als gäbe es im Land keinen Platz mehr für die Tutsi.

Der Tod von König Mutara III. Rudahigwa hinterließ eine klaffende Lücke in der Regierung. Das rief großen Unmut hervor. Gegen den Willen der Belgier inthronisierten königstreue Tutsi, Hutu und Twa seinen Bruder. Die belgischen Kolonisten wollten nicht akzeptieren, dass die Monarchie in den Herzen und Köpfen einiger Ruander so tief verwurzelt war. Nur durch den Einsatz militärischer Gewalt, durch das Säen von Uneinigkeit und durch die Nichtanerkennung des Thronfolgers konnte diese Haltung ausgelöscht werden.

Die Belgier riefen Truppen aus Belgien und weitere Unterstützung aus Belgisch-Kongo herbei, um dem zunehmend gewalttätigen Widerstand gegen die Auflösung der Monarchie Herr zu werden. Alle Gegner der belgischen Behörden – mehrheitlich Tutsi und Hutu, die der Monarchie treu ergeben waren – wurden verfolgt. Einige wurden getötet; andere flohen in nahe gelegene Länder (Uganda, Burundi, Tansania und Kongo).

1961 rief Präsident Grégoire Kayibanda die Republik Ruanda aus.

Die großen Umwälzungen im Land trafen auch meine Familie. Mein Vater war ein starker Befürworter der traditionellen Monarchie. Obwohl er nur eine Grundschulbildung hatte, konnte er lesen, schreiben und rechnen. Er lehrte landwirtschaftliche Methoden auf den Kaffeeplantagen und hatte dadurch viel Einfluss in der Gemeinschaft.

Als in Kabirizi die pro-monarchistische Partei *Union Nationale Rwandaise* („Ruandische Nationale Union“ oder UNAR) gegründet wurde, suchten die Bewohner unseres Dorfes und der Umgebung meinen Vater als ihren örtlichen Vorsitzenden in der Partei aus. Die meisten Tutsi am Ort und auch einige Hutu unterstützten die Monarchie. Doch mit dem wachsenden Einfluss der PARMEHUTU wurde die UNAR-Mitgliedschaft meines Vaters gefährlich, insbesondere, als er der örtliche UNAR-Vorsitzende wurde. Mein Vater und unser Nachbar Herr Nkundabagenzi, der ebenfalls ein Tutsi war, wurden willkürlich festgenommen und inhaftiert. Hutu-Aktivisten versuchten die Bevölkerung einzuschüchtern und die Unterstützung für die UNAR zu unterbinden.[3]

Kurz nach Vaters Verhaftung kam abends ein PARMEHUTU-Mob ins Dorf, der es auf unsere Familie abgesehen hatte. Ich war zufällig zu Hause, da wir Ferien hatten. Glücklicherweise warnte uns einer unserer Diener, ein Tutsi namens Hormisdas, vor der Gefahr.[4] Wir ließen unser Abendessen auf dem Tisch stehen und flohen in den Busch. Ohne große Orientierung rannten wir im Dunkeln durch Bananenplantagen. Wir liefen ins Tal hinunter, um in die etwa 9,6 km entfernte katholische Missionsstation in Zaza zu fliehen. Mit erst 20 Jahren fühlte ich mich wie ein Vater von sechs Kindern, denn ich musste mich um Mama und meine sechs Geschwister kümmern. Papas hölzerne Mappe mit all seinen Arbeitsunterlagen und seinen vertraulichen UNAR-Dokumenten trug ich bei mir.

Während wir uns möglichst leise durch die Dunkelheit bewegten, sahen wir im Tal Menschen um ein Lagerfeuer versammelt. Da wir wussten, dass sie neugierig werden könnten und uns vielleicht sogar angreifen würden, entschieden wir uns für einen anderen Weg. Wir liefen zum Haus eines Freundes meines Vaters, einem Tutsi. Wir erzählten ihm kurz den Grund unseres Kommens, woraufhin er uns alle netterweise bis zum nächsten Morgen in seinem Haus unterbrachte. Schließlich kehrten wir nach Hause zurück. Dort erfuhren wir, dass der Mob meine Tante Cecilia grausam verprügelt hatte, nachdem wir ihm entwischt waren. Sie hatte das Pech, gerade zufällig bei ihrer Mutter im Dorf zu Besuch gewesen zu sein.

Die Geschichte meines Vaters Jean-Baptiste Karoro, seine Verhaftung und sein Exil wiederholten sich in ganz Ruanda sowohl unter Tutsi als auch unter einigen Hutu:

1961, mit 39 Jahren, wurde ich ins Gefängnis geworfen. Bis dahin war ich ein glühender Katholik und ein regelmäßiger Kirchgänger gewesen. Täglich betete ich meinen Rosenkranz und sprach mit meiner achtköpfigen Familie endlose Gebete vor den Mahlzeiten und vor dem Schlafengehen. Ich liebte meine Kinder, und sie liebten und respektierten mich für meine starken Überzeugungen. Aber was 1961 mit mir geschah, war

---

3 Siehe Anhang 3 mit historischen Artikeln von Monsignore Aloys Bigirumwami, dem Bischof von Nyundo, zur Rassenfrage, den Positionen der UNAR und den Ansichten der Hutu-Partei (PARMEHUTU). Diese Schriften beschreiben die politischen und gesellschaftlichen Ereignisse, die das Ende der Monarchie und den Beginn der Hutu-Revolution markierten.

4 Erst kürzlich erfuhr ich, dass Hormisdas Tutsi war. Gesellschaftlich wurde er eigentlich als Hutu angesehen, da er arm war und nur wenige oder gar keine Kühe besaß.

ungeheuerlich. Als Tutsi litt ich unter der Verfolgung durch die belgische Kolonialmacht, die katholische Kirche und die PARMEHUTU, da ich die traditionelle Monarchie unterstützte. Unter falschen Anschuldigungen wurde ich verhaftet und in das Provinzgefängnis von Kibungo gesteckt. Ich musste meine Familie zurücklassen, darunter kleine Kinder und Jugendliche. Ich war Mitglied der UNAR, einer politischen Partei, die sich für die traditionelle Monarchie und die sofortige nationale Unabhängigkeit einsetzte. Die rivalisierende Partei PARMEHUTU trat für die Errichtung einer Republik und für ethnische Kategorisierung ein. Sie befürwortete auch eine zeitliche Verschiebung der Unabhängigkeit und damit eine Verlängerung der belgischen Kolonialherrschaft um weitere 25 Jahre.

Schließlich fand ich heraus, wer mich verraten hatte: Ein Hutu, Chrysanthe, Leiter der örtlichen PARMEHUTU, hatte mich bewusst falsch beschuldigt. Er war sich bewusst, dass ich Einfluss in unserer Gegend hatte. Mit einem hiesigen weißen katholischen Priester wollte er meine Autorität noch vor den Wahlen untergraben. Die Wahlen (später als Kamarampaka *bezeichnet) sollten den Beginn der Republik und das Ende der Monarchie bedeuten. Ich wurde gezielt inhaftiert, um die Menschen einzuschüchtern und sie an einer pro-monarchistischen Stimme zu hindern. Man wusste, dass die meisten tief in ihren Herzen für den König waren. Da ich das führende Mitglied der örtlichen Partei war, wurde ich als eine Bedrohung für die Republik gesehen. Einen Monat lang verbrachte ich in Haft und kam dann ohne Anklage wieder frei. Sie sagten: „Wir haben niemanden gefunden, der gegen Sie aussagt."*

Ein mitgefangener Tutsi, ein junger Mann namens Nkundabagenzi, wurde gefasst und inhaftiert, weil er eine politische Versammlung nach einer Beerdigung organisiert hatte. Er wurde ebenfalls ohne Anklage freigelassen, da es keine Zeugen gegen ihn gab. All diese Anschuldigungen waren schlicht Erfindungen, um unsere Inhaftierung zu rechtfertigen.

Als ich aus dem Gefängnis nach Hause kam, fand ich eine sehr angespannte Stimmung vor. Eines Abends auf dem Rückweg von der katholischen Mission in Zaza traf ich eine Bekannte, eine ältere Hutu namens Nyirambwebwe, die in der Gegend von Gitaraga lebte. Sie hielt mich an und warnte mich davor, dass die PARMEHUTU in Kabirizi bei einer Versammlung beschlossen habe, mich zu enthaupten. Und mein Kopf solle der Bevölkerung im ganzen Dorf vorgeführt werden. Deshalb riet sie mir, das Dorf so bald wie möglich zu verlassen. Ich nahm ihre Warnung sehr ernst. Am nächsten Morgen flohen wir mit der ganzen Familie nach Zaza. Mein Sohn Tharcisse war zu dem Zeitpunkt schon wieder zurück im Petit Séminaire de Rwesero. *Nach unserer Flucht in die Mission von Zaza wurden in unserem Dorf Kabirizi etwa 31 Tutsi getötet; viele weitere wurden verletzt. Innerhalb weniger Stunden war die Missionsstation überfüllt mit Tutsi-Flüchtlingen, die den Massenmorden aus allen Dörfern im Bezirk Mirenge in der Kibungo-Region entkommen waren.*

Mein Vater und seine Familie überlebten also nur, weil eine freundliche Hutu-Dame ihn gewarnt hatte. Hier wird erneut deutlich, dass Hutu und Tutsi keine Feinde gewesen waren. Sie waren erst aufgrund politischer Ziele künstlich zu Feinden gemacht worden.

Meine Eltern und die meisten meiner Geschwister gingen 1961 ins Exil. Nur meine Schwester Euphrasie blieb zurück. Die Belgier luden die Familie auf Lastwagen und fuhren sie bis zur ugandischen Grenze. Nur das Allernötigste hatten sie bei sich.

Dank einer Vereinbarung zwischen der ugandischen Regierung und dem UN-Flüchtlingshilfswerk wurden sic schließlich in das Flüchtlingslager Nshungerezi in Mbarara, Uganda, aufgenommen. Sie lebten dort unter den ugandischen Regimes von Milton Obote, Idi Amin und Yoweri Museveni. Unter Idi Amin litten sie unter Hunger, Krankheiten und dem Mangel selbst an den grundlegendsten Gütern wie Salz.

Die Familie von Chantal erlitt etwas Ähnliches:

Im Jahre 1959 änderten sich die Dinge dramatisch. Ich war gerade zehn Jahre alt. Mein Vater besuchte meinen Onkel Vianney, der stellvertretender Häuptling im Bezirk Ndora war. Als mein Vater nach Hause kam, sagte er: „Kinder, es wird immer schlimmer in diesem Land. Viele politische Veränderungen sind im Gange. Meine Kleinen, ihr müsst ab jetzt ganz vorsichtig sein. Wenn ihr zur Schule geht, trödelt nicht auf der Straße und geht zu niemandem nach Hause. Viele Menschen haben nur noch Schlechtes im Sinn und in ihren Herzen.“

Eines Tages auf dem Heimweg von der Schule handelte ich gegen den Rat meines Vaters. Statt direkt nach Hause zu kommen, ging ich zum Haus von Onkel Vianney. Meine Eltern waren außer sich vor Angst und befürchteten, ich wäre umgebracht worden. Sie suchten nach mir und fanden mich im Haus meines Onkels. Als ich die Angst in ihren Augen sah, fragte ich sie: „Warum wollen die Hutu uns töten? Welches Verbrechen haben die Tutsi begangen? Wie erkennt man, wer ein Tutsi ist und wer nicht? Warum werden wir nicht einfach Hutu?“ Im Jahr 1994 würden mir meine Kinder die gleichen Fragen stellen!

Unser Nachbar Ndimurwango, der Hutu, dessen Sohn unser Vieh gehütet hatte, war sehr freundlich zu meinen Eltern. Als 1959 die Massaker an den Tutsi ausbrachen und wir nach Butare flohen, versteckte er all unser Hab und Gut. Außerdem versteckte er meinen Bruder Narcisse, als er von Extremisten der PARMEHUTU gejagt wurde.

Die systematische Verfolgung der Tutsi wurde immer intensiver. Tutsi der königlichen Familie Nyiginya-Hindiro, der auch wir angehörten, waren besonders gefährdet, vermutlich weil aus unseren Reihen weitere Thronfolger der traditionellen Monarchie hervorgehen könnten. In der ruandischen Verfassung unter dem Hutu-Regime von 1961 stand Folgendes: „Die traditionelle Tutsi-Monarchie, die auf der Nyiginya-Dynastie basiert, wird ein für alle Mal abgeschafft." Jeder, der mit dieser Dynastie verwandt war, uns eingeschlossen, wurde zur Zielscheibe von Schikanen und Verfolgung.

Mein Vater besuchte seine Schwiegereltern in Mayaga, um ihnen über die Ereignisse in Butare zu erzählen. Und er hatte einen Plan geschmiedet, den er ihnen mitteilen wollte: Er wollte uns, seine Familie, über Mayaga nach Burundi bringen. Doch während seiner Abwesenheit kamen Hutu-Extremisten und zerstörten unser Haus, töteten unsere Kühe, plünderten unseren Besitz und zwangen uns zur sofortigen Flucht.

Wir rannten nach Kabuye zum Haus von Onkel Alex, weil wir dachten, dass wir uns zusammen besser schützen könnten. Und wenn nicht, würden wir wenigstens gemeinsam als große Familie sterben. Sein Haus befand sich an einem zentralen Ort, an dem sich alle Mitglieder unserer Großfamilie treffen konnten. So versammelten sich drei aus meiner Familie, die zwölfköpfige Familie meines Onkels Vianney, die siebenköpfige Familie meines Onkels Kizito und die neunköpfige Familie von Alex in einem einzigen Haus. Mein Vater schloss sich uns an. Wir blieben zwei Tage lang in Kabuye.

Die Hutu in Kabuye berichteten den Belgiern in Butare fälschlicherweise, dass wir von diesem Haus aus einen Angriff organisieren würden. Sie sagten, wir hätten Waffen und Munition. Die Belgier schickten Soldaten zu Alex' Haus, um den Berichten nachzugehen.

Sie kamen mit der Absicht, uns zu verhaften oder zu töten. Sie fanden jedoch nur eine unbewaffnete, eingeschüchterte und verzweifelte Gruppe von Menschen vor. Alex war gebildet und konnte mit ihnen Französisch sprechen. Er erklärte ihnen, dass er am Wissenschaftlichen Forschungsinstitut für Zentralafrika in Butare arbeite und dass seine Familie in Gefahr sei.

Einer der belgischen Soldaten entdeckte eine sehr schöne Frau in der Gruppe und fragte meinen Vater, ob sie seine Tochter sei. Mein Vater antwortete mit ja. Der belgische Soldat sagte: „Wenn du sie mir zur Frau gibst, werden wir dich retten.“ Mein Vater stimmte zu, obwohl er wusste, dass die Frau in Wirklichkeit die junge Frau meines Onkels Alex war.

Die belgischen Truppen hatten Mitleid, luden uns in einen Militärlastwagen und brachten uns nach Butare. Wir waren dem ersten Versuch eines Genozids entkommen. Einige Tutsi in unserem Dorf waren getötet worden, andere waren nach Tansania, Burundi oder in den Kongo geflohen.

In Butare gelang es meinem Vater, die Frau meines Onkels zu verstecken. Als der belgische Soldat kam und nach der schönen Frau suchte, die er gesehen hatte, erzählte Vater ihm, dass man sie weggebracht habe.

Alle 29 Mitglieder unserer Großfamilie wohnten in zwei Zimmern eines Hauses, das Alex im Stadtviertel Ngoma in Butare besaß. Wir verbrachten dort ein Jahr. Wir litten Hunger, aber wir teilten das Wenige miteinander, das wir finden konnten. Innerhalb weniger Wochen wurden mein Vater und meine Onkel inhaftiert. Wie alle, die die Monarchie unterstützten, sahen sie sich mit frei erfundenen Anklagen konfrontiert, wie dem Verstecken von Waffen und der Organisation von aufrührerischen Treffen. Während sie im Gefängnis saßen, konnte ich nicht zur Schule. Wir lebten mit meiner Mutter in Angst und waren von der Großzügigkeit von Issa abhängig, einem in Ngoma lebenden Freund meines Vaters.

1961 versuchten die Behörden, uns nach Nyamata in Bugesera zu bringen, einer unfruchtbaren Region, in der es von Tsetsefliegen, Leoparden und Löwen wimmelte. Wir fühlten uns dem Tod geweiht. Die Belgier brachten uns mit Militärlastwagen nach Nyamata. Wir hatten weder Nahrung noch Wasser. Glücklicherweise war eine Brücke über den Nyabarongo-Fluss zusammengebrochen, und es gab keine Möglichkeit, sie zu reparieren. Die Soldaten forderten uns auf, aus dem Lastwagen auszusteigen und wollten uns zwingen, den Fluss zu Fuß zu überqueren. Die Eltern wurden angewiesen, ihre Kinder auf dem Rücken zu tragen. Einige schafften es nicht durch das tiefe und gefährliche Wasser. Schließlich weigerten wir uns, auch nur einen Schritt weiterzugehen.

Die Belgier beschlossen, uns zurück nach Butare zu bringen. Wir verbrachten eine Nacht in der Kigali-Kaserne. Danach schliefen wir auf dem Lastwagen. Drei Tage lang hatten wir weder Essen noch Wasser! Bei unserer Rückkehr nach Butare erfuhren wir, dass mein Vater und meine Onkel aus dem Gefängnis entlassen worden waren.

In den Jahren 1961 bis 1962 wurde die Hutu-Regierung von den Belgiern eingesetzt. Ruanda erhielt seine Unabhängigkeit. Tutsi-Flüchtlinge konnten in ihre Dörfer zurückkehren, wenn sie das wollten. Sie mussten sich registrieren lassen und die Dorfbewohner mussten ihrer Rückkehr zustimmen. Mein Vater durchlief diese Prozedur, sodass wir nach Ndora zurückkehren konnten.

Meine Brüder Hermann und Louis beschlossen, nach Burundi beziehungsweise in den Kongo zu fliehen, denn viele Männer wurden unter dem Verdacht gejagt, dass sie von den Tutsi-Rebellen rekrutiert worden seien. Die Rebellen griffen aus Burundi, Kongo und Uganda an. Ein Tutsi-Priester half Louis bei seiner Flucht in den Kongo, wo er nun seit 45 Jahren lebt.

Mein Bruder Narcisse, der von unserem Hutu-Nachbarn Ndimurwango versteckt worden war, hatte einige Zeit zuvor beschlossen, nach Burundi zu fliehen. Ndimurwango hatte ihn bis zu meinem Onkel Mbanzabugabo in der Region Mayaga-Busoro begleitet. Mein Bruder und mein Onkel flohen dann 1960 gemeinsam über Burundi nach Tansania. Nach Burundi einzureisen, stellte kein Problem dar, da meine Großmutter von dort stammte. Ich habe Narcisse nie wiedergesehen. Er war bei seiner Flucht 27 Jahre alt und hatte gerade ein Haus für sich gebaut. Er wollte heiraten, doch seine Verlobte floh in ein anderes Land. Die Hochzeit fand nie statt. Er lebte in einer unsicheren Region in Tansania, in die ruandische Flüchtlinge verbannt wurden. Narcisse heiratete eine andere Frau und starb schließlich an einer durch Tsetsefliegen übertragenen Krankheit. Seine Frau und seine Tochter überlebten ihn.

Mein Bruder Sandrart arbeitete als Sekretär bei einem belgischen Forscher. Im Jahr 1960 war er 22 Jahre alt. Sein Arbeitgeber sagte ihm damals, er würde Ruanda verlassen, aber er würde Sandrart nicht zurücklassen. Sein Chef wusste, was die Belgier beabsichtigten und wie es den Tutsi ergehen würde. Um ihn vor den Massakern zu retten, bot er Sandrart ein Stipendium in Belgien an. Er organisierte einen Reisepass für ihn und bezahlte seinen Flug von Ruanda nach Belgien.

1962 wurde die neue ruandische Republik geboren – ein Sorgenkind, gezeugt durch konkurrierende Interessen, religiös-politische Intrigen, extremistische Ideologien und puren Hass. Die „ethnische" Identität – Hutu oder Tutsi zu sein – würde nun eine Schlüsselrolle bei der Frage spielen, wer in Ruanda leben durfte, ja, wer überhaupt ein Recht auf Leben hatte.

Kapitel 3

Die Tutsi-Diaspora: Unsere Jahre im Exil
(1962-1976)

„Sie machten ihnen das Leben durch harte Arbeit schwer." (2. Mose 1:14)

Die Tutsi im Exil vergleichen sich manchmal mit den Israeliten in ägyptischer Gefangenschaft zur Zeit von Moses. Für die meisten zwischen 1959 und 1973 geflüchteten Tutsi brachte das Leben im Exil extreme Härten mit sich. Sie wurden aus ihren Heimatdörfern entwurzelt, wie Vieh in Lastwagen getrieben und in fremden Ländern abgeladen. Alle gingen mit leeren Händen. Sie mussten sich einem völlig neuen physischen, sozialen und kulturellen Umfeld stellen. Die Aufnahmeländer betrachteten die Flüchtlinge fast ausnahmslos misstrauisch als potenzielle Gefahrenquellen.

Die Flüchtlinge mussten häufig in kargen Gegenden mit extremen klimatischen Bedingungen leben und erhielten vom UNHCR (Hochkommissariat der Vereinten Nationen für Flüchtlinge) nur eine minimale Unterstützung in Form von Erster Hilfe des Roten Kreuzes, medizinischer Versorgung, einfachsten Lebensmitteln wie Sojamilch und Maismehl sowie Plastikplanen als Unterschlupf. Ohne gewohnte Lebensmittel wie Kuhmilch wurden viele krank und kämpften ums Überleben. Einige verloren den Kampf und hinterließen Witwen und Waisen in den Flüchtlingslagern.

Häufig versuchten sich Tutsi-Flüchtlinge unter die Bevölkerung ihres Gastlandes zu mischen, indem sie beispielsweise fernab von Flüchtlingslagern lebten und die Töchter ihrer ugandischen Nachbarn heirateten. In einigen Fällen funktionierte diese Herangehensweise, doch in diesen Zeiten voller sozialer Unruhen wurden Ruander im Großen und Ganzen als Ausländer und unerwünschte Personen ausgegrenzt.

Eine der schlimmsten Tatsachen für ruandische Flüchtlinge war, nicht nach Ruanda zurückkehren zu können – nicht einmal als Tourist oder Besucher. Die Hutu-Regierung betrachtete sie als potenzielle Spione. Besonders die Nachkommen der Flüchtlinge von 1959 bis 1973 waren sehr frustriert darüber, ihr Heimatland nie wieder sehen zu können. Eltern, Kinder und andere Verwandte sehnten sich danach, einander wieder zu sehen, durften es aber nicht. Unter jüngeren Flüchtlingen führte die Frustration darüber vielfach zu Gewalt.

Wenn Rebellen aus Burundi, Uganda und dem Kongo versuchten, die ruandische Regierung zu destabilisieren oder zu stürzen, wurden die in Ruanda verbliebenen Tutsi zu Sündenböcken gemacht. Diese Angriffe von außen wurden immer wieder zum Vorwand genommen, um in Regionen mit vielen Tutsi Massaker zu verüben. Die Politik der Regierung hinderte alle Tutsi daran, das Land legal zu verlassen. Man befürchtete, sie könnten sich rebellischen Tutsi im Ausland anschließen und somit den Widerstand gegen das Hutu-Regime stärken.

Angriffe der Tutsi-Rebellen in den 1960er-Jahren verstärkten dieses Misstrauen und lieferten der Regierung einen Grund dafür, ihre Politik der Unterdrückung und Diskriminierung zu rechtfertigen.[1] Nach einem solchen fehlgeschlagenen UNAR-Angriff im Dezember 1962 metzelten die Hutu-Milizen in der ruandischen Region Gikongoro 8 000 bis 14 000 Tutsi nieder. Führende Geistliche beklagten zwar die Gewalt, bezeichneten aber die Exilanten als „Kriminelle", die bekämpft werden müssten. In den folgenden zwei Jahren flohen hunderttausende Tutsi illegal aus dem Land, sodass bis Mitte der 1960er-Jahre etwa die Hälfte aller ruandischen Tutsi im Exil lebten.

Noch während meiner Zeit im Priesterseminar erlebten meine Eltern, was es heißt, ein Tutsi auf der Flucht zu sein. Angesichts ihrer drohenden Ermordung flohen sie aus ihrem Dorf und suchten Zuflucht in der katholischen Missionsstation in Zaza. Nachdem sie monatelang in Zelten gelebt hatten, verließen sie Ruanda völlig mittellos. Ihr komplettes Eigentum, ihren Landbesitz, ihre Haustiere, ihre Kultur sowie ihre sozialen und familiären Bindungen mussten sie aufgeben.

Als sie in Uganda ankamen, verloren sie den Kontakt zur Familie, denn viele von ihnen waren ebenfalls auf der Flucht. Tante Cecilia floh mit Verwandten nach Tansania. Nur meine Schwester Euphrasie und ihr Mann Albert blieben zurück, denn sie hatte gerade begonnen, in einer Grundschule als Lehrerin zu unterrichten.

---

1 Die Rebellen nannten ihre Bewegung IN.YE.NZI, ein Akronym, das sich auf ihre Tapferkeit sowie auf ihre Guerillataktik des schnellen nächtlichen Angriffs bezieht. 1990 wandten Hutu-Extremisten die Bezeichnung *Inyenzi* (Kinyarwanda für „Kakerlake") auf alle Tutsi an.

Meine Eltern hatten keine kulturelle Identität mehr. Sie mussten sich an eine neue Kultur in der Region Ankole im Südwesten Ugandas anpassen. Sie waren Viehhirten gewesen. Als Flüchtlinge in Uganda mussten sie auf den Ackerbau umsteigen. Unter großem Aufwand lernten sie, Getreide anzubauen und das Land zu bearbeiten. Im mittleren Lebensalter ist es nicht leicht, wieder völlig bei Null anzufangen.

Meine jüngeren Brüder und Schwestern mussten auf Bananenplantagen und auf Feldern arbeiten. Oft wurden sie mit Bananen bezahlt. Meine anderen Geschwister mussten ihre Schulbildung unterbrechen, um unsere Eltern beim Ernähren der Familie zu unterstützen.

Uganda, 1962

Ich hätte nur noch ein Jahr gebraucht, um die Oberschule in Rwesero abzuschließen. Doch nach der 11. Klasse kam auch ich zu meiner Familie in das Flüchtlingslager Nshungerezi. Im Lager gab es keine Schulen, und alle anderen Schulen des Landes waren in englischer Sprache. Die *Salesianer* halfen mir und einigen anderen, ins benachbarte Burundi zu gehen und dort die Oberschule abzuschließen. Ironischerweise führte uns die Reise von Uganda nach Burundi durch Ruanda.

Nach meinem Schulabschluss 1963 wurde ich dazu ausgewählt, meine Ausbildung im Großen Seminar der *Salesianer* in Katanga, Kongo, fortzusetzen. Dort sollte ich mit dem Noviziat beginnen, also meiner religiösen Ausbildung, bevor ich meine Gelübde ablegen und Priester werden würde.

Trotz dieser herausfordernden Zeiten fanden die Tutsi im Exil Wege, im Ausland zu studieren. Junge Tutsi nahmen die Staatsbürgerschaft ihres Gastlandes an und kamen an nationale Stipendien in Uganda, im Kongo und an anderen Orten. In Burundi richtete eine ruandische Flüchtlingsorganisation in Bujumbura die Schule *Saint Albert* speziell für Tutsi im Exil ein. Doch solche Schulen waren rar. Die meisten Lehrer (80 Prozent) waren Tutsi, die sich nach ihrem Abschluss für ein oder zwei Jahre freiwillig gemeldet hatten. Sie halfen fortgeschrittenen Schülern, die Sekundarschule abzuschließen. Einige Tutsi-Kinder konnten auf Schulen wie die *École Libre* geschickt werden, die für wohlhabende Tutsi-Flüchtlinge gebaut worden war. Die meisten Tutsi in burundischen Grundschulen durften jedoch nur dann eine weiterführende Schule besuchen, wenn sie mindestens einen Notendurchschnitt von 2 hatten. Das bedeutete aber noch lange nicht, dass begabte Schüler auch guten Zugang zu hohen Positionen in der

Politik und Wirtschaft der Aufnahmeländern gehabt hätten. Oft wurden sie allein aufgrund ihrer Herkunft abgelehnt.

Wie dem auch sei, die meisten meiner Brüder schafften es schließlich, im Ausland zu studieren und Diplome oder Abschlüsse zu erwerben. Meine Schwestern heirateten recht früh, hatten liebe Familien und viele Kinder, aber nur wenig Bildung. Sie alle mussten Ruanda verlassen, um zu überleben, und flohen nach Burundi, Uganda und Tansania.

Großes Seminar von Katanga, Kongo, 1963

Im Seminar von Katanga studierte ich drei Jahre lang Philosophie und unterrichtete weitere drei Jahre an einer Sekundarschule Französisch, Englisch und Naturwissenschaften. Außerdem studierte ich eineinhalb Jahre lang Theologie.

Die Studenten und Professoren kamen aus Italien, Frankreich, der Schweiz, Ruanda, Burundi, der Republik Kongo, der Demokratischen Republik Kongo, Gabun und Belgien. Das Leben in einer solch internationalen Gemeinschaft half mir, mich gegen rassistische Denkweisen zu wehren. Trotz meines Status als Exilant kam ich mit meinen Kommilitonen und anderen Katholiken, die Hutu waren, gut aus. Ich versuchte, zwischen den tragischen Erlebnissen meiner Familie, zu denen es aufgrund der politischen Verhältnisse gekommen war, und meinen persönlichen Beziehungen zu jedem Einzelnen klar zu trennen.

Die Ereignisse nach dem Tod von König Charles Mutara III. öffneten mir jedoch die Augen für die möglichen Motive der katholischen Mission, der ich angehörte und deren Priester ich einmal werden sollte. Aufgrund meiner eigenen Erfahrungen wusste ich genau, welche Schäden durch ethnisch gedeutete Ungleichheit und soziale Frustration angerichtet werden.

Die katholische Kirche Ruandas spielte in Zeiten ethnischer Konflikte eine ambivalente Rolle. Einerseits wurden Flüchtlinge in Kirchen versteckt, mit Nahrung versorgt und vor Mördern beschützt, bevor sie in andere Länder flohen oder in ihre Dörfer zurückkehrten. Doch andererseits standen wichtige Vertreter der katholischen Kirche auf der Gegenseite. Sie unterstützten die Hutu-Revolution offen, führten sie an und waren ihre Vordenker. Dazu gehörte zum Beispiel der Schweizer Monsignore André Perraudin von den *Weißen Vätern*. Einige weiße Gemeindepfarrer förderten die politische Gewalt auch auf lokaler Ebene. Berichten zufolge verteilten manche von ihnen Zündhölzer an ihre Gemeindemitglieder, die Hutu waren, um die Häuser von Tutsi derselben Gemeinde niederzubrennen.

Tieftraurig beobachtete ich, wie sich meine Kirche immer mehr in rassistische Politik einmischte. Tief in meinem Inneren glaubte ich, dass Gott alle Menschen erschaffen hatte und sie deshalb alle als gleichwertig betrachtet. Wie aber konnte dann die Kirche durch ihr Handeln einige der Gläubigen aus ihren eigenen Reihen so verachten? Wir Studenten haben oft über diese Fragen debattiert. Ich befragte katholische Geistliche, Theologieprofessoren und Studienkollegen, fand aber keine befriedigende Antwort.

Nach all den bitteren Erfahrungen meiner Familie kämpfte ich hart darum, die ethnischen Spaltungen zu überwinden, doch einige meiner geistlichen Vorgesetzten errichteten wieder ähnliche Barrieren durch das Schüren von Feindseligkeit und Rachegefühlen. Früher hatte ich zu ihnen als heilige Diener Gottes aufgeschaut, doch nun fiel mir das Blut an den Händen einiger auf, die Mord und Hass in ihren eigenen Gemeinden förderten. Wie konnten sie behaupten, in den Fußspuren Christi zu gehen? Ich begann, meine zukünftige Berufung als Priester ernsthaft infrage zu stellen.

Ich versuchte jedoch meine Enttäuschung herunterzuschlucken und sagte mir, dass diese unchristlichen Taten nur die Taten Einzelner waren und nicht die Kirche als Ganzes repräsentierten. Dasselbe sagte ich mir auch, als ich von Vorfällen beunruhigenden moralischen Verhaltens hörte. Ich fand heraus, dass einige meiner jungen Schulkameraden im *Kleinen Seminar von Rwesero* von Priestern missbraucht worden waren. Es gab dort auch zwei salesianische Priester, die heimlich sexuelle Beziehungen mit Gemeindemitgliedern hatten.

Auch wenn diese Fälle von Glaubensverrat sehr beunruhigend für mich waren, kamen sie doch eher selten vor. Schließlich hatte ich ja auch so viele hingebungsvolle und aufrichtige Menschen im Orden der *Salesianer* kennengelernt. Also studierte ich weiter am großen Seminar für das Priesteramt für insgesamt acht Jahre.

Am Ende war es jedoch ein sehr persönlicher Schlag, der mir die systematische Diskriminierung buchstäblich schwarz auf weiß vor Augen führte. Anders als in meinen früheren Jahren in Rwesero bevorzugten die *Salesianer* nun offen weiße Studenten durch Privilegien, von denen schwarze Studenten nicht einmal zu träumen wagten. Das zeigte sich sowohl im Kleinen als auch im Großen. Alle angehenden Priester lebten zusammen, doch nur die weißen Studenten bekamen Taschengeld und bessere Kleidung. Sie lernten sogar Autofahren. Die schwarzen Studenten hatten dazu kein Recht. Die weißen Studenten konnten sich an Universitäten immatrikulieren lassen, Bewerbungen schwarzer Studenten dagegen wurden abgelehnt. Viele der schwarzen Studenten brachen ihr religiöses Studium empört ab und wechselten an weltliche Universitäten im Kongo und in Europa.

Ein guter Priester zu werden war alles, was ich mir je gewünscht hatte. Ich hatte das Gefühl, meine vorbildlichen akademischen Leistungen könnten mir die Möglichkeit eines Theologiestudiums an einer Universität eröffnen. Deshalb schrieb ich voller Optimismus meinen Vorgesetzten und bat um dieses Privileg. Meine Bewerbung wurde nicht nur abgelehnt, sondern die Seminarleitung machte mir auch klar, wie unverschämt doch meine Bitte gewesen sei. Sie sahen mich als Rebellen. Dieser starke Argwohn mir gegenüber verletzte mich tief und machte mich wütend.

Als ich dann in Kigali (Ruanda) meine Schwester Euphrasie besuchte, wurde mir auf dem Rückweg die Einreise in den Kongo verweigert. Belgische Priester der *Salesianer* im Kongo und in Ruanda hatten gemeinsame Sache gemacht, um mich zum Verlassen des Seminars zu zwingen. Aber mithilfe von Claudien, einem Freund in Kigali, gelang mir die Rückkehr in den Kongo. André, ein wohlwollender belgischer Priester, setzte sich für mich ein. Da jedoch auch er sah, wie schwer es uns Tutsi gemacht wurde, drängte er mich später dazu, das *Salesianer*-Seminar zu verlassen und mit ihm nach Belgien zu ziehen.

Meine bitteren Erfahrungen führten dazu, dass ich alles infrage stelle, was man mir beigebracht hatte. Besonders in dieser turbulenten Zeit meines Lebens sehnte ich mich danach, Gott kennen zu lernen und ihm zu gefallen. Warum erschien er mir so geheimnisvoll und distanziert in diesen schweren Zeiten? War er wirklich eine unbegreifliche Dreifaltigkeit? Ließ er tatsächlich Sünder im ewigen Feuer der Hölle foltern? Der Gott, den anzubeten ich gelernt hatte, erschien mir plötzlich unerklärlich und furchterregend.

Aufgrund des schockierenden Verhaltens meiner Vorgesetzten einerseits und meiner wachsenden Glaubenszweifel andererseits, entschloss ich mich, das Seminar zu verlassen. Nach mehr als einem Jahrzehnt der Ausbildung gab ich mein Ziel, Priester zu werden, auf. 1971, im Alter von 30 Jahren, schrieb ich mich an der naturwissenschaftlichen Fakultät der Universität Kisangani (Kongo) für ein Studium der Biowissenschaften und der Biochemie ein.

Auch Chantal bekam in ihrem religiösen Umfeld die schmerzlichen Auswirkungen von Diskriminierung zu spüren:

Nachdem wir 1962 endlich aus Ngoma zurückzukehren konnten, versuchte mein Vater erfolglos, sein Zuhause und sein Land zurückzufordern. Unser Backsteinhaus war nun zum Gemeindeamt geworden. Und auch unsere Bananenplantage sowie den Rest unseres Landbesitzes hatte die Gemeinde beschlagnahmt. Unsere Familie musste einen Monat lang in einer behelfsmäßigen Einrichtung der katholischen Gemeinde leben. Wir hatten kein Bett, keine Matratze, keinen Stuhl und kein Essen. Wir lebten von den wenigen Lebensmitteln, die meine Onkel Vianney und Kereti uns besorgen konnten. Sie wohnten in der Nähe und hatten es schon vor uns geschafft, wieder Fuß zu fassen.

Schließlich gab uns die Gemeinde in einem anderen Dorf eine Lehmhütte mit Strohdach. Die Leute dort sahen uns verächtlich an und wollten nicht einmal „Hallo" sagen. Mein Vater reichte eine Klage gegen die Gemeinde ein, verlor aber den Prozess. Er musste sogar eine Geldstrafe zahlen. Alternativ hätte er auch eine Gefängnisstrafe absitzen können. Doch mein Bruder Sandrart, der mittlerweile in Belgien lebte, schickte uns das Geld, um meinen Vater vor dem Gefängnis zu bewahren. Er half uns auch, Land zu kaufen und ein Haus in einem anderen Dorf zu bauen.

Endlich konnte ich wieder in die Schule gehen und beendete die Grundschule. In der Sekundarschule beschloss ich, Nonne zu werden. Ich erreichte mein Ziel und trat der katholischen Ordensgemeinschaft Les Petites Sœurs de Jésus *(im Deutschen* Die Kleinen Schwestern Jesu*) bei. Charles de Foucauld, ein französischer Mönch, hatte diesen Orden gegründet und hatte einen Teil seines Lebens den armen und bescheidenen Menschen in Afrika gewidmet.*

Unser Führungsgremium befand sich in Rom. Sie wollten, dass ich mich in Italien und Frankreich weiterbilde, um mein Wissen über katholische Bräuche und Lehren zu vertiefen. Da ich jedoch ein Tutsi und Mitglied der königlichen Nyiginya-Hindiro-Familie war, verweigerte mir die ruandische Regierung das Recht auf einen Pass – selbst als Nonne! Ich sprach mit dem Schweizer Erzbischof in Kigali, Monsignore Perraudin, aber er sagte mir, er könne nichts für eine Tutsi tun. Was für ein Schock! Wie konnte einer Nonne, die nichts mit Politik zu tun hatte, der Pass und das Recht zur Ausreise verweigert werden, nur weil sie Tutsi war?

Mein Bruder Bertrand beantragte einen Reisepass, um nach Burundi zu unserem Onkel zu reisen, doch auch sein Antrag wurde abgelehnt.

Er versuchte dennoch, ohne Papiere auszureisen. Tragischerweise wurde er an der Grenze entdeckt und inhaftiert. Er wurde beschuldigt, ein Spion für die Tutsi-Rebellen außerhalb Ruandas zu sein. Die Wachen folterten ihn und verabreichten ihm ein Wahrheitsserum, das ihn wahnsinnig machte. Für den Rest seines Lebens musste er Medikamente nehmen, um mit seinem chemischen Ungleichgewicht fertig zu werden.

Universität Kisangani, Kongo, September 1971

Im Gegensatz zu mir blieb Chantal in ihrem Orden. Das war mein Glück, denn sonst wären wir uns nie begegnet.

In meinem neuen Umfeld, welches völlig anders war als die religiös behütete Welt der *Salesianer*, fühlte ich mich völlig fehl am Platz. Mein Tutsi-Freund Erneste im Kongo bezahlte freundlicherweise mein Flugticket von Katanga (Südkongo) nach Kisangani (Ostkongo) und ließ mich eine Zeit lang bei ihm wohnen. Erneste und ich waren einst Klassenkameraden in der Sekundarschule gewesen, er war jetzt Professor. Er half mir dabei, mich an der naturwissenschaftlichen Fakultät einzuschreiben.

Als Tutsi-Flüchtling musste ich für drei Jahre die kongolesische Staatsbürgerschaft besitzen, um in den Genuss des nationalen Stipendiums zu kommen. Das Geld aus meinem Stipendium habe ich mit meinen Eltern geteilt, da sie und meine Geschwister sonst verhungert wären. Ich schaffte es sogar, das Schulgeld für meine Brüder und Schwestern zu bezahlen.

Wie viele andere ruandische Studenten änderte ich meinen Namen, meinen Geburtsort und mein Geburtsdatum, um mich für die Staatsbürgerschaft von Zaire zu qualifizieren, wie die Demokratische Republik Kongo ab 1971 hieß.

Präsident Mobutu verfolgte eine Strategie der afrikanischen Authentizität und Zairianisierung. Er zielte darauf ab, das Land von allen verbliebenen Spuren des Kolonialismus zu befreien. Deshalb wollte er alle christlichen Namen loswerden, das Land und die Städte umbenennen und die Wirtschaftsunternehmen verstaatlichen. Der Präsident ging mit gutem Beispiel voran, indem er seine christlichen Namen ablegte und den Namen Mobutu Sese Seko Kuku Ngbendu wa Zabanga annahm. Ich selbst musste drei Namen tragen. Das schaffte ich, indem ich meinen Nachnamen mit denen meines Vaters und meines Großvaters kombinierte. Ich strich den Namen Tharcisse aus meiner Identität und wurde Seminega Karoro Ndekezi.

In Ruanda stürzte 1973 der Generalmajor Juvénal Habyarimana den Präsidenten Grégoire Kayibanda, Mitverfasser des „Bahutu-Manifests“ gegen die Tutsi. Auch der neue Präsident Habyarimana war ein Hutu. Jede Umwälzung in der ruandischen Politik schien eine weitere Gelegenheit zu bieten, Rache an den Tutsi zu üben.

Eines Tages, als meine Schwester Euphrasie und ihr Mann Albert morgens zur Arbeit kamen, waren sie überrascht, ihre Namen am Eingang ausgehängt zu sehen – sie waren entlassen. Innerhalb weniger Tage mussten sie nach Burundi fliehen.

Wir Exilanten erlebten wegen des Putsches heftige Gegenreaktionen. Im Kongo bemerkte ich, wie Hutu-Schulkameraden aus Ruanda und Burundi ihr Verhalten mir gegenüber veränderten. Samuel zum Beispiel war mein Mitbewohner und war im selben Biologiekurs wie ich. Er wurde plötzlich feindselig. Durch ziemlich direkte Anspielungen ließ er mich wissen, dass es manche Volksgruppen nun mal verdienen würden, ausgerottet zu werden. Er goss ein rotes Gebräu in ein Glas, knallte es auf den Tisch und erklärte, dass jeder sterben würde, der davon tränke. Danach sprach er kein Wort mehr mit mir. Diese radikale Veränderung verstörte mich. Wir waren gute Freunde gewesen, hatten unser Essen geteilt, uns zusammen auf Prüfungen vorbereitet und waren auf dieselben Studentenfeiern gegangen. Nun konnte ich kaum noch schlafen, aus Angst, er könne mich umbringen.

Auch in Burundi kam es zu rassistischen Gewalttaten, weshalb auch die Hutu dort die Tutsi im Land und in Ruanda hassten. Die Hutu versuchten, auch kongolesische Studenten für ihre Sache zu gewinnen. Sie behaupteten, alle Hutu seien Bantu, die Tutsi dagegen „hamitische“ Invasoren aus Äthiopien. Die kongolesischen Studenten hielten dem Druck stand und hielten ihre Freundschaften mit Tutsi aufrecht. Ich hatte viele Freunde unter ihnen, und wie schon zuvor arbeiteten wir eng in denselben Gruppen zusammen.

Wegen der Zairianisierung im Kongo mussten einige unserer ausländischen Professoren in ihre Heimatländer zurückkehren. Das Lehrpersonal wurde knapp und die Lehrqualität eher fragwürdig. Meine amerikanischen und niederländischen Professoren kamen mir zu Hilfe und drängten mich, den Kongo zu verlassen. Sie halfen mir dabei, meine Ausbildung in Europa fortzusetzen. Mein Physikprofessor Gerard aus den Niederlanden bezahlte mein Ticket nach Italien. Und mein ehemaliger Theologieprofessor Joseph Aubry, ein in Rom lebender Schweizer, besorgte mir ein Stipendium unter der Schirmherrschaft der Studentenvereinigung von Don Bosco. Er wurde wie ein Vater für mich und organisierte meinen Aufenthalt sowie mein Studium in Italien. Ich lebte dort von 1974 bis 1977.

Nicht lange vor meiner Abreise nach Italien hatte ich eine höchst interessante Begegnung auf dem Universitätscampus mit einem britischen Ehepaar. Die beiden waren christliche Missionare und führten mit mir ein Gespräch über die Bibel. Die Barnes waren Zeugen Jehovas. Ich hatte noch nie jemanden aus dieser religiösen Gruppe getroffen und wusste nichts über sie. Zuerst war ich skeptisch, da ich dem Priesterseminar und der katholischen Glaubensgemeinschaft den Rücken gekehrt hatte. Die Bibel respektierte ich zwar weiterhin und las auch häufig darin, doch ihren Inhalt konnte ich nicht mit meinem katholischen Glauben in Einklang bringen. Trotz alledem ging ich weiterhin zur Messe und betete den Rosenkranz.

Ich hatte mehrere faszinierende Gespräche mit diesen Missionaren. Es beeindruckte mich, wie die Barnes ihre Aussagen mit der von mir geschätzten katholischen *Jerusalemer Bibel* belegten. Sie behandelten mich mit Würde und Freundlichkeit und empfingen mich jedes Mal mit einem erfrischenden Glas Saft, wenn ich sie in ihrem Zuhause in Kisangani besuchte. Zwei Bücher über biblische Lehren bekam ich von ihnen: *Die Wahrheit, die zu ewigem Leben führt* und *Vergewissert euch aller Dinge; haltet an dem fest, was vortrefflich ist.* Sie ermutigten mich, die darin angegebenen Bibelverweise selbst nachzuprüfen.

Da ich mich völlig auf mein Universitätsstudium konzentrieren wollte, lehnte ich ihr Angebot ab, mit ihnen regelmäßig Gespräche über die Bibel zu führen. Dennoch hatte mich ihre Art zu lehren nachhaltig beeindruckt. Da war ein deutlicher Kontrast zu den vielen philosophischen und theologischen Diskussionen, die mich in den Jahren zuvor begleitet hatten.

Ich ging nicht mehr zur Messe und lernte, wie man auch ohne Rosenkranz beten kann. Erstaunlicherweise eröffneten mir die wenigen Gespräche mit diesen Missionaren den tieferen Sinn eines Gebets, dass ich seit meiner Kindheit unzählige Male rezitiert, aber nie wirklich hinterfragt hatte: das Vaterunser. Um mir die Phrase „geheiligt werde dein Name“ zu erklären, zeigten sie mir aus meiner eigenen *Jerusalemer Bibel* den heiligen Namen Gottes „Jahwe“ (im Deutschen auch Jehova). Ich verstand auch die Bedeutung der nächsten Bitte: „Dein Reich komme. Dein Wille geschehe, wie im Himmel, so auf Erden.“ Sie zeigten mir mithilfe verschiedener Bibelverse die damit gemeinte Hoffnung vieler gläubiger Männer und Frauen aus biblischer Zeit, dass unter der Herrschaft des Messias (Jesus) eines Tages Frieden und Harmonie auf die Erde zurückkehren würden. Wenn das nur wirklich wahr sein könnte!

Die Barnes luden mich zur Teilnahme an ihren Gottesdiensten ein, die sie einfach Zusammenkünfte nannten. Ich ging nur einmal hin. Die Gruppe bestand aus Menschen mit unterschiedlichem Hintergrund, die mich alle willkommen hießen und einander herzlich begrüßten. Der Gottesdienst und die Räumlichkeiten waren schlicht, ohne all die Rituale und Ornamente, die für mich vorher zu jedem Gottesdienst gehört hatten.

Sie saßen Seite an Seite, Schwarze und Weiße, und lauschten aufmerksam mit ihren Bibeln in der Hand. Als ich mich umschaute, wurde mir klar: Genau das hier war die aufrichtige Zuneigung und der gegenseitige Respekt, die aus meinem Heimatland leider verschwunden waren. Auch wunderte mich, dass sich jeder offen zu den Bibeltexten äußern konnte. Trotz meiner umfassenden philosophischen und theologischen Ausbildung in katholischen Seminaren fühlte ich mich unter ihnen ziemlich klein. Diese Menschen, von denen einige kaum lesen konnten, konnten die Bibel zitieren und sie überzeugend erklären.

Warum fühlte ich mich zu diesen Menschen so hingezogen? Auf dem Nachhauseweg vom Gottesdienst dachte ich über diese Frage nach. Von meinen Eltern und später von den *Salesianern* hatte ich gelernt, meinen Nächsten *wie* mich selbst zu lieben. Aber die Zeugen lehrten, dass dies für einen Christen nicht genug sei. Jesus gebot seinen Jüngern, einander *mehr* zu lieben als sich selbst, indem man auch im täglichen Leben die Interessen des anderen über die eigenen stellt – und, falls es jemals so weit kommen sollte, sogar bereit sein müsse, wie Jesus sein Leben füreinander zu opfern.

Dieser bedeutende Lehrpunkt hat mich sehr angesprochen. Mir wurde klar, dass sie durch ihren Kampf für die Überwindung sogenannter ethnischer Unterschiede eine Insel des aufrichtigen Respekts, der gegenseitigen Unterstützung und der brüderlichen Verbundenheit geschaffen hatten. Inmitten des jeden Tag um uns herum wachsenden Hasses würde eine solche Liebe einer immer härteren Prüfung unterzogen werden.

Mein Abschluss an der Universität Padua, 1977.

Kapitel 4

Gefangen im eigenen Land
(1976-1988)

„Ihr Herz denkt ständig über Gewalt nach." (Sprüche 24:2)

Universität Padua, Italien, 1976

Meine drei Jahre in Italien vergingen rasch. An der Universität Padua nahe Venedig studierte ich Biowissenschaften. Zunächst ließen mich meine Dozenten die Prüfungen auf Englisch absolvieren. Für meinen Abschluss in Biowissenschaften (auf dem Niveau eines heutigen Bachelor-Abschlusses) musste ich jedoch Italienisch dazulernen, um meine Abschlussarbeit verfassen zu können. Da ich schon Latein und Französisch konnte, lernte ich in wenigen Jahren ziemlich gutes Italienisch.

Mein Freund Joseph aus der Schweiz ermöglichte es mir, als Dolmetscher für französischsprachige Touristengruppen in den Katakomben von Rom zu arbeiten. Dadurch konnte ich mir etwas dazuverdienen. Ich nahm die Touristen mit auf eine Entdeckungstour durch die unterirdischen Gänge. Doch auch ich sollte dabei eine interessante Entdeckung machen.

Am Ende einer meiner Touren durch die Katakomben traf ich eine afrikanische Nonne der *Kleinen Schwestern Jesu* aus Kenia. Sie hieß Mary Philippa. Sie fragte mich, woher ich stamme. Auf meine Antwort hin sagte sie, dass es in ihrer Gemeinschaft in der Nähe von Tre Fontane Nonnen aus Ruanda gäbe. Also lud mich Mary Philippa am folgenden Wochenende ein, sie zu besuchen und die Schwestern aus Ruanda kennenzulernen. Unter den Nonnen erkannte ich Teya, die meiner Schwester Odette geholfen hatte, als sie in Kigali war. Dort sah ich auch Chantal zum ersten Mal sowie andere Nonnen, die ich noch nie zuvor gesehen hatte. Wir aßen zusammen zu Mittag und unterhielten uns stundenlang.

Beim Abschied gab ich Mary Philippa und Teya meine Adresse, doch Chantal wollte sie natürlich nicht, da ich für sie ein Fremder war.

Wir hatten kaum ein Wort gewechselt. Ich weiß nur noch, dass ich sie als sehr charmant empfand, doch ich hätte nie daran gedacht, dass wir einmal heiraten könnten. Das wäre ein seltsamer Gedanke für mich gewesen. Doch später erzählte sie mir, wie sympathisch sie meine ehrliche und unkomplizierte Art fand.

Bald nach dieser Begegnung begab sich Chantal auf eine außergewöhnliche humanitäre Mission nach Kamerun:

Das Ziel unserer Gemeinde der Kleinen Schwestern Jesu *war: Isolierten und ausgegrenzten Menschen wie Pygmäen, Buschbewohnern und Nomaden dabei helfen, sich wie andere Menschen akzeptiert zu fühlen. Wir wollten uns mit ihnen anfreunden, mit ihnen leben und ihre Lebensweise nachahmen.*

Zwei andere Schwestern und ich hatten eine erstaunliche Zeit unter den Pygmäen in Kamerun. Wir lebten sechs Monate lang mit ihnen im Wald und gingen mit ihnen zum Jagen und Fischen. Es war alles andere als leicht, im Wald mit Schlangen und Tieren aller Art umzugehen. Die Pygmäen hielten uns die meiste Zeit ganz schön in Atem. Sie waren nicht daran interessiert, sesshaft zu werden und Landwirtschaft zu betreiben. Sie waren ständig auf Wanderschaft und sammelten im Wald Bananen, Mangos und Orangen.

Wir hatten eine kleine Apotheke dabei, um leichte Erkrankungen zu behandeln, Schwangere zu betreuen und Kinder zu impfen. Das war wichtig, weil sie sonst zu keinen anderen medizinischen Zentren in der Gegend gingen. Die einzige Gemeinschaft, die sich wie wir um die Pygmäen kümmerte, war die Kongregation der Kleinen Schwestern der Assumptio. *Sie brachten ihnen das Lesen und Schreiben bei.*

Unsere Aktivitäten erfüllten mich mit großer Zufriedenheit. Das war für mich das Werk Gottes. Ich war überzeugt: In der Zukunft würde ich mit ewigem Leben im Himmel belohnt werden.

In der Zwischenzeit schloss ich 1977 mein Studium in Italien ab. Mein niederländischer Physikprofessor Gerard, der meine Reise nach Italien bezahlt hatte, organisierte ein Stipendium für mich, damit ich mich weiter auf Mikrobiologie an der Universität Utrecht in den Niederlanden spezialisieren konnte. Aber ich hatte Heimweh und ließ mich durch die Propaganda des ruandischen Präsidenten Juvénal Habyarimana locken, der alle Flüchtlinge zur Rückkehr nach Hause aufrief. Deshalb beschloss ich, meinem Heimatland einen Besuch abzustatten. Habyarimana sah sich selbst als Retter der Nation, Verfechter der nationalen Einheit, Gegner des Rassismus, Friedensstifter und Vereiniger. Dieses Image sprach mich an.

Bevor ich also in die Niederlande ging, kehrte ich nach Ruanda zurück, um meine Schwester Odette, einige Freunde in Kigali und die Familie von Onkel Callixte in meiner Heimatstadt Kabirizi zu besuchen. Kaum war ich auf dem Flughafen Kanombe in Kigali gelandet, wurde ich quasi zu einem Gefangenen in Ruanda. Die Behörden beschlagnahmten meinen Reisepass und entzogen mir dabei auch mein Stipendium für das Promotionsstudium in den Niederlanden. Ich kann unmöglich in Worte fassen, wie verwirrt, empört und verraten ich mich fühlte.

In der Hutu-Regierung unter Habyarimana waren mehrere meiner Schulkameraden zu Ministern oder hochrangigen Beamten ernannt worden. Jean Pierre Claver Mutemberezi, mit dem ich in Rwesero oft Basketball gespielt hatte, war nun Bildungsminister. François Ngarukiyintwali war Außenminister geworden. Ich könnte noch mehr aufzählen. Ich beschwerte mich bei Jean Pierre Claver darüber, dass mir die Einwanderungsbehörden meinen Pass weggenommen hatten, obwohl ich ihn für die Fortsetzung meines Studiums benötigte. Er verharmloste die Situation und sagte: „Mach dir keine Sorgen über dein weiteres Studium. Ich kann dir jederzeit ein Stipendium ausstellen. Gehe erst mal nach Butare, halte Vorlesungen an der *Université nationale du Rwanda* (*National University of Rwanda*, NUR) und warte, bis ich mich bei dir melde." Naiverweise glaubte ich ihm. Meine wiederholten Nachfragen blieben jahrelang unbeachtet.

Butare, Ruanda, 1977

Ich war nicht der einzige, dem es so erging. Vielen meiner Kollegen, die Tutsi waren, wurde das Recht verwehrt, ins Ausland zu reisen und Seminare oder auch nur kurze Schulungen zu besuchen. Die Tutsi gaben schließlich jegliche Hoffnung auf, jemals in den Genuss solcher Privilegien zu kommen. Eine verantwortungsvolle Position wurde nur dann einem Tutsi anvertraut, wenn kein Hutu dafür in Frage kam. Und das war auch nur in technischen oder pädagogischen Positionen möglich – nicht in militärischen, politischen, wirtschaftlichen oder diplomatischen. Die Gehälter für Tutsi waren gedeckelt. An der NUR wurden Tutsi als Lehrkräfte oder in technischen Funktionen, als Fachbereichsleiter und gelegentlich auch als Dekane eingesetzt. Doch die Posten des Kanzlers oder des Vizekanzlers waren Hutu vorbehalten. Nur durch seltene Zufälle oder durch Günstlingswirtschaft wurden Tutsi in ihrer Entwicklung gefördert oder erhielten ein Stipendium für sich oder ihre Kinder.

Einige faire, gemäßigte Hutu freundeten sich mit ihren Kollegen an, die Tutsi waren. Solche Hutu verstanden sich gut mit Tutsi, heirateten in ihre Familien ein und waren ihre engen Geschäftspartner. In einigen Fällen handelte es sich bei diesen „Hutu" in Wirklichkeit um Tutsi, die ihren Ausweis abgeändert hatten, aber Teil einer Gemeinschaft sein wollten, der sie vertrauten. Andere waren echte Hutu, die Tutsi heirateten und sich nun mit ihren Schwiegereltern sowie den Freunden und Verwandten ihres Partners arrangieren mussten.

Man war der Ansicht, kein Tutsi wäre vertrauenswürdig genug, um sich in die Armee einschreiben zu lassen oder ein politisches Amt auf oberer oder unterer Ebene zu bekleiden. Mitglieder des Militärs durften keine Tutsi-Frauen heiraten, denn Tutsi könnten sich als Verräter entpuppen und für die Rebellen arbeiten. Kurz gesagt: Alle Tutsi in Ruanda wurden als potenzielle Informanten für rebellische Tutsi im Ausland und als potenzielle Gegner des von den Hutu geführten Regimes angesehen.

Zur „ethnischen Säuberung" der säkularen Gesellschaft konnte man parallele Entwicklungen im religiösen Bereich beobachten. Präsident Juvénal Habyarimana – einst bekannt als *Umubyeyi* oder der „Vater der Nation" – gab sich selbst als gläubiger Katholik aus. Er baute schnell Beziehungen zur katholischen und zur protestantischen Kirche auf und bot Hutu aus dem Klerus politische Schlüsselpositionen an. Bischof Vincent Nsengiyumva, der später Erzbischof von Kigali wurde, erhielt einen Sitz im Zentralkomitee der einzigen politischen Partei, der *Mouvement Révolutionnaire National pour le Développement* (MRND). Michel Twagirauyesu, der später zum Präsidenten der Presbyterianischen Kirche ernannt wurde, schloss sich dem Parteikomitee der Präfektur Kibuye an. Die Kirchenverwaltung wiederum erhob einige mit dem Präsidenten verbündete Hutu in Führungspositionen überall in der Kirchenhierarchie. Die Kirchen predigten ihren Anhängern ständig von der Pflicht, der Regierungsautorität zu gehorchen.

Von der engen Zusammenarbeit zwischen Kirche und Staat profitierten beide Seiten. Denn durch ihre miteinander verwobenen politischen, sozialen und wirtschaftlichen Interessen stärkten sie sich gegenseitig und konnten zusammen ihre Kontrolle über die Massen festigen.

Habyarimana änderte nichts an der Anti-Tutsi-Politik, auch wenn seine hochtrabende Rhetorik Hoffnungen auf einen Kurswechsel geweckt hatte. Die einzige Änderung, die er vornahm, war der Umstieg in der militärischen und wirtschaftlichen Zusammenarbeit von Belgien auf

Frankreich. Das neue Abkommen bedeutete jedoch, dass Frankreich seinem Ziel näherkam, Ruanda, Burundi und die Demokratische Republik Kongo zu einer frankophonen Hochburg zu machen. Daher sahen die Franzosen jede politische Bedrohung für die Hutu als Bedrohung für die neue frankophone Zone an.

Im September 1977 begann ich meine Laufbahn als Dozent in Butare an der naturwissenschaftlichen Fakultät der *National University of Rwanda* im Fachbereich Biologie. Butare war eine kleine, ruhige Stadt etwa 160 Kilometer südwestlich meiner Heimatstadt Kabirizi. Obwohl Kigali die Hauptstadt und das eigentliche politische und kulturelle Machtzentrum war, betrachteten wegen der NUR viele Butare als die Bildungshauptstadt Ruandas.

Schwester Teya von den *Kleinen Schwestern Jesu* hatte Rom verlassen und war ins Ordenskloster von Butare zurückgekehrt. Im Juli 1978 kam Schwester Chantal aus Kamerun, um ihre Eltern in ihrer Heimat in Butare zu besuchen.

Inzwischen befand sich auch Chantal in einer Glaubenskrise und plante, ihr religiöses Umfeld zu verlassen:

Nach sechs Jahren bei den Kleinen Schwestern Jesu *beschloss ich, aufzuhören. Weshalb? Bevor ich nach Kamerun ging, hatte ich es endlich nach Rom geschafft und studierte Theologie mit anderen Schwestern im selben Alter. Durch mein Studium stellte ich meinen Glauben infrage. Einer unserer Professoren lehrte, Abraham sei nur ein bildliches Beispiel für Glauben und Gehorsam, denn er habe nie existiert. Ich fragte mich: Abraham, eines unserer meistverehrten Vorbilder in der Bibel, soll bloße Fiktion sein? Wenn es Abraham nie gegeben hat, so schlussfolgerte ich, dann gab es auch seine Nachkommen – die Vorfahren von Jesus – und damit Jesus selbst nicht! Mir kamen sogar Zweifel, ob es wirklich einen Himmel im religiösen Sinn gibt.*

Die Lehrer betonten den unterwürfigen Gehorsam. Wir sollten bereit sein, überall hinzugehen, wohin uns die Gemeinde auch schicken würde – auch dann, wenn wir gar nicht wollten. Da meine Glaubensgrundlagen erschüttert worden waren, war ich nicht mehr bereit, mich einem solchen Druck blinden Gehorsams zu unterwerfen. Ich hatte ernste Zweifel an meinen religiösen Führern und bedauerte, meine kostbare Jugend für sie geopfert zu haben.

Genau in dieser Phase musste ich das Theologiestudium unterbrechen, weil die Kirche mich nach Kamerun schickte, um den Pygmäen zu helfen. Ich fühlte mich erleichtert. Kurz nachdem ich die Pygmäen verlassen hatte, erkrankte mein Vater schwer. Meine Eltern waren nicht mehr die Jüngsten. Ich musste zu ihnen und für sie sorgen. Insgeheim sah ich in dieser Unterbrechung den richtigen Moment, meine Laufbahn als Nonne zu beenden, denn mein Vater würde vielleicht sterben und meine Mutter wäre dann allein.

Ich weiß nicht genau warum, aber Teya erwähnte den Umzug von Tharcisse nach Butare. Sie sagte, er halte Vorlesungen am NUR und präsentiere den Schwestern im Kloster von Butare gelegentlich Diavorträge über die Evolutionstheorie. Ich erinnerte mich positiv an seinen Besuch im Kloster in Rom. Dieser aufrichtige Mann hatte mich mit seiner freundlichen, bescheidenen und milden Art sehr beeindruckt.

Eines Tages kam Chantal ganz unerwartet zu mir nach Hause. Ich freute mich, sie zu sehen, und hörte ihr verständnisvoll zu, als sie mir ihr Herz ausschüttete und von ihren Enttäuschungen berichtete. Sie erzählte mir von ihren Plänen, die *Kleinen Schwestern Jesu* zu verlassen. Dann kam es wie aus heiterem Himmel: Sie fragte mich, ob ich Interesse hätte, sie zu heiraten!

Ich war mehr als nur erstaunt. Ich hätte nie gedacht, dass diese schöne Nonne eines Tages meine Frau werden würde. Ich war 37 und hatte mich schwergetan, eine Partnerin zu finden. Das war auch nicht verwunderlich, denn 15 Jahre lang hatte ich mich in einem rein männlichen Umfeld auf eine Laufbahn als Priester vorbereitet. Immer, wenn ich ein attraktives Mädchen traf, fühlte ich mich extrem unbeholfen und schüchtern. Chantal, jetzt 29 Jahre alt, war acht Jahre lang Nonne gewesen und hatte keine Erfahrung im weltlichen Leben. Dennoch war sie selbstsicher, liebenswert und ausgeglichen. Sie passte perfekt zu mir. Wie hätte ich da „Nein“ sagen können?

Wir hatten nicht nur eine ähnliche Erziehung und einen ähnlichen Lebensweg hinter uns, auch unser spirituelles Verlangen und unsere tiefe Sehnsucht nach Frieden verbanden unsere Herzen miteinander. Deshalb war es wirklich kein Wunder, dass wir uns ineinander verliebten. Wir legten den 25. November 1978 als unser Hochzeitsdatum fest.

In der Glückseligkeit unserer Verlobungszeit wurden wir jedoch immer wieder von der unsicheren Realität eingeholt. Chantals Bruder

Der Abschluss unserer Hochzeitszeremonie in der Kathedrale von Butare am 25. November 1978. Erste Reihe von links nach rechts: Tharcisse, Chantal, mein Vater Jean-Baptiste und meine Mutter Emiliana.

Sandrart, der nach Belgien geflohen war, wollte seine Eltern und seine Schwester nach mehr als 18 Jahren der Trennung sehen. Sein Weg nach Butare führte über den Kongo. Wie Sandrart sagte, war er nie belgischer Staatsbürger geworden, obwohl er so viele Jahre dort gelebt hatte, weil die Belgier unserem Land und unserem Volk viel Schaden zugefügt hätten. Als er Butare erreichte, versuchte der ruandische Geheimdienst, ihn zu fassen und einzusperren. Glücklicherweise warnten ihn Freunde rechtzeitig und es gelang ihm, nach Belgien zurückzukehren. Er hatte sich nur 48 Stunden in Ruanda aufgehalten!

Auch die Situation meiner Eltern bereitete uns große Sorgen. Nachdem sie 1961 mit meinen Geschwistern nach Uganda geflohen waren, half ich ihnen, wo ich nur konnte. Dadurch konnten sie sich ein bescheidenes Haus bauen und Land mit einer größeren Bananenplantage kaufen. Doch der Wahn des Diktators Idi Amin und die Spannungen zwischen Uganda und Ruanda brachten mehr und mehr Gefahren für die Flüchtlinge mit sich. Die Bedingungen wurden so kritisch, dass meine Eltern nach Burundi fliehen mussten und alles aufgeben mussten, wofür sie seit 1961 gearbeitet hatten. Wieder einmal wurden sie entwurzelt, diesmal im Alter von fast 60 Jahren.

Meine Eltern bei unserer Hochzeit am 25. November 1978.

Wir waren gespannt, ob meine Eltern und Geschwister aus Burundi einreisen dürfen würden, um bei unserer Hochzeit anwesend zu sein. Als die ruandische Botschaft in Burundi ihnen eine zweitägige Genehmigung erteilte, kam uns das wie ein Wunder vor. Sie kamen zur Hochzeitsfeier und verbrachten den nächsten Tag mit uns. Länger bleiben war nicht möglich. Sie fühlten sich wie Fremde in ihrem eigenen Land. Unsere Freunde und Kollegen halfen uns dabei, die Hochzeit zu planen. Eine meiner Kolleginnen, die Hutu Marie Therese, die später Frau Mutwewingabo wurde, lieh mir das Geld für die Kosten der Feier. Sie stammte aus Chantals Heimatdorf Gisagara und war eine enge Freundin von ihr. Viele meiner Kollegen, sowohl Hutu als auch Tutsi, unterstützten uns durch Spenden und Geschenke.

Nach unserer Hochzeit fuhren Chantal und ich nach Burundi, um meinen Eltern das Einleben dort zu erleichtern. Der Zollbeamte und der Einwanderungsbeamte kannten mich, weshalb wir ohne Probleme über die Grenze kamen. Personen, deren Eltern im Exil lebten, galten jedoch als sehr gefährlich und suspekt und wurden vom Geheimdienst voller Misstrauen beobachtet. Sobald wir also aus Bujumbura (Burundi) zurückgekehrt waren, wurde ich zum Büro des Geheimdients in Butare gerufen und mindestens zwei Stunden lang gründlich verhört. Ein Tutsi mit im Ausland lebenden Eltern, wie ich es war, wurde als schuldig angesehen, wenn er die burundische Grenze überschritten hatte. Das wurde als ernsthaftes Vergehen eingestuft. Es reichte aus, um über mich eine Akte anzulegen.

Als wir uns gerade in unser gemeinsames Leben eingefunden hatten, erfuhren wir, dass wir bald zu dritt sein würden. Angesichts unserer Lebensumstände hätten wir uns vielleicht über die zusätzlichen Verantwortlichkeiten und Schwierigkeiten als Eltern Sorgen machen können. Wir waren aber so gespannt auf unser kleines Baby, dass unsere Sorgen wegen politischer Umwälzungen oder wirtschaftlicher Schwierigkeiten ganz und gar im Hintergrund verschwanden.

Einige Wochen vor dem Geburtstermin rutschte Chantal in der Badewanne aus und stürzte. Sie verletzte sich ernsthaft am Rücken. Wir machten uns Sorgen wegen der Geburt unseres Kindes. Es gab weder ein Taxi noch einen Krankenwagen. Also ruhte sich Chantal erst einen Tag aus und ging dann 3,2 Kilometer zu Fuß zum Krankenhaus, um sich behandeln zu lassen, und kam dann wieder zu Fuß zurück nach Hause. Zwei Tage darauf brachte sie unser Kind vorzeitig zur Welt: Ein kleines gesundes Mädchen, das nur viereinhalb Pfund wog.

Wir nannten unsere hübsche Tochter Marie nach meiner Tante Mariya und fügten als zweiten Namen Providence (bedeutet „Vorsehung“) hinzu, da wir ihre reibungslose Geburt als Zeichen der Fürsorge und des Schutzes Gottes sahen.

Maries Bruder Pierre kam zwei Jahre später hinzu. Wir nannten ihn nach seinem Urgroßvater Pierre (Petero). Marie nahm sofort die Rolle der großen Schwester ein. Sie gab gern den Ton an und Brüderchen Pierre folgte ihr brav.

1980 kam es im Nachbarland Uganda zu einem Staatsstreich. Dieser hatte weltweit Auswirkungen auf ruandische Flüchtlinge. Milton Obote stürzte Idi Amin und wurde zum zweiten Mal Präsident von Uganda. Er zwang etwa 80 000 ruandische Flüchtlinge zur Rückkehr in ihre Heimat. Doch Ruanda wollte sie nicht und schickte bis auf etwa 4 500 alle zurück. Uganda erbarmte sich nur für 1 000 von ihnen. Horden staatenloser Flüchtlinge hausten nun in drei Flüchtlingslagern an der ruandisch-ugandischen Grenze.

Die meisten der jüngeren ruandischen Flüchtlinge schlossen sich der *National Resistance Army* (NRA) an, eine Armee unter der Führung des ugandischen Rebellen Yoweri Museveni.[1] Während des ugandischen Buschkriegs (1981–1986) wurden viele kampferprobte Tutsi Offiziere in Musevenis NRA. Diese ruandischen Kämpfer trainierten dadurch ihre Kampffähigkeiten für zukünftige Versuche, ihr Heimatland zurückzuerobern.

Es war im Jahre 1981, als ich mit meinen Kollegen in einem Bus nach Kigali fuhr, um an einer Veranstaltung teilzunehmen. Der Bus hielt unterwegs an, um andere für dieselbe Veranstaltung abzuholen. Unter ihnen war Augustin Murayi, Dozent am *Institut National Pédagogique* (IPN) in Butare. Ich hatte ihn noch nie zuvor getroffen.

1 Soldaten ruandischer Abstammung gehörten zu der Armee, die Museveni 1986 beim Sturz Obotes unterstützte. Es wird im Allgemeinen angenommen, dass mit diesem Sieg die Idee aufkam, Ruanda und das diktatorische Regime von Präsident Habyarimana im Jahr 1990 anzugreifen. Dieser Plan fand immer mehr Anhänger und wuchs zu einer politischen Partei und einer national-patriotischen Front heran.

Ich hörte, wie Augustin einem Mitreisenden erklärte, dass Jesus der Sohn Gottes ist und nicht der allmächtige Gott selbst. Er sagte, dass Jesus selbst erklärt habe: „Mein Vater ist größer als ich.“ Das war die gleiche Lehre, die ich von den Missionaren der Zeugen Jehovas gehört hatte, als ich im Kongo war. Ich fragte nach und Augustin bestätigte, auch ein Zeuge Jehovas zu sein.

Seine Kollegen verspotteten ihn und wollten nicht wahrhaben, dass der zitierte Vers in der Bibel steht. Aber ich meldete mich zu Wort, um Augustin zu verteidigen, denn ich hatte diese Aussage in meiner eigenen Bibel gelesen. Natürlich war Augustin angesichts meiner Unterstützung überrascht und glücklich.

Kurz nach unserer Reise nach Kigali besuchten mich Augustin und seine Frau Rachel. Ich zeigte ihnen die beiden Bibelstudienbücher, die ich zehn Jahre zuvor von dem Ehepaar Barnes erhalten hatte. Dieses Mal erklärte ich mich bereit, mit Augustin und Rachel regelmäßig die Bibel zu studieren. Ich stellte ihnen bis spät in die Nacht hinein so viele Fragen, dass sie manchmal die ganze Nacht bei uns verbrachten. Ich ließ sie nicht gehen, bis ich zufriedenstellende Antworten hatte. Sie waren übrigens Hutu. Aber sie unterhielten sich ganz aufrichtig mit mir, einem Tutsi – ohne jedes Vorurteil und Misstrauen. Ihre Geduld und ihre Selbstaufopferung fand ich sehr ansprechend. Chantal mochte die Murayis, aber meine Begeisterung für mein Bibelstudium stellte ihre Geduld verständlicherweise auf die Probe.

Augustin und ich studierten zusammen sechs Monate lang die Bibel, bis er zum Generaldirektor im Ministerium für Primär- und Sekundarschulbildung in Kigali ernannt wurde. Als Augustin weg war, hatte ich niemanden, der mit mir die Bibel studierte, bis schließlich Jean Tshiteya nach Butare kam, ein Zeuge aus dem Kongo. Er war als Vollzeit-Bibellehrer gekommen. Um seinen Dienst weiter fortzusetzen, musste er die Sprache Kinyarwanda lernen. Obwohl er für seine Frau und seine vier Kinder sorgen musste, war er unermüdlich mit dem Fahrrad unterwegs, um seine Bibelschüler nah und fern zu unterrichten.

Jean Tshiteya brachte einen weiteren Zeugen mit, Justin Rwagatore. Er war ein Hutu, der im Militär gedient hatte, bevor er 1976 einer der ersten Zeugen Jehovas in Ruanda wurde. Er war sehr gut organisiert, vielleicht geprägt durch seine Militärkarriere. Seine Freundlichkeit und sein Mitgefühl beeindruckten mich. Er erklärte mir, dass ihm das Wissen aus der Bibel (und nicht seine militärische Ausbildung) geholfen habe, seine Persönlichkeit nach dem Vorbild Christi neu zu formen.

Als ich mein Bibelstudium fortsetzte, begann auch ich, Änderungen an mir vorzunehmen. Bewegt von den Worten in meiner *Jerusalemer Bibel:* „Du sollst dir kein geschnitztes Bild machen ... Du sollst dich nicht vor diesen Bildern niederwerfen“, warf ich meine Heiligenbilder weg, darunter auch das Bild der Jungfrau Maria. Ich riss die Kreuze von den Wänden und entsorgte meinen Rosenkranz. Chantal reagierte nicht gerade erfreut, besonders, als ich sie unter Druck setzte, sich auch meinem neuen Glauben anzuschließen.

Jean, der stets ein freundliches Lächeln hatte, half mir zu verstehen, dass ich Chantal stets freundlich und respektvoll begegnen muss. Denn ich konnte und durfte sie nicht zwingen, sich zu ändern. Ich nahm seinen Rat an und ließ Chantal in Ruhe. Zu diesem Zeitpunkt hatte sie bereits aufgehört, in die Kirche zu gehen. Sie kam sogar von sich aus manchmal zu einer Zusammenkunft der Zeugen Jehovas mit.

Unser drittes Kind war unterwegs. Chantal war eine fleißige, hingebungsvolle Ehefrau und Mutter. Ich dagegen hatte noch viel darüber zu lernen, wie ich ein liebevoller, ausgeglichener Ehemann und Vater sein konnte. Die Bibel half mir dabei. Unsere Naomi kam im Mai 1983 zur Welt. Ich nannte sie Naomi, weil ich das Bibelbuch Ruth entdeckt hatte. Ich liebte die wunderbare Geschichte der Treue zwischen Ruth und Naomi. Die Bedeutung des Namens Naomi (meine Freude) beschreibt genau das, was ich empfand, als ich mich zu einem Leben für Jehova Gott entschied.

Ich hatte jahrelang Theologie studiert, doch mir waren die einfachsten und klarsten biblischen Lehren entgangen. Zum Beispiel kannte ich die „Seligpreisungen“ aus der Bergpredigt Jesu. Aber nie zuvor hatte ich wirklich begriffen, was die Worte „Selig sind die Sanftmütigen, denn sie werden das Land besitzen“ (wie es in meiner *Jerusalemer Bibel* hieß) bedeuten: Sanftmut, Liebe und Frieden würden eines Tages im Paradies auf Erden herrschen. Dann wird auf großartige Weise Wirklichkeit werden, was Gott zu Beginn vorhatte, als er die ersten Menschen erschuf. Menschen haben das wundervolle Geschenk des freien Willens missbraucht und sich gegenseitig das Leben schwer gemacht. Sie haben die Welt mit Rassismus, Hass, Ungerechtigkeit und Gräueltaten gefüllt. Aber dieses schreckliche Zwischenspiel sollte ein Ende haben. Endlich würde die oft wiederholte Bitte des Vaterunsers, „Dein Wille geschehe, wie im Himmel, so auf Erden“, erhört werden. Sie können sich nicht vorstellen, wie sehr mich diese biblische Botschaft der Hoffnung getröstet hat.

„Ihr gehört nicht zur Welt“: Diese Worte Jesu verstanden Jehovas Zeugen so, dass sie sich von allen politischen und militärischen Angelegenheiten fernhalten sollten. Sie belegten mir mit historischen Beweisen, dass die ersten Christen im Römischen Reich dieselbe Ansicht hatten. In ihrer Rolle als Gottes „Botschafter“ weigerten sie sich auch, Waffen gegen andere Menschen zu erheben, unabhängig ihrer Religion oder Herkunft. Nachfolger Christi konnten unmöglich zulassen, dass von Menschen verursachte Grenzen ihre Liebe zueinander behinderten.

Diese wunderbare Ethik klang für mich sehr verlockend. Um ehrlich zu sein, erschien es mir beinahe unrealistisch: Menschen aller Herkunft und aller Gesellschaftsschichten, die gemeinsam ihren Glauben harmonisch ausleben. Wie sollte das möglich sein? Schwarze, Weiße, Hutu, Tutsi – wir alle waren mit demselben trennenden Hass aufgewachsen. Sicherlich fiel es vielen Zeugen Jehovas schwer, alte Einstellungen und Verhaltensweisen zu überwinden. Aber was genau bewegte Menschen dazu, all die Bitterkeit und Vorurteile beiseitezulegen und sich nun einander als wahre Brüder und Schwestern zu begegnen? Genau das habe ich mit meinen eigenen Augen im konfliktgeprägten Kongo und hier in meiner geschundenen Heimat zu sehen bekommen.

Natürlich hatten auch die Zeugen, die sich untereinander „Brüder“ und „Schwestern“ nennen, wie alle Menschen gegen Fehler und Schwächen zu kämpfen. Dennoch waren sie überzeugt – manche würden es als naiv bezeichnen –, dass sie ihr Bestes geben sollten, um den Worten Jesu gerecht zu werden: „Ich gebe euch ein neues Gebot. Liebt einander! So wie ich euch geliebt habe, sollt auch ihr einander lieben. Daran werden alle erkennen, dass ihr meine Jünger seid: wenn ihr Liebe zueinander habt.“[2] Ihre Bereitschaft, einander zu lieben und sich füreinander aufzuopfern, war für mich der lebendige Beweis dafür, dass diese christusähnliche Liebe wirklich in den Herzen von Menschen wohnen kann.

Im Jahr 1982 beantragten Jehovas Zeugen bei der Regierung von Habyarimana die rechtliche Anerkennung. Nicht lange danach erklärte Präsident Habyarimana in einer landesweiten Radiosendung, dass diejenigen, die den „ruandischen Glauben“ verunglimpften, nicht geduldet würden. Jeder wusste, wen er meinte: Zeugen Jehovas. Und mit dieser öffentlichen Erklärung wurde auch klar, dass er die Rückendeckung der Kirchenführung hatte. Jehovas Zeugen hatten sich das Missfallen der mächtigen Geistlichen zugezogen, die ihre Lehren als Ketzerei betrach-

2 Zitiert aus Johannes 13:34, 35.

teten und ihre eigenen „Schäfchen“ nicht an die missionierenden Zeugen verlieren wollten.

Die Regierung verbot Jehovas Zeugen, öffentliche Zusammenkünfte abzuhalten, sodass sie sich diskret in kleinen Gruppen treffen mussten. Sie hörten nicht auf zu evangelisieren, sondern wurden vorsichtiger dabei. Wenn sie andere besuchten, um von ihrer Botschaft zu erzählen, kleideten sie sich leger und trugen keine Bibeln oder biblische Literatur bei sich.

Die Versammlungen (Gemeinden von Jehovas Zeugen) erhielten viel Unterstützung von mutigen und engagierten Brüdern wie Gaspard Rwakabubu. Er war ein im Kongo aufgewachsener Ruander. Auch er musste daher die Sprache Kinyarwanda lernen, genau wie mein Bibellehrer Jean Tshiteya. Gaspard reiste durch ganz Ruanda und half den Gläubigen in diesen schwierigen Zeiten mutig zu bleiben.

Aufgrund der verschärften staatlichen Überwachung schien es unmöglich, den großen regionalen Kongress abzuhalten, den die Zeugen üblicherweise jedes Jahr abhalten. Obwohl ich noch kein Zeuge Jehovas war, nahm ich regelmäßig an ihren verschiedenen Treffen teil. Sie fragten mich, ob sie bei mir zu Hause den zweitägigen Kongress für etwa 100 Personen aus der Umgebung abhalten könnten. Denn mein Zuhause an der Universität war ziemlich geräumig und verfügte über einen großen eingemauerten Innenhof. Wir hatten fließendes Wasser und Elektrizität. Dort konnten wir auch Mahlzeiten für alle Gäste kochen. Viele von ihnen würden von weit herkommen. Es wäre wie ein großes Familientreffen.

Ich besprach diese Idee mit Chantal. Obwohl sie sich geweigert hatte, am Bibelstudium mit den Zeugen Jehovas teilzunehmen, stimmte sie zu. Sie empfing ein Ehepaar aus Kenia gastfreundlich, das bei uns zu Hause übernachtete. Der kenianische Bruder hielt zusammen mit Gaspard Rwakabubu und anderen überzeugende Bibelvorträge für die 120 Anwesenden.[3] Obwohl wir wegen der unsicheren Lage sehr besorgt waren, verlief der friedliche Kongress ohne Störung. Später erfuhren wir jedoch, dass sich der katholische Priester der Gemeinde Butare nebenan im Haus unseres Nachbarn versteckt hatte, um sich das gesamte Programm anzuhören. Kurz nach dieser Versammlung wurden Jehovas Zeugen landesweit von der Regierung verboten.

---

3 Kurz nach diesem Kongress wurde Gaspard verhaftet und aufgrund falscher Anschuldigungen zu einer zweijährigen Haftstrafe verurteilt. Er und mehrere andere Zeugen Jehovas kamen in heruntergekommene Gefängnisse, wo sie von nur einer täglichen Ration Maniok und Bohnen leben mussten.

Dieses Verbot hat meiner wachsenden Überzeugung keinen Abbruch getan. Ich hatte noch nie zuvor eine so große Zusammenkunft von Zeugen Jehovas erlebt und war nun erst recht davon überzeugt, dass diese Bruderschaft keine bloße Fassade war. Sie versuchten wirklich aufrichtig, Christus nachzufolgen. Ich beschloss, mich diesem christlichen Glauben anzuschließen. Wegen des Verbots musste ich über 600 Kilometer nach Goma im Kongo reisen, um mich dort auf einem großen Kongress taufen zu lassen. Durch diesen symbolischen Akt des Untertauchens im Wasser zeigte ich im Juli 1983 öffentlich, dass ich mich für Jehova Gott entschieden hatte. So wurde ich ein Mitglied einer eng verbundenen Familie von Gläubigen, die mich als ihren Bruder betrachteten.

Unsere kleine Gruppe in Butare bestand aus Menschen verschiedenster Herkunft und Kultur. Wie alle meine Glaubensbrüder versuchte auch ich, das Gute in jedem Einzelnen zu sehen und keinen zu bevorzugen oder zu benachteiligen. Ohne strenge Hierarchie lebten wir konsequent nach den Werten der Demut und der Gleichheit, die Jesus gelehrt hatte. Unter den Zeugen gilt: Je mehr man für andere zu tun bereit ist, desto mehr Ehre und Respekt verdient man.

Mein Religionswechsel wurde in der katholischen Gemeinde sofort zu einem Skandal. Man nagelte meinen Namen an die Tür der Kathedrale von Butare. Ich teilte meinen neuen Glauben mit Bekannten. Es sprach sich auch herum, dass in unserem Haus religiöse Treffen stattfanden. Nach kurzer Zeit nannten die Leute in Butare meinen neuen Glauben „die Religion von Tharcisse“.

Diese große Veränderung meiner religiösen Einstellung bereitete Chantal große Sorgen, denn von nun an würde ich nicht nur als Tutsi, sondern auch als Zeuge Jehovas verfolgt werden. Sie hoffte von ganzem Herzen, ich würde meinen Irrweg erkennen und in die katholische Kirche zurückkehren.

Nancy, Frankreich, 1983

Drei Monate nach meiner Taufe erhielt ich plötzlich die Erlaubnis, eine Universität im französischen Nancy zu besuchen. Mein ehemaliger Schulkamerad Jean Pierre Claver Mutemberezi war als Bildungsminister entlassen worden und durch einen meiner Kollegen, André, ersetzt worden. André gewährte mir sofort ein Stipendium, damit ich mein Studium in Frankreich fortsetzen konnte. Das Stipendium war an eine Bedingung geknüpft: Ich musste zustimmen, nach meinem Promotionsstudium nach Ruanda zurückzukehren und wieder fünf Jahre lang an der *National University of Rwanda* zu unterrichten.

Französisch konnte ich bereits, doch die Anpassung an das Leben in Frankreich würde viel mehr als das erfordern. Chantal und die Kinder ließ ich vorerst in Ruanda zurück, bis ich eine ausreichend große Wohnung gefunden hatte. Wo würde ich Hilfe finden? Ich war zwar in einem fremden Land, aber ich fühlte mich dort nicht wie ein Fremder. Als ich den Königreichssaal[4] der Zeugen Jehovas in Vandœuvre-lès-Nancy in Lothringen betrat, wurde ich sofort von der ganzen Versammlung als Bruder herzlich aufgenommen.

Sobald sie von meiner Situation erfuhren, liehen mir die Versammlungsmitglieder 3 500 französische Franc und suchten nach Flugtickets, um meine Familie nach Frankreich zu holen. Bruder Jacques, den ich gerade einmal für eine Woche kannte, schenkte mir 1 000 französische Franc. Meine Glaubensbrüder luden mich zu hausgemachten französischen Spezialitäten ein und stellten mir freundlicherweise mehr Anzüge und Krawatten zur Verfügung, als ich in meinem ganzen Leben tragen könnte. Damit war ich sowohl für unsere Zusammenkünfte als auch für das Predigen gut gekleidet.

Obwohl ich mit meinen biotechnologischen Forschungen und meinen Glaubensaktivitäten vollauf beschäftigt war, zogen sich die sechs Monate des Wartens auf Chantal und die Kinder in die Länge. Als endlich alle ihre Tickets hatten, half ihnen mein Freund und Bibellehrer Augustin dabei, ihre Reisepässe zu bekommen.

Im Mai 1984 saßen Chantal und die Kinder endlich im Flieger von Kigali nach Brüssel. Chantals Bruder Sandrart holte sie am Flughafen ab und brachte sie zu sich nach Hause. Bruder Edouard aus meiner Versammlung in Nancy meldete sich freiwillig, um mich über 320 Kilometer nach Brüssel zu fahren. Das war so ein schönes Wiedersehen! Aber als ich meine kleine Naomi umarmen wollte, die bei meiner Abreise erst sechs Monate alt gewesen war, stieß sie mich weg und schrie laut. Es dauerte Tage und wiederholte Versuche, aber schließlich wurden wir beste Freunde. Sie wurde ein richtiges Papakind.

Wir übernachteten bei Sandrart zu Hause. Er traute seinen Augen nicht: Dieser weiße Franzose war die ganze Strecke gefahren, ohne ir-

4 Die Anbetungsstätten von Jehovas Zeugen tragen weltweit diesen Namen, weil das Königreich Gottes für sie eine zentrale Lehre und das Hauptthema der Bibel ist.

Chantals Bruder Deogratias Sandrart. Er ging 1959 als Teenager nach Belgien ins Exil und starb dort 1997 an Prostatakrebs.

gendetwas dafür haben zu wollen. Er saß mit uns am Tisch, teilte ein Zimmer mit uns und behandelte uns wie alte Freunde, obwohl ich ihn erst seit fünf Monaten kannte.

Meine Versammlung nahm unsere wunderbaren Kinder schnell wie ihre eigenen auf und auch Chantal wurde ganz herzlich willkommen geheißen. Marie, Pierre und Naomi begleiteten mich, wenn ich wöchentlich zu den christlichen Zusammenkünften ging oder öffentlich im Predigtdienst unterwegs war. Chantal machte die Kinder gern für diese Anlässe zurecht und kam gelegentlich auch mit uns in den Königreichssaal.

Im August 1985 wurde aus unserer fünfköpfigen Familie eine sechsköpfige. Zum ersten Mal in meinem Leben war ich selbst dabei, als ein Baby auf die Welt kam. Hilflos stand ich da und beobachtete die Strapazen, die eine Mutter bei der Geburt mitmacht. Dadurch schätzte ich Chantal noch mehr. Sofort nach der Geburt legte mir die Geburtshelferin unseren Sohn in die Arme. Was für ein unvergessliches Gefühl!

Wir gaben ihm den Namen Joel, weil der biblische Prophet Joel Gottes Befreiung vorhersagte. Sein Nachname „Nshuti“ bedeutet „Freunde“, denn genau am Tag der Geburt waren einige Freunde aus Belgien zu Besuch. Joel war mit fast acht Pfund ein kräftiges Kind.

Kurz nach der Ankunft von Chantal und unseren Kindern in Nancy (Frankreich) im Mai 1984.

Auf einem Kongress der Zeugen Jehovas in Frankreich, 1986.

Die sechsjährige Marie-Providence, die für ihr Alter bereits sehr erwachsen war, nahm ihr neues Brüderchen sofort in ihre Obhut. Außerdem half sie fleißig bei Hausarbeiten mit und unterstützte Chantal bei der Betreuung ihrer Geschwister.

Zwei Jahre später wurde unser Jüngster, Benjamin, geboren. Zu Beginn war er ein sehr ruhiger Junge, doch mit zunehmendem Alter sollte sich das drastisch ändern.

Unser Aufenthalt in Frankreich stärkte meinen Glauben und meine Spiritualität. Obwohl meine Forschungen an der Universität sehr anstrengend waren, setzte ich Zeit für mein christliches Studium ein und nahm an den Wochenenden am öffentlichen Predigen teil. In unserer Versammlung war ich als Dienstamtgehilfe tätig und unterstützte die Ältesten der Versammlung beim Lehren und bei anderen Angelegenheiten.[5]

5 Ein Dienstamtgehilfe ist ein geistlich reifer Zeuge, der die Anforderungen der Bibel erfüllt und bereit ist, verschiedene Aufgaben für die gesamte Versammlung zu erledigen. Diese Aufgaben können darin bestehen, sich um die Bedürfnisse älterer und gebrechlicher Versammlungsmitglieder zu kümmern, die Leitung von Predigtaktivitäten zu übernehmen, den Königreichssaal zu reinigen und so weiter. Diese Rolle hat nichts mit der starren Hierarchie in vielen Kirchen zu tun.

Mir gefiel es sehr, unseren heranwachsenden Kindern die Bibel nahezubringen. Obwohl Chantal und ich nicht dasselbe glaubten, wuchs mit der Zeit unser Verständnis füreinander und wir fanden einen gemeinsamen Weg, in unseren Kindern Glauben und moralische Werte zu fördern.

Die fünf Jahre in Frankreich waren wie eine willkommene Atempause, denn zu Hause in Ruanda hatte uns ständig die Angst im Nacken gesessen. Zwar waren die Unruhen nun weit entfernt, doch unsere Gedanken waren bei unseren Freunden und den Zeugen Jehovas in Ruanda. Wir blieben so gut wie möglich in Kontakt. Den zunehmenden Nationalismus bekamen ganz besonders diejenigen unserer Freunde zu spüren, die Hutu und gleichzeitig Zeugen Jehovas waren und sich nicht an der Politik des Hutu-Regimes beteiligen wollten. Aufgrund ihrer neutralen Haltung weigerten sie sich, ein Abzeichen zu Ehren von Präsident Habyarimana zu tragen – eine unverzeihliche Sünde, wo sie doch zu derselben „ethnischen Gruppe" gehörten – und kauften auch nicht seine Parteiausweise. Sie achteten aber die Autorität der Regierung und hätten sich niemals an aufständischen Aktivitäten oder politischer Gewalt beteiligt.[6]

Die Behörden sperrten Zeugen Jehovas ungeachtet ihres Geschlechts ein – sogar Schwangere mit kleinen Kindern! Uns kam zu Ohren, dass man Augustin von seinem Posten im Bildungsministerium entlassen hatte und dass er in Kigali zusammen mit seiner Frau Rachel in Haft war. In Zeitungsartikeln und Radiosendungen wurde Augustin als Verräter an der Sache der Hutu angegriffen. Augustin und Rachel verbrachten mehrere Monate in Gefangenschaft. Nach ihrer Freilassung floh die Familie nach Belgien.

Die Kinder meines zweiten Bibellehrers, Jean Tshiteya, wurden von der Schule verwiesen, weil sie sich weigerten, die Nationalhymne zu singen. Er und seine Frau landeten im Gefängnis von Butare. Während sich andere Zeugen Jehovas um ihre Kinder kümmerten, wurden die Tshiteyas und andere inhaftierte Zeugen in das Zentralgefängnis von Kigali verlegt.

---

6 Gemäß christlichen Prinzipien erkennen Jehovas Zeugen die staatliche Autorität an. Sie gehorchen den Gesetzen der Regierung, es sei denn, eine Regierung befiehlt ihnen, ein Gebot Gottes zu brechen – was selten vorkommt (vgl. Matthäus 22:21, wo Jesus das Prinzip formulierte: „Dann gebt Cäsar zurück, was Cäsar gehört, und Gott, was Gott gehört."). In ihrer politisch neutralen Haltung nehmen sie nicht an Politik, patriotischen Zeremonien, militärischer Ausbildung und bewaffneten Kämpfen teil. Zeugen Jehovas wurden in Afrika und anderswo wegen ihrer Neutralität verboten und staatlich verfolgt. Da sie sich weigerten, an patriotischen Bewegungen, Unabhängigkeitskriegen, Bürgerkriegen oder ethnischen Auseinandersetzungen zu beteiligen, wurden sie häufig von allen Seiten als Feind betrachtet.

Die Verfolgung erreichte 1986 ihren Höhepunkt, als über 140 Brüder und Schwestern auf einmal im Gefängnis saßen – etwa ein Drittel aller Zeugen im Land. Die Gerichte verhängten oft unglaublich strenge Haftstrafen von 5 bis 12 Jahren in Gefängnissen mit fürchterlichen Bedingungen.

Präsident Habyarimana erhielt Briefe von Zeugen Jehovas aus Frankreich und der ganzen Welt. In diesen Briefen protestierten sie gegen die ungerechte Behandlung und baten um Erleichterung für ihre Glaubensbrüder. Auch ich beschloss mich daran zu beteiligen, obwohl mir klar war, dass dies bei unserer Rückkehr nach Ruanda zu Schwierigkeiten führen könnte. Doch zu unserer großen Erleichterung wurden 1987 per Dekret des Präsidenten alle Zeugen Jehovas freigelassen. Die Lage schien sich zu beruhigen.

Nachdem ich 1988 promoviert hatte, war es an der Zeit, mein Abkommen mit der ruandischen Regierung einzuhalten. Ich setzte mich also mit Chantal zusammen und sprach behutsam mit ihr über meine Entscheidung. Ich wollte die Bedingung meines Vertrags erfüllen und nach Ruanda zurückkehren, um dort fünf Jahre zu unterrichten. Ich erklärte ihr, mein Wort zu halten zeige nicht nur Respekt vor der Regierung, sondern vor allem meinen Wunsch, dem Gebot Jesu nachzukommen. Sie reagierte mit ängstlicher Sorge um die Kinder und versuchte, meine Meinung zu ändern. Ehrlicherweise lehnte ich ihre Ansicht vor allem deshalb ab, weil mich mein Gewissen dazu drängte, mein Versprechen zu halten. Trotz ihrer Bedenken gab Chantal meiner Entscheidung schließlich nach. Wir beide vermissten unser Heimatland schmerzlich und hofften tief im Inneren, dort wieder Ruhe und Frieden zu finden.

Als meine französischen Brüder und Schwestern von meiner geplanten Heimreise erfuhren, brachten sie ihre große Sorge um unsere Sicherheit zum Ausdruck. Sie versuchten, mich zum Bleiben zu überreden. Einer meiner Freunde, André, zitierte aus Prediger 9:4, dass „ein lebender Hund besser dran ist als ein toter Löwe“. Dennoch hielt ich es für wichtig, mein Wort zu halten und meinen Kindern ein gutes Beispiel in christlicher Ehrlichkeit zu geben.

Und so nahm unsere siebenköpfige Familie im August 1988 auf dem Pariser Flughafen Charles de Gaulle einen Flug nach Ruanda – in eine ungewisse Zukunft.

Kapitel 5

Im Auge des Wirbelsturms
(1988-1994)

„Schmiede keine bösen Pläne gegen deinen Mitmenschen." (Sprüche 3:29)

Butare, Ruanda, 1988

Als ich zu Beginn des neuen Schuljahres in das Gebäude der naturwissenschaftlichen Fakultät der NUR zurückkehrte, waren meine Kollegen überrascht. Niemand verstand, warum ich mein stabiles Leben in Frankreich gegen die brodelnden Unruhen in Ruanda eingetauscht hatte. Einige hielten mich sogar für verrückt. Andere staunten einfach nur, als sie hörten, dass mich mein christliches Gewissen dazu gedrängt hatte, meine Abmachung mit der Regierung einzuhalten.

Zurück in Ruanda wurde ich nicht sofort mit Repressalien konfrontiert. Die späten 1980er-Jahre waren für Ruanda wie die Ruhe vor dem Sturm. In dieser Zeit florierte die Wirtschaft. Ruanda profitierte von finanzieller Unterstützung aus Europa. Das Land stärkte wirtschaftliche Beziehungen zu Kenia, Zaire (heute Demokratische Republik Kongo) und anderen Nachbarländern.

Hutu-Politiker konnten leicht Geld verdienen, indem sie zum Beispiel von Krediten der Regierung profitierten oder sich klammheimlich Regierungsgelder für ihre eigenen Projekte aneigneten – sogar in Zusammenarbeit mit hochrangigen Komplizen.

Die Tutsi hatten zwar durch die schrumpfenden wirtschaftlichen Möglichkeiten immer weniger Spielraum, doch sie entwickelten ihre eigenen Überlebensstrategien. Sie hatten ein Netzwerk aus kleinen Unternehmen wie Lebensmittel- und Eisenwarengeschäfte, Metzgereien und Bäckereien. Einige gründeten Schreinereien und Baugeschäfte, Autowerkstätten und kleine Fabriken. Ich begann sogar selbst über ein eigenes kleines Unternehmen nachzudenken.

Zuerst wohnten wir in einem Haus ohne Toilette und ohne fließend Wasser. Wir mussten unser Trinkwasser abkochen und unsere Mahlzeiten über Holzkohle zubereiten. Ohne Auto erledigten wir selbst unter der tropisch heißen Sonne alles zu Fuß. Der Kulturschock bezüglich des Umfelds, des Essens und der Lebensart hätte nicht drastischer sein können. Aber unsere Kinder nahmen das alles mit Leichtigkeit auf, als wäre es eine Art Abenteuer. Erstaunlich schnell lernten sie Kinyarwanda zu lesen und zu sprechen. Ich meldete sie auch in der örtlichen französischen Schule an, damit sie ihr Französisch weiter verbessern konnten.

Es dauerte Monate, bis wir eine Universitätsresidenz zugewiesen bekamen. Im Gegensatz zu den hübschen Häusern mit eingezäunten, begrünten Höfen meiner Hutu-Kollegen erhielt ich die Schlüssel zu einem notdürftig fertiggestellten Haus, das inmitten von Schutt und Dornengestrüpp lag. Es hatte keinen Zaun, keinen Rasen, keinen Vorgarten und auch keinen Hinterhof, in dem meine Kinder hätten spielen können. Ich solle mich selbst um solche Dinge kümmern, teilte man mir mit – und das nur, weil ich ein Tutsi war.

Im Arboretum der *National University of Rwanda* (1989). Von rechts nach links: Pierre, Joel, Benjamin, eine belgische Freundin, Marie und Naomi. Das Bild entstand nur wenige Monate nach unserer Rückkehr aus Frankreich.

Die Versammlung der Zeugen Jehovas in Butare war mehrere Kilometer entfernt. Dort gab es nun genügend Kinyarwanda sprechende Mitglieder, so dass es nicht mehr wie früher nötig war, die Zusammenkünfte in Französisch abzuhalten. Da meine Kinder jedoch fließend Französisch sprachen, fragte ich das Aufsichtskomitee der Zeugen in Kigali, ob ich eine französischsprachige Gruppe in Butare gründen könnte, zumal ich dadurch so manchen französischsprachigen Universitätsstudenten dazu einladen konnte, der sich für die Bibel interessierte. Mein Vorschlag wurde angenommen. Ich begann, bei mir zu Hause Zusammenkünfte in Französisch abzuhalten.

Wir gehorchten weiterhin dem Gebot Jesu: „Darum geht und macht Menschen aus allen Völkern zu meinen Jüngern". Deshalb sprachen wir mit anderen über „die gute Botschaft vom Königreich". Obwohl unsere Tätigkeiten verboten waren, gab es viele, die mit uns die Bibel studieren wollten. Bald wurde die Gruppe groß genug, um als Versammlung bezeichnet zu werden, obwohl wir nur einem Ältesten und einem Dienstamtgehilfen hatten, die sich um seelsorgerische Aufgaben kümmerten.

Es gab viel zu tun im Werk des Herrn. 1990 waren wir dann so viele, dass wir einen Raum für unsere Zusammenkünfte mieten mussten.

Auf meinem Heimweg von der NUR kam mir eines Tages die Geschäftsidee, nebenberuflich Brot zu backen und zu verkaufen. Ich backte einige Brote und gab sie meinen Nachbarn. Das frisch gebackene Brot kam bei ihnen sehr gut an. Ich stellte mehr Brote her und verkaufte sie an meine Freunde. Ich hatte keine Ahnung, dass der Bürgermeister von Butare an den Geschäften der örtlichen Bäckerei (Chez Venant) beteiligt war. Eines Nachmittags, als ich von der Arbeit zum Essen nach Hause kam, sah ich bewaffnete Soldaten um unser Haus herumstehen.

„Was geht hier vor?", fragte ich.

Ein wenig verzweifelt sagte Chantal: „Die Soldaten haben unser Haus durchsucht und alle deine Bücher von den Zeugen Jehovas mitgenommen."

Sofort informierte ich meine Vorgesetzten an der Universität, woraufhin Nachforschungen angestellt wurden. Schließlich fanden sie heraus, dass das Eingreifen der Soldaten eigentlich nichts mit meinem Glauben zu tun hatte. Sie hatten nur meine Religion als Vorwand benutzt, um mich zu belasten und mich davon abzubringen, mein Brot zu verkaufen. Es gab eine Akte über mich, in der stand, dass ich eine Bäckerei eingerichtet und ein Dutzend Fahrräder gekauft hatte, um ganz Butare mit

Brot und Brötchen zu beliefern. Gleichzeitig hieß es, ich hätte verbotene Literatur verteilt, um meinen Glauben zu verbreiten. Die Beschuldigung verband die beiden Aktivitäten, sodass die Anklage glaubwürdig zu sein schien. Glücklicherweise rettete mich mein guter Ruf an der Universität – ich wurde vor dem Gefängnis bewahrt.

Also gab ich die Brotherstellung auf und ging dazu über, Honig und tropische Früchte zu verschiedenen Produkten zu verarbeiten, darunter hausgemachten Wein, Essig, Marmelade und Saft. Meine Innovationen blieben nicht unbemerkt, und ich wurde oft als Beispiel für jemanden angeführt, der sein akademisches Wissen praktisch anwendet. Aber die Hutu-Regierung gewährte mir nie finanzielle Unterstützung. Als Hutu hätte ich darauf zählen können.

1989 befreundete ich mich mit François Bélière, einem ehrenamtlichen Helfer aus Frankreich. Wir hatten ähnliche Interessen an moderner Bienenzucht und Lebensmittelverarbeitung. Um die Entwicklung meiner Produkte in größerem Maßstab zu unterstützen, handelte er einen kleinen Zuschuss aus. Das Projekt kam gut voran, und Chantal beteiligte sich an unserem kleinen Familienunternehmen, während ich weiterhin Vorlesungen hielt und Studenten bei ihren Forschungsprojekten betreute.

Wir bauten in Butare und Kigali einen beachtlichen Kundenstamm auf. Ich kaufte ein Grundstück in Butare und begann mit dem Bau eines komfortablen Hauses im Baustil der Universität. Wir stellten mehr Arbeiter ein. Ich zog in Erwägung, meine akademische Arbeit allmählich zu reduzieren, um mich stärker meinem eigenen Geschäft widmen zu können. Das Jahr 1990 brachte jedoch neue Sorgen in das Leben der Tutsi in Ruanda. Für mich persönlich brachte es die bis dahin schwierigste Situation meines Lebens mit sich.

Im August 1990 durchquerte mein Bruder Landuard die Stadt Butare auf dem Weg von Uganda zurück nach Burundi, wo er Lehrer war. Er kam, um uns zu warnen – höchstwahrscheinlich sollte bald ein Angriff auf die Hutu-Regierung stattfinden. Sollte es dazu kommen, bestand er darauf, dass wir nach Burundi fliehen oder bei der amerikanischen Botschaft in Kigali Zuflucht suchen.

Es war bereits vorgekommen, dass Tutsi-Rebellen aus dem Ausland angriffen. Aber einen weiteren Angriff konnte ich mir nun wirklich nicht vorstellen, vor allem nicht unter den gegenwärtigen Bedingungen. Und falls es geschehen sollte, könnten wir vielleicht die 129 Kilometer weit

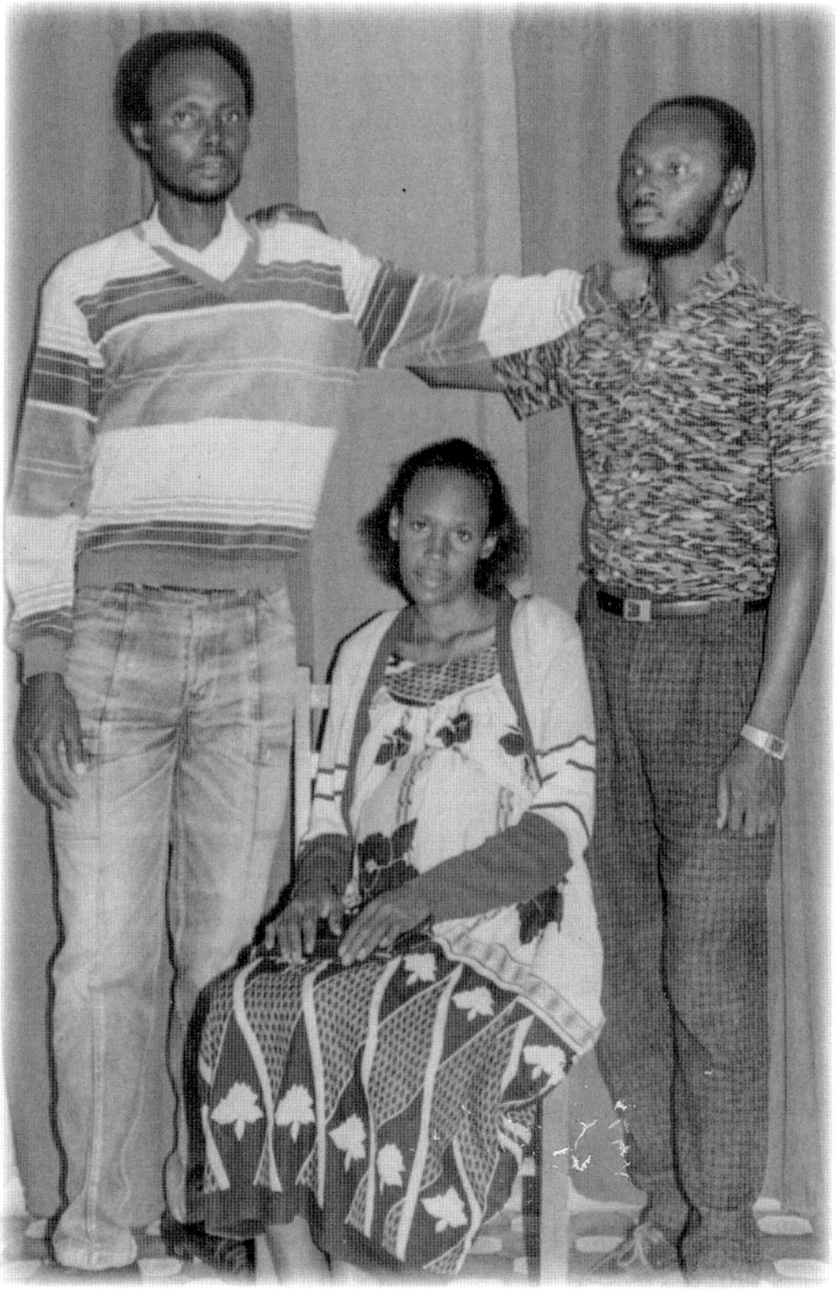

Zwei meiner Brüder: Landuard Munana (rechts) und Emmanuel Mufurahiwa mit seiner Frau, August 1990.

entfernte amerikanische Botschaft in Kigali aufsuchen. Doch war dieser Fluchtplan realistisch? Wie würde uns die amerikanische Botschaft empfangen? Würden sie einer Familie von sieben Flüchtlingen wirklich Unterschlupf gewähren? Diese und andere beunruhigende Fragen schossen mir in diesen schweren Zeiten durch den Sinn, und ich fand einfach keine Antworten darauf.

Wir kennen heute die berüchtigte Kette von Ereignissen, die 1994 unmittelbar zur Katastrophe führten. Der direkte Auslöser für den Genozid war der tödliche Flugzeugabsturz des Präsidenten. Doch schon die Ereignisse zwischen Oktober 1990 bis zum Tod des Präsidenten waren klare Vorzeichen der bevorstehenden Tragödie. Tatsächlich glauben die meisten Experten des Genozids sowie viele gemäßigte Hutu, die systematische Ermordung der Tutsi sei zu dieser Zeit bereits geplant gewesen.

Bei einem Rückblick auf die Entwicklungen seit 1990 ist es wichtig, Raphael Lemkins Definition von Völkermord im Hinterkopf zu behalten:

> „Unter ‚Völkermord' verstehen wir die Zerstörung einer Nation oder einer ethnischen Gruppe … Im Allgemeinen bedeutet Völkermord nicht notwendigerweise die sofortige Zerstörung einer Nation, es sei denn, er wird durch Massenmorde aller Mitglieder einer Nation erreicht. Es soll vielmehr einen koordinierten Plan verschiedener Aktionen bedeuten, die auf die Vernichtung wesentlicher Grundlagen des Lebens nationaler Gruppen abzielen, mit dem Ziel, die Gruppen selbst zu vernichten."[1]

Von 1959 bis 1994 wurde die Tutsi-Diaspora in den Nachbarländern zu einer „Nation" von rund einer Million Menschen. Viele waren entschlossen, in ihr Heimatland zurückzukehren. In den Verhandlungen mit der ruandischen Regierung Ende der 1980er-Jahre wurde deutlich, dass diese die Tutsi-Flüchtlinge nicht in Frieden zurückkehren lassen wollte. Die Regierung behauptete, dass das Land für eine Million zusätzliche Bewohner zu klein sei (was höchstwahrscheinlich auch stimmte, denn das winzige Land war eines der am dichtesten besiedelten Länder in Subsahara-Afrika).

---

1 Raphael Lemkin, *Axis Rule in Occupied Europe: Laws of Occupation – Analysis of Government – Proposals for Redress*, (Washington, D.C.: Carnegie Endowment for International Peace, 1944), Kapitel IX, „Genocide", 79, http://www.preventgenocide.org/lemkin/AxisRule1944-1.htm (Zugriff 24. August 2018).

Die Tutsi im Exil, die 1985 an der Vertreibung des ugandischen Obote-Regimes mitgewirkt hatten, gehörten nun zur Elite von Musevenis *National Resistance Army* (NRA).[2] Sie gründeten die *Front patriotique rwandais* (RPF, „Ruandische Patriotische Front“) mit dem Ziel, die von Frankreich unterstützte Hutu-Regierung unter Führung von Juvénal Habyarimana zu stürzen, den sie als Despoten betrachteten.

Mein Bruder sollte recht behalten. Der Angriff der RPF begann am 1. Oktober 1990.[3] Die Tutsi-Rebellen rechtfertigten den Angriff mit ihrem Wunsch, nach Ruanda zurückzukehren. Sie behaupteten, dass sie Fortschritte bei der Demokratie, der Sozialfürsorge und der Gleichberechtigung aller „ethnischen Gruppen“ ohne Diskriminierung bewirken würden. Die politisch gewollte Rassentrennung in Ruanda verglichen sie mit der Apartheid.

Die RPF erntete Zustimmung für ihren Protest gegen den systematischen Ausschluss von Tutsi aus der Politik, dem Bildungssystem, der Armee und der Polizei. Junge Tutsi verließen Ruanda heimlich – manchmal sogar gegen den Willen ihrer zögernden oder ängstlichen Eltern – und schlossen sich über Zaire oder Burundi den Guerillakämpfern an. Außerdem nahmen einige heimlich an Sitzungen im RPF-Hauptquartier in Mulindi an der Grenze zwischen Uganda und Ruanda teil. Diese Entwicklungen gefährdeten alle Tutsi in Ruanda extrem.

Mithilfe belgischer und französischer Truppen drängten die ruandischen Streitkräfte (*Forces Armées Ruandaises* oder FAR) die RPF-Rebellen zurück nach Uganda. Populäre Medien warfen den Tutsi innerhalb Ruandas vor, *Ibyitso* zu sein, was in unserer Landessprache „Komplizen“ bedeutet. Dieses Etikett wurde den Tutsi in Zeitungen, Alltagsgesprächen und bei politischen Treffen aufgedrückt. Dieser Begriff kann wörtlich auch mit „Vermittler“ oder „Kontaktstelle“ übersetzt werden. Gebildete Tutsi waren besonders im Visier von Führern und Vordenkern der Hutu. Man warf ihnen vor, dem Feind die nötigen Informationen zu liefern.

Tutsi innerhalb Ruandas erschauderten, als sie von diesen Anschuldigungen hörten. Die Grenzen zu Burundi und anderen Nachbarländern wurden geschlossen. Die Regierung verhaftete mehr als 5 000 Tutsi und sperrte sie unter schrecklichen Bedingungen ein. Viele starben an Krankheiten oder Unterernährung, was auf die schmutzigen Gefängnisse und

---

2 Während des Obote-Regimes gab es in Uganda schätzungsweise 100 000 bis 300 000 zivile Todesopfer.

3 Der Angriff markierte den Beginn des dreijährigen ruandischen Bürgerkrieges.

die gnadenlose Behandlung zurückzuführen war. Prominente Tutsi in meiner Nachbarschaft, wie Paul Gakuba und Evariste Kamugunga, kamen zusammen mit anderen angeblichen *Ibyitso* in Butare ums Leben.

Die politische Bewegung „Hutu-Power" vertrat das rassistische Konzept von Ruanda als Hutu-Nation. Sie machte ihre Gründungsprinzipien als die „Zehn Gebote der Hutu" bekannt, die im Dezember 1990 herausgegeben wurden (Siehe Anhang 3). Die erste Vorschrift verurteilte Hutu, die Tutsi-Frauen heirateten, sich mit ihnen anfreundeten oder sie beschäftigten. In der vierten Anweisung hieß es: „Jeder Hutu sollte wissen, dass jeder Tutsi im Geschäftsleben unehrlich ist". Das Gebot verurteilte Hutu, die mit Tutsi Geschäfte machten, in sie investierten oder ihnen Geld liehen. Laut der siebten Vorschrift durfte die ruandische Armee ausschließlich aus Hutu bestehen. „Die Erfahrung des Krieges vom Oktober 1990 hat uns eine Lektion erteilt". Die zehnte Bestimmung brandmarkte gemäßigte Hutu als Verräter, weil sie die Hutu-Ideologie ablehnten.

Das kaltherzige achte Gebot schuf die Voraussetzungen für das, was kommen sollte: „Von nun an sollten Hutu den Tutsi gegenüber gnadenlos sein."

An der NUR wurden Tutsi von ihren Hutu-Kollegen schikaniert. Professor Vincent, ein extremistischer Hutu, versuchte zu beweisen, dass die Tutsi im Land für den Rebellenkrieg mitverantwortlich waren. Professor Rose, eine Tutsi, teilte diese Meinung nicht.

Warnend erklärte sie: „Die Mehrheit der Tutsi hier wusste nicht, woher der Angriff der Rebellen kam und wie er organisiert war. Deshalb sollten sie für ein solches Ereignis nicht verantwortlich gemacht werden. Die Tutsi dafür zur Rechenschaft zu ziehen wäre gefährlich, denn es könnte Hutu dazu veranlassen, ihnen zu schaden oder sie sogar zu töten."

Professor Bernard und Professor François unterstützten jedoch die extremistischen Ansichten Vincents und sagten: „Tutsi sollten strengstens kontrolliert und überwacht werden."

In den folgenden Tagen organisierten die Behörden in Butare Nachtwachen in der Gegend und ernannten Nachtwachenaufseher. Sie erstellten eine Liste aller Tutsi-Familien.

Extremistische Hutu verbreiteten Gerüchte, um Panik und Misstrauen zu schüren. „Gestern Abend sah ich drei Rebellen vor meinem Tor", behauptete Vincent. „Sie versuchten, in mein Anwesen einzubrechen, um mich zu töten. Ich rief die Polizei, aber sie entkamen."

Nach dem Angriff vom Oktober 1990 gab es beunruhigende Hinweise darauf, dass die Tutsi als Gruppe physisch vernichtet werden sollten. Ihnen wurde vorgeworfen, die Ermordung aller Hutu im Geheimen zu planen. Extremistische Hutu propagierten deshalb die Ermordung aller Tutsi als Mittel zur Selbsterhaltung der eigenen Nation.

Im gleichen Zeitraum verschlechterte sich unsere Situation durch die von Tutsi verübte Gewalt im benachbarten Burundi. Die an der Macht befindlichen burundischen Tutsi töteten Hutu als Vergeltung für ihren mutmaßlichen Plan, die Tutsi zu töten. Viele Hutu flohen vor der Gewalt in Burundi und suchten Zuflucht in Ruanda. Voller Hass schlossen sie sich der Bewegung gegen die Tutsi in Ruanda an. Sie teilten ihre mörderischen Absichten. Angeblich bildete die ruandische zivile Jugendmiliz der Hutu (*Interahamwe* [4]) burundische Hutu-Flüchtlinge aus und versorgte sie mit Waffen, damit sie sich am Genozid an den Tutsi beteiligen konnten.

Um die Tutsi zu marginalisieren, legten die Behörden zwischen 1991 und 1993 Listen von Tutsi an. In den Ausweisen der Schüler stand nicht nur deutlich die Bezeichnung „Tutsi“, sie mussten auch noch im Unterricht aufstehen und ihre „ethnische“ Identität laut preisgeben. Für Lehrer und Schulleiter wurde dieses Vorgehen zur Gewohnheit. Unsere Kinder erlebten in Butare mehrere Vorfälle dieser Art.[5]

An der NUR gingen Extremisten auf eine gerissene Art vor: Sie forderten Tutsi-Professoren auf, ihre Namen auf eine Liste zu setzen, falls sie mit ihren Familien sicher nach Burundi transportiert werden wollten oder ihre Familien zurück in die Sicherheit ihrer Heimatdörfer schicken wollten. Professor Vincent oder Professor François überwachten die Liste. Das war die Genialität des Bösen.

Mein Kollege und guter Freund Professor Pierre Claver Karenzi und Professor Gaétan trugen ihre Namen ein. Pierre Claver sagte mir, dass ich auch meine Familie auflisten solle. Als ich Professor François aufsuchte, um mich anzumelden, lachte er mich aus und sagte: „Du bist naiv, Tharcisse. Kein Fahrzeug wird dich und deine Familie je nach Burundi bringen.“

4 Die Bezeichnung *Interahamwe* bedeutet wörtlich „diejenigen, die gemeinsam angreifen“ und bezog sich ursprünglich auf den Jugendflügel der politischen Partei MRND, schloss jedoch später auch die zivilen Hutu-Milizen ein, die an der Durchführung des Völkermords beteiligt waren.

5 Anhang 1 enthält weitere Einzelheiten über die negativen Auswirkungen, die dieses Vorgehen auf unsere Kinder hatte.

Erst da wurde mir klar, dass die Liste ein Trick war, um alle zu identifizieren, die eine Flucht planten. Eigentlich sollte die Liste die Tutsi-Familien genau daran hindern. Ich habe mich also nicht eingetragen.

In den Augen der Hutu-Extremisten gab es in dieser Auseinandersetzung nur zwei Fronten. Die gemäßigten Hutu, die sich für alle Ruander einsetzten, standen für sie zusammen mit den Tutsi auf der Gegenseite und gerieten zunehmend in Lebensgefahr. So auch die Zeugen Jehovas, die sich beharrlich weigerten, politische, nationale und ethnische Spaltungen zu unterstützen und streng am christlichen Ideal der Brüderlichkeit festhielten.

Merkwürdigerweise ergab sich nach dem Angriff vom Oktober 1990 eine kurze Periode der Toleranz, als die internationale Intervention zu einem Mehrparteiensystem und zur Gründung zahlreicher neuer Parteien führte, sowohl gemäßigte als auch militante. Für einen Moment schien es sogar so, als würde die ruandische Bevölkerung und die Regierung endlich begreifen, dass die gewaltlosen und unpolitischen Zeugen Jehovas keineswegs Feinde des Staates waren. Der Justizminister hob 1992 sogar das Verbot auf und gewährte Jehovas Zeugen die rechtliche Anerkennung.[6]

Eine Zeit lang hatte unsere französischsprachige Versammlung mit etwa 30 Mitgliedern die Freiheit von Haus zu Haus, auf dem Campus und in den Dörfern um Butare zu predigen. Einer der Brüder, Innocent Hakizimana, arbeitete sehr eifrig als Dienstamtgehilfe und war ein gutes Vorbild für meine Söhne. Meine Tochter Marie-Providence hatte sich taufen lassen, und gemeinsam genossen wir die Vater-Tochter-Zeit in unserem Predigtdienst. Ich durfte Adolphe und Illuminée die Bibel näherbringen. Die beiden wurden ebenfalls Zeugen Jehovas und sollten noch eine sehr große Rolle in unserem Leben spielen.

Jede Art von Lockerung der Verfolgung war jedoch nur wie eine flüchtige Fata Morgana. Die bröcklige politische Landschaft lieferte Präsident Habyarimana nur einen weiteren Vorwand für sein Ziel, die Feinde des Regimes ins Visier zu nehmen. Die Kluft zwischen denen, die den Völkermord überleben würden, und denen, die sterben sollten, war groß. Jeder Einzelne der über 2 500 Zeugen Jehovas in Ruanda hatte am Vor-

---

6 Im September 1991 trafen Bruder Gaspard Rwakabubu, Bruder Védaste und ich zusammen mit einer internationalen Delegation von Zeugen Jehovas mit dem neuen Justizminister und anderen Beamten zusammen. Wir forderten die Regierung auf, das seit zehn Jahren bestehende Verbot aufzuheben. Im April 1992 wurde Jehovas Zeugen rechtlich anerkannt.

abend des Völkermords den Tod vor Augen – die Tutsi wegen ihrer „ethnischen“ Identität und die Hutu wegen ihres unvorstellbaren Verbrechens, alle ihre Brüder ungeachtet ihrer Herkunft zu lieben.

Das extremistische Radio der Hutu-Power spuckte ab 1993 unter dem Namen *La Radio Télévision Libre des Mille Collines* (RTLM, „Freies Radio und Fernsehen der tausend Hügel“) eine Flut von Anti-Tutsi-Propaganda aus. Da viele Ruander nicht lesen konnten, wurde dieses Radio extrem populär und diente als eines der wirkungsvollsten Instrumente der rassistischen Indoktrination.

Die Sendungen des RTLM entmenschlichten die Tutsi und bezeichneten sie als hässliche Kreaturen, Kakerlaken und Schlangen, die es verdienten, ausgerottet zu werden. Die Tutsi-Rebellen, *Inkotanyi* genannt, wurden als langschwänzige Tiere dargestellt, die ihre Opfer töteten und ausweideten. Den Hutu wurde vorgegaukelt, die *Inkotanyi* würden sie auf diese Weise töten, wenn sie ihnen nicht zuvorkommen und die Tutsi innerhalb des Landes auslöschen würden. Denn nur dann könnten sie erst gar nicht die Rebellen unterstützten oder sich ihnen anschließen. Die Behörden legten den Tutsi Beschränkungen auf, um jeden Versuch einer Kollaboration mit dem Feind zu verhindern.

Lieder im Radio riefen indirekt zum Massenmord an den Tutsi auf. In einem war zu hören: „Wenn die Rebellen den Krieg gewinnen, wen sollen sie dann regieren?“ Mit anderen Worten: Wenn die Tutsi-Rebellen regierten, wäre sowieso kein Tutsi mehr am Leben. In einem anderen Lied hieß es: „Wir (die Hutu) haben uns von der Monarchie und dem Kolonialismus komplett verabschiedet.“

Die Botschaft war klar. Den Hutu der unteren und mittleren Schicht wurde suggeriert, dass eine Wiederherstellung der traditionellen Monarchie durch die Tutsi drohte. Dann müssten sich die Hutu erneut unter das Patronatssystem und das durch Viehbesitz bestimmte Wirtschaftssystem unterwerfen.[7] Mit diesen unbegründeten Vorstellungen gelang es, die breite Masse für die Gewalt gegen Tutsi vorzubereiten. Extremistische

---

7 Wie heikel das Thema der Monarchie wurde, kann man an dem Vorwurf gegenüber den Zeugen Jehovas erkennen, dass sie für eine Rückkehr der Monarchie seien, weil sie ihre Versammlungsorte Königreichssäle nannten und oft über das Königreich Gottes sprachen.

Intellektuelle und Anführer der Hutu setzten diese Propaganda so geschickt ein, dass das Volk alle Anschuldigungen gegen die Tutsi für bare Münze nahm.

Kurz vor Beginn des Völkermords überschwemmten große Mengen billiger Radios den Markt und sorgten dafür, dass RTLM mit seiner tödlichen Botschaft die Massen direkt erreichen konnte.

In dieser Phase vor dem Genozid nahm Mord und Gewalt als Gegenreaktion auf die RPF stetig zu. Immer mehr *Interahamwe* wurden von westlichen Militäroffizieren ausgebildet. Die *Interahamwe* trugen mehrfarbige Lendentücher und Bananenblätter um die Hüften. Um ihre Opfer zu erschrecken, bemalten sie ihre Gesichter mit weißem Lehm und benutzten Metalltrommeln und schrille Pfeifen. Sie trugen ein ganzes Arsenal von Pistolen, Gewehren, Granaten, Macheten, mit Nägeln besetzten Knüppeln und speziellen Messern bei sich. Die Zahl der Mitglieder schwankte von Dutzenden bis zu Hunderten pro Gemeinde. Ihr Training fand heimlich statt. Sobald die Milizen aber fertig ausgebildet waren, traten sie öffentlich auf und hatten die volle Unterstützung der örtlichen Behörden. Diese Milizionäre sollten eine Schlüsselrolle bei den Massenmorden spielen und oft unter dem Einfluss von Drogen und Alkohol handeln.

Zu den Vorboten des Genozids gehörten Massenmorde an Tutsi in bestimmten Regionen Ruandas, wo bekannterweise viele Tutsi lebten (Nyamata in der Präfektur Kigali und Rukumberi in der Präfektur Kibungo). Das Morden in den übrigen Regionen des Landes sollte dem gleichen Muster folgen.

In vielen Fällen war der offensichtlichste und unheimlichste Vorbote des Völkermordes das Eintreffen der elitären Präsidentengarde in einem bestimmten Gebiet. Das bedeutete unweigerlich, dass Massenmorde innerhalb von Stunden oder direkt am nächsten Tag bevorstanden. Soldaten errichteten Straßensperren und zwangen Gefangene, in dem Gebiet Massengräber auszuheben.

Die Propaganda erklärte, wie man Hutu von Tutsi unterscheiden könne, falls ihre Ausweise verloren gegangen oder gefälscht worden wären. Die Mörder sollten bei ihren potenziellen Opfern eine ganze Reihe von körperlichen Merkmalen beurteilen: Die Form und Länge der Nase und des Mundes, die Form und Länge der Hand und der Finger sowie die Körpergröße, die Statur und einige weitere. Die langen, schlanken Hälse der Tutsi waren ein zusätzliches Zeichen. Diese Merkmale eigneten sich jedoch nicht zur genauen Differenzierung von „ethnischen" Unterschieden. Hutu gemischter Abstammung konnten die gleichen körperlichen Merkmale wie Tutsi aufweisen, und Tutsi gemischter Abstammung konnten wie Hutu aussehen.

Zusätzlich wurden in einigen Fällen Personen ins Visier genommen, weil ihre Namen auf den König oder die ethnische Gruppe der Tutsi anspielten. Sowohl Hutu- als auch Tutsi-Namen enthielten die Erwähnung von „König", den Namen eines früheren Königs (wie Kigeli oder Mutara) oder den Ausdruck „Tutsi". Zu den Namen gehörten Nyinawumwami (die Mutter des Königs), Rwabami (derjenige, der zum König gehört), Mugabowakigeli (der tapfere Mann oder Krieger von Kigeli), Twagiramutara (wir brauchen Schutz von Mutara), Mukakigeli (die Ehefrau von Kigeli), Mukamutara (die Ehefrau von Mutara) und Nyirabatutsi (derjenige, der zu den Tutsi gehört).

Trotz der bedrohlichen Anzeichen hofften einige immer noch, dass sich die Lage beruhigen würde. Aus der Sicht des einfachen Bürgers boten die UN-Friedenstruppen eine Art Garantie dafür, dass innerhalb relativ kurzer Zeit eine friedliche Lösung zwischen der Tutsi-Rebellenarmee und der ruandischen Regierungsarmee erreicht werden würde. Die UN-Präsenz in der Hauptstadt – wo alle wichtigen politischen und militärischen Entscheidungen getroffen wurden – würde beide Seiten in ihre Grenzen weisen.

Das weckte jedoch falsche Hoffnungen. Das Morden ging im ganzen Land unvermindert weiter und richtete sich gegen Tutsi in bestimmten Regionen und gegen wichtige Politiker der Oppositionsparteien. Durch die Morde sollte der Feind geschwächt und bis zum äußersten provoziert werden.

Letztendlich erwiesen sich die UN-Friedenstruppen als wirkungslos und zahlenmäßig unterlegen. Sie waren nicht in der Lage, die Kontrolle über eine entmilitarisierte Zone um Kigali herum zu behalten. Leider blieb diese traurige Realität vielen Tutsi verborgen, die naiverweise dachten, dass ihnen nichts Schlimmes passieren würde. Deshalb verließen sie das Land nicht, solange das noch möglich war. Einige, die das Hauptquartier der Rebellen in Mulindi besucht hatten, glaubten, dass die Rebellen sie vor allen möglichen Gefahren beschützen könnten. Freunde und Nachbarn der Tutsi beruhigten sie und versicherten ihnen, dass schon alles gut ausgehen würde. Diese Hoffnungen hielten die Tutsi von einer rechtzeitigen Flucht aus dem Land ab.

In Butare schien die Lage zunächst stabiler zu sein als im übrigen Ruanda. Die Stadt Butare war die Hauptstadt der Präfektur Butare. Sie hatte eine Bevölkerung von 26 600 Einwohnern. Etwa 25 Prozent waren Tutsi – ein höherer Prozentsatz als im nationalen Durchschnitt und höher als in der Hauptstadt, in der 17 Prozent Tutsi waren. Hier waren Hutu und Tutsi an ein friedliches Zusammenleben gewöhnt. Die lokalen Behörden hatten dieses freundschaftliche Verhältnis auch in unruhigen Zeiten aufrechterhalten.

In der Präfektur Butare lebten etwa 140 000 Tutsi, und viele andere suchten hier Zuflucht, weil sie dachten, die politischen Kämpfe und Morde würden sich nur auf die Hauptstadt Kigali beschränken. Andere kamen nach Butare, um bei Verwandten oder Bekannten zu bleiben. Sie hielten Butare für sicherer, da es weit von der Hauptstadt entfernt und näher an der burundischen Grenze lag. Vielen Tutsi galt Butare als die letzte Hoffnung oder Zwischenstation nach Burundi.

In den Monaten Februar und März hatte meine Familie vorübergehend Personen aus anderen Regionen Ruandas beherbergt. Gilbert Nkusi, einer meiner ehemaligen Universitätsstudenten, kam aus Kigali, um uns seine drei Kinder anzuvertrauen, und ging dann zurück an seine Arbeit. Um den Morddrohungen im Dorf Kabirizi-Kabonobono zu entgehen, reiste Silvestre Nkusi, ein ehemaliger Grundschulkamerad, den ganzen Weg aus Kibungo an und verbrachte eine Woche bei uns. Ein Zeuge Jehovas namens Nkeshimana kam mit seiner Familie zu uns. Zusammen mit meinem Kollegen Professor Kayisire verbrachten sie einige Tage bei uns und warteten, bis die Sicherheit in ihren Gebieten wiederhergestellt wurde. All diese Freunde kamen zu mir nach Hause in der Gewissheit, dass ihnen bei mir nichts passieren würde, weil jeder wusste, dass ich keiner politischen Partei angehörte. Nach einer Weile kehrten sie in ihre Häuser zurück.[8]

Der Präfekt von Butare, Dr. Jean-Baptiste Habyarimana, war ein Tutsi. Wir waren Kollegen an der naturwissenschaftlichen Fakultät gewesen. Er konnte auf den örtlichen Kommandeur der nationalen Polizei zählen, der als gemäßigter Hutu galt. Der Präfekt stand auch in gutem Einvernehmen mit General Marcel Gatsinzi, dem örtlichen Befehlshaber aller Streitkräfte in Butare und Gikongoro, sowie auch mit seinen eigenen Untergebenen, den Bürgermeistern, und mit Oberstleutnant Tharcis-

8 Traurigerweise wurden Professor Kayisire und Silvestre während des Völkermords getötet.

se Muvunyi, der General Gatsinzi ablöste, nachdem er am 6. April 1994 kurzzeitig zum Stabschef ernannt wurde.

Der Präfekt wusste, dass die gebildete Schicht in Befürworter und Gegner der Hutu-Power gespalten war. Er war sich auch bewusst, dass die Regierung Soldaten aus dem Norden und Nordwesten nach Butare schickte und dass diese Soldaten dem Völkermord positiv gegenüberstanden. Dennoch bemühte er sich, diese Hardliner an gewalttätigen Aktionen in Butare zu hindern. Er rief die Menschen dazu auf, friedlich und geeint zu bleiben. Er versicherte der Bevölkerung, dass unter seiner Herrschaft nichts Schlimmes geschehen würde. Die Tutsi in Butare waren beruhigt, denn sie gingen davon aus, dass ihr Tutsi-Präfekt (damals der einzige in Ruanda) vom Militär und von der Polizei unterstützt werden würde. Niemand ahnte, dass der Präfekt entlassen und durch einen Hutu ersetzt werden würde – Sylvain Nsabimana. Wir wussten auch nicht, dass gemäßigte Hutu in der Armee und der Polizei aus Butare entfernt werden würden.

Diese drastischen politischen Veränderungen fanden zwischen dem 6. und 21. April statt. Vor dem 6. April gab es kaum Anzeichen für jegliche Bedrohung durch Milizen in Butare. Denn nur eine kleine Anzahl von Milizionären hatte sich heimlich in zwei Gemeinden von Butare versammelt: Nyakizu (nahe der Grenze zu Burundi) und Maraba. Am 7. April kamen Berichten zufolge Milizionäre aus anderen Präfekturen an und quartierten sich bis zum 19. April in lokalen Einrichtungen ein, bevor sie dann in andere Gebiete zogen, um auf vertraulichen Befehl des Militärs mit „der Arbeit“ (*gukora*) zu beginnen.

Diese Umstände machen deutlich, warum der Mehrheit der Tutsi in Butare und in anderen Teilen des Landes nicht bewusst war, was um sie herum passierte und was noch zu erwarten war. Trotz der beunruhigenden Anzeichen wurden sie durch falsche Hoffnungen getäuscht. Wer sich an keinen politischen Intrigen beteiligt hatte, wähnte sich in Sicherheit. So ging es auch meiner Familie und mir kurz vor dem Genozid. Mit dem Abschuss des Präsidentenflugzeugs änderte sich jedoch alles!

AM
FM
TUNING
VOLUME

Kapitel 6

Die Schleusen des Hasses öffnen sich

„Sie sagen: ‚Kommt, wir löschen sie als Volk aus'" (Psalm 83:4).

Der 7. April 1994 war ein Donnerstag. Wir erwachten während einer Rundfunkansage, die von klassischer Musik begleitet wurde. Die Ansage befahl allen, zu Hause zu bleiben. Präsident Juvénal Habyarimana und Präsident Cyprien Ntaryamira von Burundi waren am Abend zuvor bei einem Flugzeugabsturz umgekommen.

Das Flugzeug war auf dem Rückweg von Friedensverhandlungen in Tansania und wurde auf dem Landeanflug auf Kigali abgeschossen. Diese schockierende Nachricht ließ uns wie gelähmt zurück. Was würde jetzt passieren?

Trotz der instabilen Lage in Ruanda hatten wir bis zu diesem Zeitpunkt noch ein relativ ruhiges Leben geführt. Unsere Universitätsresidenz lag in einer friedlichen Gegend am Rande der Stadt Butare. In dem neuen Haus, das wir bauten, waren gerade die Fenster eingebaut worden, und wir freuten uns schon auf den baldigen Umzug.

Chantal und ich hatten genug Arbeit, um alle zu versorgen. Unsere Kuh gab uns 14 Liter Milch pro Tag. Während der Regenzeit bauten wir Gemüse in unserem Hinterhof an, wo sich auch unsere Hühner, Kaninchen und Bienenstöcke befanden. Wir waren von unseren fünf Kindern im Alter von 7 bis 14 Jahren so begeistert. Sie wollten bei allem dabei sein, was wir taten, und liebten es, die Tiere zu füttern, den Hof sauber zu machen und im Garten zu arbeiten. Nur eine Sache mochten sie gar nicht: Wenn ich meine Imkerschutzkleidung anzog, blieben sie auf Abstand und starrten mich mit aufgerissenen Augen an.

Zwei Hausangestellte kümmerten sich um die Hausarbeit und die Kuh, und ein weiterer zog unsere Kaninchen und Hühner auf. Wir lebten ganz friedlich – bis plötzlich das Präsidentenflugzeug mit zwei Raketen abgeschossen wurde.

Nach einer zweitägigen Ausgangssperre wurde über das Radio verkündet, man könne an bestimmten Tagen auf den Markt gehen. Obwohl wir nervös waren, beschlossen wir uns hinauszuwagen, um unsere Vorräte aufzufüllen.[1] Die Gesichter der Menschen hatten sich verändert. Einige schauten uns nicht mehr in die Augen oder grüßten nicht zurück.

Wie ein Lauffeuer verbreiteten sich Gerüchte. Das Radio der Hutu-Power (RTLM) beschuldigte die Tutsi-Rebellen *(Inkotanyi)*, die beiden Hutu-Präsidenten getötet zu haben. Andere sagten, dass die belgischen UN-Friedenstruppen dahinterstanden. Wieder andere beschuldigten die Hutu-Hardliner, die wütend über ein Abkommen des Präsidenten zur Machtteilung mit den Tutsi-Rebellen waren.[2] In den Straßen glaubte jeder dem Gerücht, das zur eigenen politischen Position am besten passte.

Als an diesem Tag zehn belgische Soldaten der UN-Truppen in Kigali getötet wurden, wurde allen klar: Die UN-Truppen waren nicht in der Lage, sich selbst zu schützen, geschweige denn die ruandischen Zivilisten.[3] Nun war es für die Tutsi zu spät für eine Flucht. Tausende von ihnen starben schon an jenem ersten Tag.

Am 9. April wurde Dr. Theodore Sindikubwabo zum Präsidenten der ruandischen Übergangsregierung (*Rwandan Interim Government*, RIG) ernannt. Er stammte aus Butare und war als vernünftiger und mitfühlender Arzt bekannt. Viele Menschen erwarteten, er würde die Ausbreitung des Mordens im ganzen Land verhindern.

---

1 Human Rights Watch berichtete: „In den zwei Tagen nach dem Abschuß der Präsidentenmaschine befolgten die Bewohner von Butare die per Rundfunk verbreitete Aufforderung des Verteidigungsministeriums, ihre Häuser nicht zu verlassen. Die relative Ruhe brachte den Präfekten dazu, am 9. April die Wiedereröffnung der Märkte und die Wiederaufnahme der öffentlichen Dienstleistungen zu veranlassen. Doch Soldaten aus dem Lager in Ngoma, die am 6. April um Mitternacht über den Tod von Habyarimana informiert worden waren, hatten bereits am 7. April mit der Ermordung von Tutsi begonnen." Alison Des Forges, *Kein Zeuge darf überleben. Der Genozid in Ruanda,* Kapitel „Butare: Sie sollen Platz machen und uns die Arbeit verrichten lassen", Seite 546.

2 Die Verträge von Arusha waren im August 1993 zwischen der ruandischen Regierung und der *Ruandischen Patriotischen Front* (RPF) mit dem Ziel geschlossen worden, den dreijährigen Bürgerkrieg zu beenden. Die im Oktober 1993 eingerichtete *United Nations Assistance Mission for Rwanda* („Unterstützungsmission der Vereinten Nationen für Ruanda", UNAMIR) hatte den Auftrag, die Umsetzung der Verträge von Arusha zu überwachen.

3 Hutu-Soldaten trieben zehn belgische Blauhelmsoldaten im Haus der Premierministerin Agathe Uwilingiyimana zusammen. Sie und ihr Mann wurden erschossen. Die Extremisten gingen davon aus, dass die Verstümmelung und Tötung der Blauhelmsoldaten zu einem Rückzug der UNAMIR-Truppen führen würde.

Die Universitätsresidenz Nr. 133, der Wohnort unserer Familie vor dem Völkermord.

In den ersten Tagen des Genozids schien Butare von den Massenmorden verschont zu bleiben, weshalb flüchtende Tutsi scharenweise in die Präfektur strömten. Doch bald zeigte sich, dass die organisierten Morde in unserer Gegend einfach nur zeitversetzt begannen. Die sich rapide verschlechternde Situation in unserer relativ privilegierten Region machte klar, mit welch unglaublicher Geschwindigkeit sich der Völkermord von der Hauptstadt Kigali aus auf andere Präfekturen ausbreitete – und wie schwierig es wurde, den Massakern zu entkommen.

Eine Woche nach dem Abschuss des Präsidentenflugzeugs, am 12. April 1994, kam mein guter Freund Innocent in völliger Panik zu uns. Er war Zeuge Jehovas und Hutu. Von seiner Arbeitskollegin, die mit einem Soldaten verheiratet war, hatte er erfahren, dass alle Tutsi getötet werden würden, ungeachtet ihres Glaubens, ihrer politischen Ansichten oder ihres Verhaltens. Es existiere sogar schon ein systematischer Plan, um alle Tutsi in Ruanda abzuschlachten.

Innocent und seine Freunde waren gekommen, um uns bei der Flucht über die burundische Grenze zu helfen. Sie machten sich auf die Suche nach einer sicheren Route, aber es war schon zu spät. Milizionäre mit Speeren, Knüppeln, Granaten, Messern und Macheten patrouillierten auf allen Straßen und Fußwegen.[4]

4 Human Rights Watch berichtete, dass die Milizen bis 1992 bereits 581 000 Macheten gehortet hatten, eine für jeden dritten männlichen Hutu in Ruanda, zusammen mit 85 Tonnen Munition. Des Forges, *Kein Zeuge darf überleben*, unter dem Untertitel „der Kauf von Macheten", Seite 172.

Innocent kehrte von der Suche mit Tränen in den Augen zurück. Ein Glaubensbruder und Tutsi namens Azarias war bei dem Versuch, den Fluss Akanyaru nach Burundi zu überqueren, getötet worden.

Wir konnten nirgendwo hin. Uns erreichten Berichte über Massenmorde in der Hauptstadt. Entlang der Hauptstraße von Butare nach Burundi hoben Häftlinge große Gruben aus. Zuerst dachten wir, es handele sich um Straßenbaumaßnahmen. Doch bald wurde uns die düstere Wahrheit klar.

Ich ging zu den belgischen *Médicins sans Frontiéres* (Ärzte ohne Grenzen) und bat sie, uns zu verstecken oder uns bei der Flucht nach Burundi zu helfen. Mir wurde schwer ums Herz, als sie sagten: „Wir sind hier, um die Verletzten zu behandeln, nicht, um den Menschen bei der Flucht zu helfen."

Nach einer Schätzung forderte der Genozid in den ersten 12 Tagen 100 000 Todesopfer. Die ersten Opfer starben in den Großstädten durch die Hand von Soldaten und Milizionären mit Granaten und automatischen Waffen. Doch als der Plan nach und nach offengelegt wurde und immer mehr gewöhnliche Hutu mitmachten – ob mit Begeisterung, unter Zwang oder einfach aus fehlgeleitetem Pflichtbewusstsein – trugen die meisten Mörder primitivere Waffen bei sich. Ein Schriftsteller formulierte es so: „Der Genozid war wirklich Gemeinschaftsarbeit."[5]

Die harten Worte des Radiosenders RTLM der Hutu-Power und des staatseigenen Radiosenders Radio Ruanda wurden zu einem wichtigen Instrument bei der Inszenierung der Blutorgie. Unter Verwendung von Codewörtern forderten die Sprecher: „Nehmt eure Macheten und geht an die Arbeit. Fällt die hohen Bäume". Die Mörder nutzten nun ihre systematisch gesammelten Listen derer, die sterben sollten – Tutsi und gemäßigte Hutu. RTLM gab ihre Namen, Adressen und Autokennzeichen bekannt. Radio Ruanda wies die Hörer an, wie und wo sie ihre Opfer jagen sollten, und lobte die Eiferer offiziell für ihre Morde.[6]

Man sah, wie sich gewöhnliche Mörder mit der Machete in der einen und mit dem Transistorradio in der anderen Hand aufmachten, um Männer, Frauen und Kinder zu jagen und die „Kakerlaken" zu Tode zu

---

5 Emmanuel Katongole, *Mirror to the Church: Resurrecting Faith after Genocide in Rwanda* (Grand Rapids, Michigan: Zondervan, 2009), 32.

6 Das *Montreal Institute for Genocide and Human Rights Studies* (Institut für Völkermord und Menschenrechtsstudien) der *Concordia University* hat Radio-Transkriptionen erstellt: https://www.concordia.ca/research/migs/resources/rwanda-radio-transcripts.html.

hacken. Auch potenzielle Opfer klebten am Radio. Sobald sie ihre Namen im Radio hören würden, wussten sie genau, dass die *Interahamwe*-Milizen ihnen dicht auf den Fersen waren. Wenn sie von ihrer bekannten Adresse flohen, wandten sich „hilfsbereite“ Nachbarn an die Radiostation, um das mutmaßliche Versteck der Flüchtigen preiszugeben.

Am 19. April kam der Präsident der RIG, Theodore Sindikubwabo, in die Präfektur Butare, um eine Rede zu halten. Die Menschen erwarteten von ihm, dass er zum Frieden aufrufen würde. Stattdessen überraschte der gute Arzt alle, als er die Hutu in Butare als „ba nyirintibindeba“ (verantwortungslose Unbeteiligte) brandmarkte, weil sie sich noch zurückhielten, Tutsi zu töten. Er forderte sie auf, „aus der Komfortzone herauszukommen und sich an die Arbeit zu machen“.

Am nächsten Tag legte eine Familie von Zeugen Jehovas, die Hutu waren, einen Zwischenstopp bei uns ein. Sie war auf der Flucht aus Kigali. Wie alle Hutu-Zeugen im Land wurden auch sie zur Zielscheibe der wütenden Machetenträger, weil sie sich nicht am Töten von Tutsi beteiligen wollten.[7] Der Ehemann, Alphonse, war mit der Frau meines Kollegen Professor Bernard verwandt und hatte zunächst bei ihnen zu Hause Zuflucht gesucht. Aber Bernard, der extremistische Hutu-Ansichten vertrat, hatte sie abgewiesen. Er wusste, dass Alphonse die Hutu-Power nicht unterstützte. Außerdem wollte er deren Kindermädchen nicht in seinem Haus haben, weil sie eine Tutsi war. Bernard schickte sie zu den Seminegas, weil er wusste, dass wir eine offene Tür für unsere Glaubensbrüder haben würden, auch wenn sie Hutu sind.

Am nächsten Morgen zog die Familie von Alphonse nach Zaire weiter und ließ ihr Tutsi-Kindermädchen bei uns zurück. Da sie in unserer Region niemand kannte, hatten sie gute Chancen auf eine erfolgreiche Flucht. Aber sie wussten, dass das Kindermädchen bei jeder Straßensperre getötet werden konnte, und sie hofften wohl, dass Butare für sie sicherer sein würde. Doch das führte zu einem Dilemma, denn ohne eine Sondergenehmigung der örtlichen Behörden konnte kein Besucher bei uns bleiben.

An diesem Abend flogen zwei militärische Transportflugzeuge vom Typ Hercules über unser Haus und landeten auf dem kleinen Flughafen von Butare. Wie ich später erfuhr, hatten sie die Präsidentengarde, Waffen und Munition an Bord. Soldaten mit automatischen Waffen sperrten die Stadt ab. Sie errichteten streng bewachte Straßensperren, um die Tutsi an der Flucht zu hindern.

---

7 Gemäß Emmanuel Katongole „war jeder Hutu verpflichtet, sich an der Tötung der Tutsi zu beteiligen. Wer nicht töten wollte, musste getötet werden.“ Katongole, *Mirror to the Church*, 33.

Am 21. April hörten wir in der Morgendämmerung Schüsse und Explosionen. Als wir vorsichtig aus dem Fenster schauten, sahen wir wie jeden Morgen Nebel auf den umliegenden Hügeln. Nur war es diesmal nicht der übliche Morgennebel, sondern blauschwarzer, beißender Rauch.[8] Lodernde Flammen schlugen aus brennenden Häusern, verzweifelte Schreie gellten durch die Luft. Unsere Nachbarn erzählten uns, dass die gleiche „Arbeit" auch in weiter abgelegenen Dörfern verrichtet wurde.[9] In Save, dem Dorf von Präsident Sindikubwabo, war bislang jedoch noch nichts passiert.

Wir beobachteten den stetigen Strom von Truppen in Militärfahrzeugen. Sie trieben Tutsi mit Eisenknüppeln, Macheten und Gewehren wie Vieh auf Lastwagen. Nachdem sie die Gefangenen bis zur Bewusstlosigkeit geschlagen hatten, brachten sie sie zu den nahe gelegenen Eukalyptuswäldern, die vom Militär als Trainingsgelände genutzt wurden.[10]

Ganz unerwartet, morgens um neun Uhr, kam Professor Bernard zu uns nach Hause. Er sagte in bestimmenden Tonfall: „Das Kindermädchen, das von der Familie aus Kigali mitgebracht wurde, braucht eine Aufenthaltsgenehmigung. Sie kommen mit mir mit zum Präfekten in die Innenstadt."

Aus den Eukalyptuswäldern hörte man unentwegt das Knattern von Gewehren, trotzdem folgte ich ihm ganz naiv. Warum, weiß ich wirklich nicht. Unsere Nachbarin sah mich mit Bernard weggehen und drängte mich, zuhause zu bleiben.

Aber Bernard bestand darauf: „Sie müssen die Sache mit dem Kindermädchen regeln."

Nervös kletterte ich in seinen kleinen Jeep. Wir fuhren an der Präsidentengarde vorbei, die die Universitätsresidenzen im Stadtteil Taba bewachte. Zwei Wachen hielten uns an.

Bernard befahl mir: „Zeigen Sie denen Ihren Personalausweis!"

Ich zeigte ihn vor. Bernard wurde nicht darum gebeten, seinen zu zeigen. Einer der Soldaten sah meinen Ausweis schweigend an und gab ihn mir zurück. Sie ließen uns gehen. Was hatte Bernard vor? Warum brachte er mich in die Innenstadt ins Zentrum der Gefahr?

Als wir uns langsam durch die chaotischen Straßen schlängelten, sah ich immer mehr Mitglieder der Präsidentengarde, die Ausweise sehen wollten. Tutsi wurden kontrolliert, gefangen genommen, in Fahrzeuge ge-

---

8 Die Gemeinden Cyarwa, Matyazo, Shyanda, Ndora und Mpare wurden an diesem Tag von der Gewalt überrollt.

9 Einschließlich Malaba, Muganza, Nyakizu und Runyinya.

10 Der Ort wurde *imashiro* genannt, was so viel bedeutet wie „Kampfplatz".

zwängt und in die Eukalyptuswälder von CARAES (eine psychiatrische Klinik) gebracht.[11] Vor dem Ibis-Hotel standen Beamte und Würdenträger aus Butare und schauten zu. Ich erkannte den neu ernannten Präfekten der Präfektur Butare, den Bürgermeister der Stadt Butare, die Bürgermeister mehrerer anderer Gemeinden[12] und den Vizekanzler der NUR. Ich ging zum Präfekten hinüber und erkundigte mich nach der Aufenthaltsgenehmigung, doch er schickte mich weiter zum stellvertretenden Präfekten für soziale und gesellschaftliche Angelegenheiten.

Bernard fuhr mich zum Büro des stellvertretenden Präfekten, etwa 0,8 Kilometer entfernt, und wartete draußen. Dort sah ich Fidèle (einen katholischen Priester) und die NUR-Professoren Joseph und Gérard. Fidèle und Professor Gérard trafen sich mit dem stellvertretenden Präfekten und einem weißen Mann, den ich nicht kannte. Professor Joseph beobachtete den Eingang. Er sagte mir, ich solle sofort gehen.[13]

Zu diesem Zeitpunkt waren bereits mehrere Stunden vergangen und die Gewalt um uns herum ließ nicht nach. Ich ging zurück zu Professor Bernard und sagte ihm, er solle mich nach Hause bringen. Stattdessen brachte er mich zurück zum Präfekten. Wir gingen auf die Gruppe von Beamten am Hotel zu.

Plötzlich hielt ein Fahrzeug voller Mitglieder der Präsidentengarde vor uns an. Sie forderten jeden auf, den Personalausweis vorzuzeigen. Ich dachte, jetzt wäre alles aus. Doch instinktiv schlich ich mich hinter die Gruppe der Umstehenden und blieb verdeckt. Nach einiger Zeit gingen die Wachen fort, ohne mich festzunehmen.

Nach diesem Vorfall bestand ich darauf, dass Professor Bernard mich nach Hause bringt. Es war bereits später Nachmittag, und ich hatte Angst um Chantal und die Kinder. Aber Bernard fuhr mich zu seinem Haus. Es schien, als würde er auf Zeit spielen. Dennoch war mir zu diesem Zeitpunkt noch nicht klar, wie feindselig er mir gegenüber wirklich war. War das eine Masche von ihm? Wollte er wirklich, dass ich sterbe? Warum hatte er mich von dieser grauenhaften Fahrt in die Innenstadt dann wieder lebendig zurückgebracht?

In seinem Haus erhielt Bernard einen Anruf von Dr. Pancrace Twagiramutara, einem Tutsi-Kollegen, der um sein Leben und das seiner Kinder fürchtete. Seine Frau war eine Hutu aus Save. Bernard und seine Frau,

---

11 Viele wurden außerdem nach Rwasave, Ruhande und Imashiro gebracht.

12 Es waren die Bürgermeister von Huye, Shyanda, Mbazi, Ndora und Muganza.

13 Nach all diesen Bemühungen landete das Kindermädchen schließlich in Bernards Haus. Wir verloren jede Spur von ihr. Sie wurde wahrscheinlich getötet.

Marie Therese, sagten ihm beide: „Wir können nichts für Ihre Familie tun. Tharcisse Seminega ist hier. Er hat dasselbe Problem."

In diesem Augenblick wurde mir klar, dass nicht nur ich, sondern auch meine Frau und meine Kinder noch am selben Tag getötet werden würden.

Ich flehte Bernard an: „Wenn wir schon alle getötet werden, fahren Sie mich bitte nach Hause, damit ich wenigstens bei meiner Familie sterben kann."

Gegen sechs Uhr abends setzte er mich zu Hause ab. Chantal und die Kinder waren verzweifelt und fragten sich, was mit mir geschehen war. Als ich zur Tür hereinkam, rannten die Kinder alle auf mich zu, klammerten sich an mich und ließen nicht mehr los. Obwohl der Kühlschrank reichlich Essen enthielt, hatten sie den ganzen Tag gefastet. Sie konnten einfach nicht essen. Sie hatten befürchtet, dass ich längst tot war.

Chantal sagte mir: „Nachdem du mit Professor Bernard gegangen warst, kam Zuba (ein Nachbar, der Hutu war) vorbei und fragte: ‚Warum geht Tharcisse in die Stadt, wenn Tutsi getötet werden? Wo bringt ihn Professor Bernard hin?'"

An diesem Tag wurden sich auch unsere Arbeiter der Gefahr bewusst, in der wir uns befanden, und beschlossen, bei uns zu bleiben. Wir waren von ihrer Loyalität gerührt, machten uns aber große Sorgen um ihre Sicherheit. Ndayisenga, der sich um unsere Kuh und ihr Kalb kümmerte, war ein Tutsi. Ein junger Hutu kümmerte sich um unsere Kaninchen und Hühner. Wir gaben ihm den Spitznamen Kajyunguri. Alphonsine, unser Hutu-Hausmädchen, war sehr freundlich und liebevoll zu uns. Sie bedauerte zutiefst, was mit den Tutsi geschah. Tagsüber war sie zum Markt in Matyazo gegangen und kam weinend zurück. Klagend berichtete sie: „Das Matyazo-Viertel ist voll von verstümmelten Leichen von Tutsi, die über die Straßen verstreut sind!"

Wenig später kam ein Hutu-Wachmann aus der Innenstadt und bestätigte, dass Rosalie Gicanda, die beliebte Frau von König Mutara III. Rudahigwa, zusammen mit allen Tutsi in ihrem Haus gnadenlos ermordet worden war.

Tief betrübt beschrieb ich meiner Familie, was ich in der Innenstadt am Hotel beobachtet hatte. Meine Frau hörte den Berichten mit Entsetzen zu. Ich schaute zu Marie, Joel und Naomi, die sich wortlos an uns pressten. Der zutiefst erschrockene Blick in ihren wissenden Augen machte mich völlig hilflos. Ich wusste, was uns allen durch den Kopf ging. Aus Verzweiflung sprach ich es aus: „Wir müssen mit dem Tod rechnen" (Siehe Joels Geschichte, Anhang 1).

Wir versuchten, uns im Haus eines Nachbarn zu verstecken, der mein Kollege und ein Hutu war. Er war weit weg in seiner Wohnung in Kigali, und wir dachten, wir könnten eine Tür oder ein Fenster öffnen und unbemerkt in sein Haus schlüpfen. Aber sein Hutu-Hausdiener, der ein Milizionär war, entdeckte uns und schimpfte: „Wenn ich könnte, würde ich eure Familie als erstes töten. Ich wäre sofort dabei, wenn man es mir befehlen würde."

Offenbar war der Befehl zur Ermordung der Familie Seminega noch nicht gekommen. Es war nur eine Frage der Zeit.

In solchen Momenten voller Panik ist es seltsam, wie der zweifelnde Verstand durch die Vergangenheit blättert und sich Vorwürfe macht, nicht den richtigen Weg eingeschlagen zu haben: Ich hatte mich gegen eine Flucht aus dem Land entschieden, weil ich dachte, wir hätten nichts zu befürchten. Als Zeuge Jehovas hatte ich nichts mit Politik zu tun. Auch hatte ich keinen Parteiausweis und hatte an keiner politischen Versammlung teilgenommen. Ich war 17 Jahre lang ruandischen Landsleuten ein guter Lehrer gewesen. In meinem privaten und gesellschaftlichen Leben kannten mich meine Arbeitgeber, Kollegen und Hausangestellten als unvoreingenommen und friedfertig.

Ich hatte mir selbst etwas vorgemacht. In der Realität konnte kein Tutsi als unschuldig angesehen werden. Alle Tutsi mussten sterben.

Ich holte Chantal und die Kinder ins Wohnzimmer und betete flehentlich zu dem allmächtigen Gott, Jehova. In meinem Gebet gestand ich ihm, dass ich unmöglich selbst in der Lage war, uns zu retten. Ich erzählte Jehova, dass mein lieber Freund, der Ex-Soldat Justin, der nun ebenfalls mein christlicher Buder war, vielleicht einen Plan hatte, um uns zu helfen. Ein enger Freund von uns, Adolphe, lebte zwar ein Stück weiter weg von Butare, aber wir wussten, dass auch er uns zu Hilfe kommen würde. Ich flehte Jehova an, ihre Bemühungen zu segnen und zu leiten.

Wir spürten die liebevolle Gegenwart unseres himmlischen Vaters. Wir wussten: Es ist nicht Gottes Wille, dass jemand abgeschlachtet wird. Aber er stoppt auch nicht auf wundersame Weise die Hand von gewalttätigen Menschen, die Böses tun wollen. Auch wenn wir ihnen zum Opfer fallen sollten, würde unser Gott uns bis zum Ende stärken. Und er würde uns in seinem Gedächtnis behalten bis zu dem Tag, an dem er durch Jesus die Toten in der Auferstehung zum Leben erwecken und unseren Feind, den Tod, ein für alle Mal besiegen wird.

Am Ende sagten wir alle „Amen". Dann verfielen wir alle in ein erschöpftes Schweigen und warteten.

Adolphe Rwamuhizi, seine Frau Illuminée und ihre Kinder. Adolphe war der Initiator unseres Überlebensprojekts. Er versteckte auch Naomi und Benjamin eine Woche lang in seinem Haus.

Kapitel 7

Zwischen Freund und Feind

„Errette die, die man zum Sterben schleppt." (Sprüche 24:11, *Jerusalemer Bibel*)

Viele mögen sich über die Vorstellung lustig machen, dass unser Überleben eine Antwort auf ein Gebet sein könnte. Einige würden anführen, dass viele den Genozid überlebten, ohne Gott darum gebeten zu haben. Ob es reiner Zufall war oder nicht, können Sie selbst beurteilen. Wir können nur sagen: Wir waren dem Untergang geweiht, doch buchstäblich Minuten, nachdem wir zu Gott gebetet und ihn angefleht hatten, die Hilfe unserer Freunde zu segnen, kam Adolphe. So entkamen wir dem Tod – und heute sind wir immer noch am Leben.

Adolphe Rwamuhizi war ein Zeuge Jehovas und Hutu. Er war mit einer Tutsi verheiratet, Illuminée. Ich hatte die beiden zwei Jahre zuvor kennengelernt. Nachdem ich ihr Interesse an der Bibel geweckt hatte, verbrachten wir viele wunderbare Stunden des gemeinsamen Studiums. Es war ein besonderer Tag für mich, als Adolphe als mein christlicher Glaubensbruder getauft wurde.

Als wir jemanden an der Tür hörten, huschten alle Kinder unter die Betten und in die Schränke, um sich zu verstecken. Adolphe trat ein und schloss schnell die Tür hinter sich. Er wusste genau, in welcher extremen Gefahr wir uns befanden, denn er selbst und seine Frau wurden bedroht, weil sie eine Tutsi war. Er konnte nicht anders, als nach uns zu sehen. Chantal rief den Kindern zu, aus ihren Verstecken herauszukommen. Ein Kind nach dem anderen kam zu uns.

Ich fragte Adolphe, warum er ein solches Risiko eingegangen war, um zu uns zu kommen. Er antwortete: „Um nach euren Leichen zu suchen und euch vielleicht zu begraben."

Er hatte gesehen, wie Tutsi in seinem Dorf getötet wurden. Vier von ihnen waren vor seinen Augen ermordet und in dem Straßengraben geworfen worden. Nachdem er diese schrecklichen Szenen gesehen hatte, nahm er seinen Mut zusammen, um nachzuschauen, ob wir noch lebten. Er wollte uns wenigstens ein anständiges Begräbnis ermöglichen.

Adolphe war so glücklich, uns lebend zu sehen. In weniger als zehn Minuten organisierte er unsere Flucht. Die Soldaten, die unser Haus bewachten, waren weggegangen. Da sie sahen, dass wir Besuch von einem Hutu hatten, müssen sie angenommen haben, dass wir nicht fliehen würden.

Adolphe gab uns eilig Anweisungen: „Nehmt kein sperriges Gepäck mit und zieht zwanglose Kleidung an.“ Er schaute zu Benjamin (sieben Jahre alt) und Naomi (elf Jahre alt) und sagte: „Ich werde sie zu mir nach Hause bringen. Ihr anderen solltet ein paar Minuten nach uns losgehen. Versteckt euch vorübergehend in Evaristes Haus. Drei Brüder aus Save werden euch zu Justins Haus führen. Trödelt nicht. Habt keine Angst.“

Weitere Erklärungen waren nicht erforderlich. Wir hatten keine andere Wahl. Ich verdrängte die offensichtliche Frage: „Kann dieser Plan wirklich funktionieren?“ Chantal geriet in Panik. Sie dachte, es würde den Mördern nur die Arbeit erleichtern. Doch der Plan von Adolphe war unsere einzige Option.

In kleinen Gruppen zu fliehen, erhöhte unsere Überlebenschancen. Wir gaben Pierre, Marie und Joel Einkaufstaschen in die Hand. Falls die Männer auf den Feldern sich erkundigten, wohin sie denn gehen, sollten sie sagen, dass wir Gemüse für die Kaninchen und Hühner benötigten. Ich schnappte mir eine Bibel, unsere Broschüre mit Bibeltexten für jeden Tag, einen *Wachtturm*[1], einen Rasierer, Zahnbürsten, Zahnpasta und meine Diplome. Ich sagte Chantal, es sei Zeit zu gehen.

Sie wollte nicht. Später erklärte sie: „Ich dachte, das Verlassen des Hauses käme einem Selbstmord gleich, vor allem mit bewaffneten Soldaten vor unserem Haus. Ich stellte mir vor, wie die Milizionäre mit Messern, Macheten und Holzknüppeln mit Nägeln auf uns zukommen. Als Tharcisse die Tür aufwarf und hinausstürmte, klopfte mein Herz wie wild. Blitzschnell huschte ich durch eine Öffnung im Dickicht. Ich ließ sogar meine Brille liegen!“

---

1 Die wichtigste bibelerklärende Zeitschrift von Jehovas Zeugen.

Der Pfad, auf dem wir bei Nacht quer durch das Tal bis zu unserem ersten Versteck liefen, nur 30 Minuten bevor unsere Universitätsresidenz überfallen wurde.

Sobald wir auf dem Pfad ins Tal waren, trafen wir auf drei langjährige Bekannte. Es waren einfache Leute, die die Ernte auf den Feldern vor Tieren und Dieben schützen sollten. Sie erkundigten sich, wohin wir denn gehen würden.

Wir sagten ihnen offen, dass wir auf der Flucht vor den Mördern waren. Die Männer waren sofort bereit, uns zu helfen, um den Weg zu Evaristes Haus auf der anderen Seite des Flusstals zu finden. Sie haben uns nicht verraten.

Adolphe kam sicher mit Benjamin und Naomi in seinem Haus an. Dann ging er zu unseren Glaubensbrüdern Justin, Joseph und Jean Baptiste, um ihnen zu sagen, dass sich der Rest der Familie bei Evariste versteckt hielt und Hilfe benötigte.

Evariste war Wachmann an einer technischen Schule, an der Adolphe Schreiner ausbildete. Er vertraute darauf, dass Evariste uns nicht verraten würde. Als wir bei ihm ankamen, war nur seine Frau zu Hause. Chantal erkannte sie, denn wir kauften regelmäßig Gemüse bei ihr. Sie war freundlich, aber sehr nervös. „Ich kann Sie vielleicht nur für ein paar Stunden hierbehalten. Heute Nacht müssen Sie ein anderes Versteck finden. Es ist zu gefährlich für Sie, um zu bleiben."

Während sie für uns kochte, trafen unsere Glaubensbrüder und Freunde aus Save ein, um uns durch die Straßensperren zu führen. Gerade als wir Evaristes Haus verließen, hörten wir ein lärmendes Durcheinander aus der Richtung unseres eigenen Hauses auf der anderen Seite des Tals. Jemand rief: „Aufmachen!" Und dann ertönten Schüsse, der von den Hügeln widerhallten. Am nächsten Tag schickte Alphonsine, unser Hausmädchen, unseren Hutu-Arbeiter Kajyunguri los, um Justin in Save eine schriftliche Nachricht für uns zu überbringen. Sie berichtete, dass wir gerade noch der Ergreifung entkommen seien. Durch ihre Nachricht erklärte sich für uns endlich das seltsame Verhalten Bernards tags zuvor.

Nachdem wir unser Haus verlassen hatten, war Alphonsine dort zurückgeblieben und hatte alle Türen verschlossen. Sie schrieb: „Etwa 30 oder 40 Minuten, nachdem Sie gegangen waren, kam Professor Bernard in einem roten Pickup zusammen mit bewaffneten Soldaten, wahrscheinlich von der Präsidentengarde."

Sie forderten Alphonsine auf, die Tür zu öffnen. Professor Bernard und seine ungeduldigen „Mitarbeiter" schossen die Küchentür in Stücke, die Kugeln prallten am Kühlschrank und am Kamin ab. Sie durchsuchten jeden Winkel des Hauses, sogar über den Zimmerdecken, aber sie fanden uns nicht.

Die Soldaten tadelten Bernard voller Wut: „Wo haben Sie ihn hingebracht? Wurden Sie nicht beauftragt, ihn zu bewachen? Waren Sie nicht vor einer Weile noch mit ihm zusammen?“

Bernard konnte unser plötzliches und mysteriöses Verschwinden nicht erklären.

Die Soldaten pressten aus Alphonsine heraus, wohin wir gegangen waren. Sie sagte ihnen, dass wir in Save sind. Da lachten sie nur: „Falls sie in das Dorf Save gegangen sind, sind sie erledigt. Sie können nicht überleben, es sei denn, sie flüchten mit einem Apollo-Raumschiff.“ Die Leute in Save waren bekannt dafür, sehr grausam zu sein. Jetzt waren Bernards wahre Absichten klar geworden.

Alphonsine wurde befohlen, sofort das Haus zu verlassen und in ihr Dorf zurückgehen. Sie nahm mit, was sie tragen konnte.

Die Soldaten der Präsidentengarde beschlossen, den Tutsi Ndayisenga, der sich um unsere Kuh und ihr Kalb kümmerte, nicht zu töten. Sie sagten ihm: „Mache mit deiner Arbeit weiter und versorge die Hutu-Nachbarn mit Milch“. Die Nachbarn kamen jeden Morgen und Abend, um Milch für ihre Kinder abzuholen.

Nach einigen Tagen kehrten die Milizionäre zurück und töteten die Kuh. Ihr Kalb war noch nicht entwöhnt und verhungerte. Das war die Art, wie Tiere von Tutsi behandelt wurden.

Als die Kuh und das Kalb starben, versteckte sich Ndayisenga im Busch, bis auch er am Verhungern war. Schließlich hielt er den Hunger nicht mehr aus und kam aus seinem Versteck. Die Mörder waren erbarmungslos mit ihm.

Diese makabre Episode zeigt, wie Bernard und andere intellektuelle Hutu in Butare die Morde unterstützten und überwachten sowie Listen führten, auf denen die genauen Positionen der zu ermordenden Personen verzeichnet waren. Sie zeigt auch, wie sinnlos es war, sich zu verstecken. Denn Verstecken bedeutete Tod durch Verhungern. Einige von denen, die sich im Busch, über den Zimmerdecken oder sonst irgendwo versteckt hielten, entschieden sich schließlich dafür, sich ihren Mördern zu stellen und eher massakriert zu werden, statt jämmerlich zu verhungern.

Kapitel 8

Eine Lehmwand zwischen uns und dem Tod

„Enthalte denen nichts Gutes vor, denen es zusteht, wenn es in deiner Macht liegt zu helfen."
(Sprüche 3:27)

Unsere Flucht aus Butare hatte gerade erst begonnen. Die Hürden wurden immer höher. Die Schlinge um unseren Hals zog sich mit jedem Tag enger zu, an dem die Mörder methodisch ihre „Arbeit" verrichteten. In der Dunkelheit jener ersten Nacht kamen unsere Freunde, die Zeugen Jehovas Justin und Joseph, beide Hutu, um uns fünf zu Justins Haus in Save zu bringen, das ungefähr drei Kilometer entfernt lag (Naomi und Benjamin waren immer noch bei Adolphe zu Hause). Justin handelte unsere Fluchtroute aus und bezahlte Geld, um überall hindurchzukommen.

Bei einer Straßensperre trafen wir auf eine Gruppe von Männern, die Justin gut kannte. Der junge Anführer fragte streng: „Wohin will diese Familie? Ist dieser alte Mann nicht Professor an der Universität?" Justin und sein Begleiter schwiegen. Der oberste Wachmann packte mich, hielt mir seine Machete an die Kehle und drohte, mich zu töten. Die Kinder schrien: „Sie bringen unseren Papa um!" Justin ging hinüber zu ihnen, um sie zu beruhigen, und gab Chantal ein Zeichen, ganz ruhig mit ihnen weiterzugehen. Glücklicherweise hielt sie der Wachmann nicht zurück.

Während meine Familie davoneilte, stand ich wie erstarrt da und fragte mich, ob ich sie wohl jemals wiedersehen würde. Doch irgendwie verspürte ich eine innere Ruhe, voller Hoffnung zu überleben. Nachdem der Wachmann mich eine Zeit lang festgehalten und ein Geldgeschenk erhalten hatte, ließ er mich gehen. Er zeigte Justin sogar den besten Weg, um andere Straßensperren und Kontrollpunkte zu umgehen.

In dieser Nacht hätte alles passieren können, doch wir erreichten unverletzt Justins Zuhause. Wir drängten uns in ein kleines Zimmer mit zwei Einzelbetten und zwei Schaumstoffmatratzen. Schüsse und Explosionen hallten durch das Dorf und über das Tal. Brüllende Milizionäre zerrten Menschen aus ihren Häusern. Wir hörten sie vor Schrecken und Qualen schreien, als sie starben. Wir wussten, dass wir irgendwann an der Reihe sein würden, um abgeschlachtet zu werden – vielleicht in den nächsten Tagen, Stunden oder sogar Minuten. Wir verbrachten die Nacht betend und zitternd vor Angst.

Niemand konnte essen. Wir hatten einen Plastikeimer, um uns zu erleichtern. Zuerst genierten wir uns, ihn zu benutzen, weil wir dachten, dass es für alle peinlich sein würde. Aber Scham und Peinlichkeit wichen und verschwanden schließlich, als unsere Bedürfnisse stärker und unaufhaltsam wurden.

Wir konnten nicht schlafen, sondern lauschten wachsam jedem kleinsten ominösen Geräusch. Nachts hatten wir zumindest den trügerischen Schutz der Dunkelheit. Dann begannen die Vögel zu singen, um

Justin Rwagatore und seine Frau Meggy im Jahr 2016. An dem Tag, als in Butare die Massenmorde begannen, brachte Justin uns zu seinem Haus nach Save und koordinierte zweieinhalb Monate lang unser Überlebensprojekt.

den Anbruch der Morgendämmerung anzukündigen. Der Gedanke, dass die Mörder uns im Tageslicht noch leichter entdecken konnten, ließ uns zittern.

Der Morgen des 22. April fühlte sich surreal an – kein Esszimmer, kein Tisch und kein Frühstück. Wir blieben in dem kleinen Raum versteckt. Da wir Tee tranken, mussten wir häufiger den Eimer benutzen. Wir konnten den Raum nicht verlassen, weder um zu duschen noch uns die Zähne zu putzen. Ich blieb unrasiert. In diesem neuen Leben war Hygiene ein Luxus. Es war ein qualvolles Leben des Schweigens, der Bewegungslosigkeit, des Wartens.

Unser Aufenthalt in Justins Haus war sehr kurz. Er riet uns: „Reiße deinen Namen aus deiner Bibel heraus und gib sie mir. Gib mir auch deine Diplome und dein Geld."

Die Männer an den Straßensperren wussten, dass wir uns in Justins Haus versteckt hielten. So wurde es bei der Nachbesprechung der Miliz zur „Arbeit" des Tages berichtet. Glücklicherweise kam ein Milizionär namens Vincent heimlich zu uns, um uns zu warnen. Seine Freunde bei der *Interahamwe* waren drauf und dran, das Haus anzugreifen und uns zu vernichten. Justin hatte einst mit ihm die Bibel studiert, aber Vincent hatte damit aufgehört und war kein Zeuge geworden.

Dennoch muss das, was er gelernt hat, Wirkung gezeigt haben. Später fragte ich ihn: „Warum hast du meiner Familie geholfen, obwohl du uns nicht kanntest?"

Er antwortete: „Als ich hörte, dass Justin eine Familie versteckt, war mir klar, dass ihr Zeugen Jehovas sein müsst. Ich wollte euch warnen, denn ich wusste, dass Jehova seine treuen Anbeter schützen möchte!"

Als Vincent bei Justins Haus ankam, arbeitete Justin gerade in seinem Lebensmittelladen. Seine Frau Meggy flehte Vincent an: „Wie können wir dieser Familie helfen, dem Gemetzel zu entkommen?"

Entschlossen sagte Vincent: „Die Familie sollte sich im Gestrüpp auf dem Hügel hinter eurem Haus verstecken."

Er führte uns nach draußen, teilte die Zweige der Hecke und führte uns durch die Öffnung in das Dickicht. Er erzählte uns, dass er in diesem Gestrüpp Wertsachen versteckt hatte. Somit war er vertraut mit dem Ort und sorgte dafür, dass jeder von uns einen bequemen Platz zum Sitzen hatte. Wir gehorchten ihm widerspruchslos, obwohl es in Strömen regnete. Es war April, der regenreichste Monat des Jahres.

Um etwa zwei Uhr nachmittags waren wir in das Dickicht verschwunden. Wir blieben dort bis halb vier morgens versteckt. Völlig benommen und bis auf die Haut durchnässt saßen wir da. Niemand wagte es, ein Wort zu sprechen oder auch nur einen Muskel zu bewegen. Ich flehte wiederholt zu Gott, diese mutigen Rettungsbemühungen zu segnen, wie er es schon am Vortag getan hatte.

Um neun Uhr abends stürmten die Milizionäre Justins Haus, in der Hoffnung, uns dort schlafend vorzufinden. Sie zogen durch das gesamte Haus und durchsuchten jedes mögliche Versteck. Sie nahmen Justin ins Verhör und wollten wissen, wo wir sind. Es ist ein Wunder, dass sie ihn nicht auf der Stelle umgebracht haben.

Wir hörten ihre Stimmen und erschauderten bei dem Gedanken, sie könnten auch das Dickicht durchsuchen. Jemand sagte, wir seien sehr früh am Morgen nach Burundi oder Gisagara (wo ein Verwandter Chantals lebte) aufgebrochen. Ein anderer sagte, in Gisagara sei die „Arbeit“ am Morgen bereits abgeschlossen worden.

In diesem Dickicht hielten wir uns 12 Stunden lang bei strömendem Regen versteckt, bevor wir in den Ziegenstall umzogen.

Es regnete weiter in Strömen, doch uns war es völlig egal, ob es nass oder kalt war. Wir hörten, wie noch mehr Tutsi-Familien aus ihren Häusern gezerrt wurden. Die verzweifelten Schreie von Kindern und Erwachsenen vermischten sich mit dem Lärm der Plünderungen ihrer Häuser, deren Überreste schließlich in Flammen aufgingen.

Wir wussten: Hier im Dickicht konnten wir nicht ewig bleiben. Was würden wir als Nächstes tun? Justin fand Wege, uns zu versichern: „Habt Geduld – und ihr werdet es schaffen.“ Wir verstanden und warteten auf seine Anweisungen. Wenn wir das Versteck verlassen, wohin sollten wir dann gehen? Auf keinen Fall zurück in Justins Haus. Da die Mörder ihn verdächtigten, Tutsi Unterschlupf zu gewähren, würde er streng überwacht werden. Immer wieder wurde Justin von neugierigen Nachbarn gefragt, wohin wir denn gegangen waren.

Vincent bot spontan eine Lösung an: „Ich bringe diese Familie zu mir nach Hause und kümmere mich von nun an um sie.“ Er erinnerte uns in dieser Situation an den barmherzigen Samariter aus der Bibel. Es schien ein weiser Schritt zu sein. Da wir Vincent noch nie zuvor getroffen hatten und er kein Zeuge Jehovas war, konnte niemand eine Verbindung zwischen ihm und unserer Familie herstellen. Umso mehr würde ihn niemand verdächtigen, uns zu verstecken.

Mitten in der Nacht kam er, um uns aus dem Dickicht herauszuführen. „Kommt mit“, flüsterte er. In diesem Moment stockten unsere Herzen vor Angst. Was, wenn die Mörder ihn geschickt hatten? Doch angesichts der Güte, die er uns am vergangenen Nachmittag entgegengebracht hatte, willigte ich ein, mit ihm zu gehen. Chantal und die Kinder folgten meinem Beispiel.

Um uns aus dem Dickicht herauszuholen, wandte er einen cleveren Trick an. Er brachte uns dunkle Regenmäntel – dieselben, die auch die Milizionäre trugen. In Dreiergruppen führte er uns über die Felder zu seinem Haus. Pierre, Marie und ich gingen zuerst. Wir hielten uns dicht hinter Vincent, als wir plötzlich einer Gruppe von Milizionären mit Taschenlampen begegneten. Vincent flüsterte: „Bedeckt eure Gesichter und duckt euch.“

Das taten wir. Die Milizionäre suchten mit ihren Taschenlampen, aber sie gingen an uns vorbei, ohne uns zu entdecken.

Chantal, Joel und Adolphes Frau Illuminée, eine Tutsi, waren die Nächsten. Als sie das Dickicht verließen, verfing sich Joel mit dem Fuß in einem Rattenloch und fiel hart zu Boden. Er begann zu weinen. Das hörte Justins Familie drinnen im Haus. Sie wagten nicht, nach draußen zu kommen und dachten, die Mörder hätten unser Versteck gefunden – ein schrecklicher Alptraum für sie.

Vincent brachte uns zu sich nach Hause. Er lebte in einem großen Haus aus Lehmziegeln mit einem Blechdach. Unser neues Zuhause jedoch sollte die kleine Hütte hinten sein, die Vincents Ziegen als Unterstand diente – eine runde Hütte mit Lehmwänden und -boden. Sie hatte ein Strohdach, eine kleine Holztür und war fensterlos. Drei Viertel des verfügbaren Platzes machte das Einzelbett mit einer Schaumstoffmatrat-

Vincent Kabandana hatte sich freiwillig bereit erklärt, meine Familie zu verstecken.

ze aus. Chantal und die Kinder „schliefen“ quer über dem Bett, ich lag auf Bananenblättern auf dem Lehmboden. Tagsüber saßen wir alle auf dem Bett.

Die Tage wie auch die Nächte in der Hütte schienen endlos zu sein. Es ist schwer zu sagen, was uns mehr Qualen bereitete.

Die Hütte befand sich dicht an einer Kreuzung, ganz in der Nähe einer der belebtesten Märkte der Gegend. Wir hörten, wie die Passanten fröhlich Geschichten über ihre mörderischen Heldentaten und ihre Pläne für den nächsten Tag austauschten. Der Lärm von Schüssen und Schreien vermischte sich mit plastischen Schilderungen der Qualen, die den Opfern zugefügt wurden, bevor ihrem Elend ein Ende gemacht wurde. Einige wurden vergewaltigt, ausgeraubt oder halbtot in Latrinen und mit Leichen gefüllte Gruben geworfen.

Manchmal prahlte ein Mörder damit, seine „Arbeit“ in Etappen zu erledigen. An einem Tag wurde ein Körperteil abgehackt und das Opfer wurde bewegungsunfähig und im Todeskampf zurückgelassen. Ein oder zwei Tage später kehrte der Mörder vielleicht zurück, um ein anderes Körperteil abzuhacken. Und wenn er noch einmal kam, würde er seine „Arbeit“ schließlich beenden. Ein verkrüppelter Mann hatte eine Woche gebraucht, um zu sterben, sehr zur Unterhaltung der Schaulustigen. Obwohl es uns glücklicherweise erspart blieb, diese Gräueltaten selbst zu sehen, konnten wir unsere Gedanken nicht daran hindern, uns diese unvorstellbaren Schrecken bildlich auszumalen.

In einer stürmischen Nacht griffen Milizionäre aus Kigali einen örtlichen Tutsi-Polizisten mit dem Spitznamen Ruhutinyanya an, der viele Jahre in der Gemeinde Shyanda tätig gewesen war. Mit seiner Pistole versuchte er, sich zu verteidigen, doch er wurde schließlich eingeholt und erschossen – direkt hinter unserer Hütte. Der Lärm von Kalaschnikowsalven durchdrang unsere Lehmwand, gefolgt von dem dumpfen Stöhnen des Sterbenden. Diese entsetzlichen Ereignisse verstärkten unsere Angst und machten unsere Nächte zu einer einzigen Qual.

Dennoch, wir waren am Leben, und dafür waren wir dankbar. Wir lernten, mit dem, was wir hatten, so zufrieden wie möglich zu sein, und beteten weiter für unser Leben.

Mit unserem Retter Justin Rwagatore bei Vincents Ziegenstall, in dem wir uns einen Monat lang versteckten.

Bei geschlossener Tür war die winzige Hütte wie eine erdrückende Gefängniszelle. Und doch wussten wir, dass nur diese Lehmwand zwischen uns und dem sicheren Tod stand. Wieder diente uns ein kleiner Plastikeimer als Toilette. Die Hütte stank nach Ziegen und wimmelte von Flöhen und Läusen. Es war nicht leicht, unser Zuhause mit diesen bissigen Mitbewohnern zu teilen. Sie nisteten sich in unseren Haaren und Kleidern ein.

Vincent tat sein Bestes, um für uns zu sorgen. Er brachte uns Lebensmittel, Medikamente und sauberes Wasser zum Trinken und Waschen. Während unserer großen Not erwies Vincent sich als wahrer Freund – unter äußerst verzweifelten Umständen. Denn in Wirklichkeit befand er sich genauso wie wir in Lebensgefahr. Hätte Vincents Verhalten Aufmerksamkeit erregt oder wären wir entdeckt worden, wären wir alle zusammen umgekommen.

In jenen mörderischen Tagen suchten Spione der Hutu nach Anzeichen dafür, dass ein Hutu Tutsi versteckt hielt. Wenn ein Hutu zum Beispiel mehr Wasser als üblich aus dem Brunnen holte, mehr Essen kaufte oder mehr Mahlzeiten kochte als üblich, geriet er leicht in den Verdacht, eine „Kakerlake" zu verstecken.

Es kam vor, dass Milizionäre mitfühlende Hutu entdeckten und sie zusammen mit ihren Tutsi-Freunden brutal niedermetzelten. Um dieser Gefahr zu entgehen, wandte Vincent verschiedene Taktiken an. Er schlief mit mir auf dem Lehmboden des Ziegenstalls, um zu verhindern, dass jemand überraschend die Hütte betrat.

Wenn uns das Essen knapp wurde, ging er auf sein Feld und erntete Kartoffeln oder anderes Gemüse. Dann ging er zu Justin nach Hause und trug seine Ernte in einem Korb auf dem Kopf, wie es in Ruanda üblich ist. Für Beobachter brachte Vincent seinem Freund Justin gerade einige Erzeugnisse. In Wirklichkeit nutzte er die Gelegenheit, um Lebensmittel und andere nötige Güter zusätzlich in den Korb zu legen, die er für uns zurückbringen würde.

Unsere Glaubensbrüder in Kigali hatten erfahren, dass die Seminegas untergetaucht waren. Zwei mutige Brüder, Gaspard Rwakabubu und Lamech Bubegwa, unternahmen die gefährliche 130 Kilometer lange Reise nach Butare und übergaben Justin 15 000 Ruanda-Franc, um für unsere Bedürfnisse zu sorgen. Sie konnten gar nicht glauben, dass unsere ganze Familie noch am Leben war – so erfreut waren sie.

Damit niemand Verdacht schöpfte, begleitete Vincent die *Interahamwe*-Mordkommandos auf Nachtpatrouillen. Auf diese Weise konnte er sich über ihre Pläne für die nächsten Tage informieren. Als er kam, um uns auf den neuesten Stand zu bringen, brach er in Tränen aus, weil er sein Entsetzen über die grausamen Morde an unschuldigen Tutsi, die er gekannt hatte, nicht zurückhalten konnte.

Mehr als einmal kam Vincent betrunken nach Hause. Wahrscheinlich, um den schmerzhaften Erinnerungen an das Gesehene zu entkommen. Oder hatte er mehr getan, als nur zuzuschauen? Er arbeitete mit Mördern zusammen. Hatte er wirklich kein Blut an den Händen? Wie dem auch sei, für uns war er frei von Schuld.

Später befragte uns die RPF, welche Rolle Vincent und andere Hutu beim Völkermord gespielt hatten. Was sollten wir antworten? So versteckt, wie wir waren, konnten wir kaum wissen, wer getötet hatte und wer nicht. Dennoch erlebten wir so viel Freundlichkeit und Hilfsbereitschaft bei unseren Rettern, dass wir sie für unschuldig hielten – zumindest nach bestem Wissen und Gewissen. Verständlicherweise hatten wir gemischte Gefühle dabei.

Eines wussten wir mit Sicherheit: Die Zeugen Jehovas, die uns gerettet haben – unsere Glaubensbrüder – hatten kein Blut an ihren Händen. Sie waren entschlossen, nicht zu morden, auch wenn es ihren eigenen Tod bedeuten würde. Das ist eine absolute Voraussetzung für jeden, der sich selbst als Zeuge Jehovas bezeichnet.[1]

Wir waren uns sicher, dass Benjamin und Naomi bei Adolphe in guten Händen waren. Wir ahnten jedoch nicht, dass es für die Kinder beinahe zur Katastrophe gekommen wäre, denn ein Nachbar Adolphes hatte die Miliz geschickt, um die „kleinen Kakerlaken" zu töten. Die Männer verlangten mit vorgehaltener Machete von den Kindern, ihnen zu sagen, wo wir uns versteckt hatten. Wie unmenschlich musste jemand sein, der ein 11-jähriges Mädchen mit einer Machete töten will? Nur das spontane Eingreifen eines anderen Milizionärs rettete ihr das Leben (siehe Naomis Geschichte in Anhang 1).

1 Der Friedens- und Konfliktforscher Christian P. Scherrer stellt fest: „Alle Kirchen in Ruanda waren zumindest ‚passiv' am Genozid beteiligt, bis auf die Zeugen Jehovas (von denen nur wenige überlebten)." *Genocide and Crisis in Central Afrika: Conflict Roots, Mass Violence, and Regional War* (London: Praeger, 2002), 113.

Wir dagegen, eingesperrt in den Ziegenstall, wussten nichts von ihrer Begegnung mit dem drohenden Tod. Wir litten, weil wir von unseren Kleinen getrennt waren. Unser aktuelles Versteck schien so weit zu funktionieren, so dass ich nach einer Woche eine Nachricht an Adolphe schickte, in der ich ihn bat, die Kinder zu uns in die Hütte zu bringen.[2] Das war sehr viel verlangt. Die Straßensperren und nächtlichen Patrouillen erhöhten das Risiko, erwischt zu werden. Doch eines Nachts, so gegen Mitternacht, öffnete sich die Tür, und die Kinder stürmten herein. Konnte man unter solchen Umständen wirklich überglücklich sein? Ja, wir hätten vor Freude schreien können! Das wagten wir natürlich nicht. Ganz leise nahmen wir sie in unsere Arme und wollten sie gar nicht mehr loslassen.

Vincent hatte drei Kinder. Mukamusoni war 14, Kagabo 13 und Nzabonaliba 11 Jahre alt. Die Kinder wussten, dass wir in der Hütte waren, aber sie haben uns nie verraten. Im Gegenteil, sie unterstützen bereitwillig ihren Vater, damit wir in Sicherheit blieben.

Die stickige Luft in der Hütte führte zu einer neuen Gefahr: Husten. Vincent zeigte uns, wie man geräuschlos husten kann. Er sagte: „Wickelt euch eine Decke um den Kopf und geht mit dem Mund auf den Boden, wenn ihr husten müsst. So dämpft ihr das Geräusch und verringert die Gefahr, von den Milizionären gehört zu werden.“

Marie und Pierre hatten jedoch so starke Asthmaanfälle, dass sie Vincents Methode nicht immer anwenden konnten. Wenn sie einen plötzlichen Hustenanfall hatten, machten wir uns Sorgen, dass Passanten auf dem Weg zum Markt etwas hören könnten. Kagabo und Nzabonaliba kamen dann ganz mutig zur Hütte und taten so, als ob sie husteten!

Vincent brachte uns immer wieder auf den neuesten Stand. Am 16. Mai erzählte er uns: „Die Militär- und Verwaltungsbehörden in Butare hielten eine Dringlichkeitssitzung ab, um die lokalen Mordkommandos anzuweisen, mit der Ermordung der wenigen verbliebenen Tutsi in ihren Gemeinden aufzuhören. Sie brauchen diese Tutsi für die internationale Gemeinschaft als Beweis, dass es keine systematische Ausrottung der Tutsi gegeben haben soll.“

Die Behörden befanden sich in einem Dilemma. Es gab weder Beweise noch Aufzeichnungen über die Flucht von Tutsi in andere Länder. Dennoch waren jetzt von den 15 Prozent Tutsi an der Gesamtbevölkerung

2 Wir hatten etwas mehr Platz, weil angekündigt wurde, dass Frauen von Hutu, die Tutsi waren, nicht getötet würden. Eines Abends nahm Vincent also Illuminée mit nach Hause. In derselben Nacht brachte Adolphe Benjamin und Naomi zu uns.

vor dem Genozid nur noch weniger als ein Prozent übrig! Diese entsetzlichen Zahlen zeigten, dass innerhalb Ruandas fast 95 Prozent der Tutsi ermordet worden waren.[3]

Vincent berichtete uns auch über Plünderungen von Eigentum der Tutsi, wie zum Beispiel Fabriken, Lagerhäuser, Geschäfte, Lebensmittel und Vieh. Auch Bankkonten der Tutsi wurden von der Regierung beschlagnahmt.

Am 20. Mai, nur vier Tage nachdem der Genozid auf Eis gelegt wurde, lief die Tötungsmaschinerie wieder an. Vincent erzählte uns, dass in jedem Sektor[4] zehn Männer ernannt worden waren, um die Nachtwachen zu beaufsichtigen. Sie sollten alle Tutsi festnehmen, die noch zu fliehen versuchten. Um die reguläre Armee bei ihren abschließenden Aktionen zur Vernichtung der Tutsi zu unterstützen, sollte jeder Sektor 200 Milizionäre rekrutieren. Offenbar war man zu dem Schluss gekommen, die Ausrottung der Tutsi sei wichtiger als die internationale öffentliche Meinung.

Wir hörten, dass französische Kampfflugzeuge von einem zairischen (heute kongolesischen) Flughafen aus Einsätze zur Unterstützung der Hutu-Regierung flogen. Französische Bomber griffen Stellungen der *Inkotanyi* (RPF) in Bugesera an, um das Vorrücken der Rebellenarmee der Tutsi auf Kigali und Butare zu stoppen. Zwei Brücken über den Fluss Nyabarongo wurden absichtlich zerstört.

In dieser Nacht hörten wir die Kampfflugzeuge über uns fliegen. Macheten, Granaten, automatische Gewehre, mit Nägeln besetzte Keulen und jetzt das. Der Tod schwebte über uns wie ein Damoklesschwert. Wir beteten weiter und erzählten Jehova Gott von unseren schweren Sorgen und Befürchtungen.

Dann hallte ein klarer Befehl durch die Präfektur Butare: „Stoppt eure Arbeit!“

Vincent hörte die schrecklichen Neuigkeiten: „Der Bürgermeister der Gemeinde Ngoma in der Stadt Butare ordnet an, dass, solange die Leichen von Professor Seminega und seiner Familie nicht gefunden worden sind, jeder seine Arbeit einstellen und in Butare und Umgebung nach den Flüchtlingen suchen soll, insbesondere im Dorf Save.“

---

3 Dieses Dilemma spitzte sich zu, als dem RIG-Präsidenten der Zugang zum South African International Airport in Johannesburg verweigert wurde. Man warf ihm vor, die Tutsi systematisch abzuschlachten. Es wird geschätzt, dass innerhalb von 100 Tagen etwa 70 Prozent der Tutsi umkamen.

4 Eine kleine Verwaltungseinheit von etwa hundert Familien.

Sie rissen Fotos aus unseren Familienalben heraus, um sie an die Mörder an den Straßensperren der Region zu schicken. Als diese Menschenjagd begann, informierte Vincent uns nicht, um uns die Panik zu ersparen. Er ging auch nicht auf Patrouille. Er blieb zu Hause.

Später erfuhr ich warum. Vincent erzählte mir: „Ich wusste, wenn sie euch in der Hütte finden würden, wäre ich ein toter Mann. Justin meinte, ich solle euch in der Bananenplantage hinter meinem Haus verstecken oder euch sagen, ihr sollt die Hütte verlassen und einfach in den Busch laufen – aber das wäre alles nicht sicher gewesen. Ich beschloss, euch in der Hütte bleiben zu lassen. Ich ging nach Hause und wartete auf meinen Tod. Ich wollte nicht auf der Straße in Stücke gehackt und von Hunden gefressen werden."

Jedes einzelne Haus in Save wurde durchsucht, einschließlich Klöstern, Schulen, Privathäusern und anderen potenziellen Verstecken. An einem Tag wurde vom Morgen bis zum Mittag nach uns gesucht und die Jagd stoppte nur drei Häuser von unserem Ziegenstall entfernt.

Der Leiter des Suchkommandos beschloss, die Durchsuchung abzubrechen, da sie nichts gefunden hatten. Am nächsten Morgen würden sie die Jagd wieder aufnehmen. Diese plötzliche Entwicklung gab unseren Freunden genügend Zeit, einen Plan auszuarbeiten.

Am nächsten Tag wurde Save wie zu einem Jagdrevier. Der Alarm ertönte, und Hunderte von Milizionären nahmen die Suche wieder an der Stelle auf, an der sie am Vortag gestoppt hatten, kurz bevor sie uns gefunden hätten. Doch „die Nacht bringt Rat".[5]

Unsere Freunde hatten beschlossen, uns für einige Tage in ein Gebiet zu verlegen, das bereits durchsucht worden war. Das Paar François und Félicité, beide Hutu, nahmen uns freundlicherweise auf. Das war umso erstaunlicher, weil François kein Zeuge und ein Anhänger der Hutu-Power war. Trotzdem ließ er uns bei sich wohnen und unterstützte damit seine Frau, die eine Zeugin Jehovas war. Sie sorgten für unsere Sicherheit und gaben uns sehr nahrhaftes Essen.

Eine Woche später, als man die Suche aufgegeben hatte, kehrten wir zu Vincents Hütte zurück. Es war wie die Rückkehr zur ersten Liebe.

5 Eine französische Wendung dafür, dass Dinge klarer werden, wenn man eine Nacht darüber schläft.

Wir ertrugen die Gesellschaft unserer Mitbewohner. Die Läuse und Flöhe nisteten sich wieder in unserem Bett, unserer Kleidung, unseren Haaren und unserem Körper ein.

Zu diesem Zeitpunkt war der Völkermord im Land seit etwa sieben Wochen, fast 50 Tagen, im Gange. Immer, wenn unsere Freunde uns versteckten oder von einem Ort zu einem anderen brachten, setzten sie sich selbst allerhöchster Gefahr aus.

Vincent beherbergte uns insgesamt etwas mehr als einen Monat lang. Am 25. Mai aber spitzte sich die Situation zu. Die RPF-Truppen näherten sich Kigali, sodass *Interahamwe*-Milizionäre aus der Hauptstadt flohen und in Butare Zuflucht suchten. Unter ihnen befanden sich auch Verwandte von Vincent. Die Flüchtenden würden eine Zeit lang bei ihm bleiben wollen, bevor sie in den Kongo fliehen und auf ihrem Weg Tod und Schrecken verbreiten würden.

Die Zeugen Jehovas in Save beschlossen, uns bei Bruder Jean de Dieu zu verstecken. Er hatte einen unterirdischen Raum in seinem Haus.

Wir erfuhren, dass sich drei Zeugen – Lie, Vincent und seine Verlobte Immaculée – bereits in Jean de Dieus unterirdischem Raum versteckten. Wir dachten über die bevorstehende Gefahr nach. Das Verlassen des Ziegenstalls würde bedeuten, dass wir auf dem Weg zum Haus von Jean de Dieu ungefähr alle 800 Meter Straßensperren der Miliz passieren müssten.

Wir hörten von Justin, dass einige unserer Freunde, die Zeugen Jehovas in der Gemeinde Runyinya waren, zusammen mit ihren Familien ermordet worden waren: Jean Gisa, Alexis Nzeyimana, Joseph Nyamwasa, Candida und Adelinda.

Der junge Alexis Nzeyimana war uns sehr ans Herz gewachsen. Wir kannten ihn sehr gut. Er hatte mir bei der Lebensmittelverarbeitung in der Gemeinde Huye mitgeholfen. Berichten zufolge floh er zum Haus des Bürgermeisters und versteckte sich dort. Die *Interahamwe* entdeckte ihn jedoch und tötete diesen guten, sanften jungen Mann gnadenlos.

Wir fühlten uns völlig wehrlos und angreifbar, aber nicht hoffnungslos. Wir flehten Jehova um Kraft an. Wir baten ihn, dass er uns den Ausweg zeigen und unseren Freunden in Save die Weisheit geben möge, um den bestmöglichen Weg für unsere weitere Flucht zu finden. Tatsächlich hatten unsere Freunde einen Plan ausgearbeitet, der das Komplott der Mörder zunichtemachte.

Kapitel 9

Lebendig im „Grab“

„Ein echter Freund zeigt immer Liebe und ist ein Bruder, der für Zeiten der Not geboren ist.“ (Sprüche 17:17)

Bruder Jean de Dieu war Single und lebte allein. Er war Zollbeamter. In dem unterirdischen Raum hatte er gewöhnlich seine Habseligkeiten und Wertsachen aufbewahrt. Nun diente der Raum aber einem edleren Zweck: seine Glaubensbrüder und -schwestern zu schützen.

Jean de Dieu und ich waren seit Jahren gute Freunde, da wir die Leidenschaft für Bienenzucht teilten. Er kam oft zu unserer Universitätsresidenz in Butare, wo ich ihm zeigte, wie man Rähmchenbeuten benutzt und wie er seine Fähigkeiten als Imker verbessern konnte.

Als dann einige befreundete Zeugen in Save Jean de Dieu baten, uns zu verstecken, stimmte er bereitwillig zu. Die Frage war jedoch, wie wir zu seinem Haus gelangen würden, das mehr als sechs Kilometer von dem Ziegenstall entfernt war. Überall waren Straßensperren aufgestellt, die Tag und Nacht besetzt waren. Die Lösung des Problems kam genau zur richtigen Zeit aus einer völlig unerwarteten Richtung.

Es war der 1. Juni 1994. An diesem Mittwochabend leitete Justin die wöchentliche christliche Zusammenkunft in seinem Haus. Die Regenzeit war zwar vorbei, aber er hatte mehrere Tage auf heftigen Regen gewartet, um die Verlegung meiner Familie zu decken. Gegen sechs Uhr an diesem Abend begann es zu regnen. Als die Zusammenkunft zu Ende ging, hinderte der strömende Regen die Anwesenden daran, Justins Haus zu verlassen. Justin erkannte in weiser Voraussicht, dass die Zeit gekommen war, unsere Familie zu Jean de Dieu zu verlegen. Er wies seinen leiblichen Bruder Damascène an, der ebenfalls ein Glaubensbruder war: „Die Seminegas sollten sich schwarz kleiden, sich in schwarzen Regenschutz hüllen und barfuß gehen.“

Das war die Gelegenheit, den Ziegenstall zu verlassen, bevor die Milizionäre aus Kigali kommen würden, um bei ihrem Verwandten Vincent zu wohnen. Sie würden keinen Augenblick zögern, jeden verbliebenen Tutsi zu töten.

Wie zuvor teilten wir uns in kleine Gruppen auf. Wir alle verließen die Hütte noch am selben Abend, aber dieses Mal ging nur die erste Gruppe – Pierre, Marie und ich – direkt zu Jean de Dieu. Die anderen wurden zunächst in provisorische Verstecke in Save gebracht. Chantal und der kleine Benjamin kehrten in das Haus von François und Félicité zurück und warteten auf die Gelegenheit, in den Keller gebracht zu werden. Joel und Naomi verbrachten die Nacht bei Justin.

Die Verlegung zu Jean de Dieu erforderte viel Klugheit und viel Phantasie. Und wir brauchten einen sicheren Führer, den wir mit Bruder Damascéne hatten. Er kannte uns aus Butare, wo er ein Geschäft hatte. Wir vertrauten diesem ruhigen und gut organisierten Mann. Bevor wir loszogen, beteten wir wie immer inbrünstig zu Jehova und baten ihn, unser Vorhaben zu segnen. Nachdem wir uns mit unseren schwarzen Regenmänteln bedeckt hatten, zog er sein weißes Hemd aus und wickelte es in eine schwarze Plastiktüte. Er ging mit nacktem Oberkörper, um nicht gesehen zu werden.

Wir waren alles andere als unsichtbar, doch wir entkamen den wachsamen Augen der Wachposten. Der sintflutartige Regen war ein wertvoller Verbündeter. Wir trafen auf keine größeren Hindernisse. Die Wachmänner hatten die Straßensperren verlassen und sich in Schutzhütten zurückgezogen.

Irgendwann verfolgte uns ein Mann etwa zehn bange Minuten lang. Doch auf einmal drehte er um, wir waren ganz perplex. Vielleicht haben ihn unser schnelles Tempo, die Anzahl der Personen und unsere Entschlossenheit, ihn loszuwerden, abgeschreckt.

Irgendwie schaffte es Jean de Dieu, uns in der stockfinsteren Nacht auf halbem Weg entgegenzukommen, um Damascéne abzulösen und uns zu unserem neuen Versteck in seinem Haus zu führen. Im Keller wurden wir von anderen Zeugen Jehovas willkommen geheißen: Elie, Vincent (ein anderer Vincent) und seine Verlobte Immaculée. Elie kannten wir schon seit langer Zeit. Mit den anderen freundeten wir uns schnell an. Es war schmerzlich für uns alle, uns über den Verlust von uns nahestehenden Tutsi auszutauschen. Elie hatte seine Frau und seine drei Kinder verloren. Vincent und seine Verlobte hatten beide ihre gesamte Familie verloren.

Die winzige unterirdische Kammer würde für die nächsten anderthalb Monate unser sicherer Zufluchtsort sein – wir nannten sie „das Grab“. Der Kellerraum war in Wirklichkeit nur ungefähr zwei Meter lang, zwei Meter breit und zwei Meter hoch. Eine Holzbohle verbarg den Zugang zu dieser Geheimkammer. Auf der Bohle lag ein Sandhaufen.

Um in den Keller zu gelangen, schoben wir die Bohle zur Seite, sodass ein etwa eineinhalb Meter tiefes Loch mit einer eingebauten dreistufigen Leiter zum Vorschein kam. Wir traten auf die oberste Stufe der Leiter und ließen uns hinunter, bis unsere Füße die zweite Stufe erreichten. Von dort aus konnten wir den Boden berühren. Am Boden angekommen, mussten wir auf allen Vieren durch einen gut einen Meter hohen Tunnel in den unterirdischen Raum kriechen.

Das Mobiliar beschränkte sich auf einen kleinen Schrank und zwei übereinander gestapelte Metallkisten. Es roch nach Schimmel und nur ein winziger Lichtschimmer drang durch einen Riss in der Lehmwand. Während wir auf unsere restliche Familie warteten, teilten wir uns diesen Raum zu sechst.

Da die Mörder vor allem männliche Tutsi jagten, damit Tutsi keine Nachkommen mehr haben konnten, war ein geschickter Schachzug nötig, um Joel von Justin zu Jean de Dieu zu bringen. Unser sehr aktiver Junge musste sich als Mädchen verkleiden und für einen Weg von mehr als sechs Kilometern so tun, als würde er mit anderen Mädchen auf den Markt gehen. Das war der Plan. Sich wie ein Mädchen zu kleiden war einfach, doch sein Gang war eindeutig der eines Jungen. Die Schwestern in unserem Rettungsteam übten geduldig mit ihm, damit sein Gang zu seiner Verkleidung passte. Sie brachten die Gruppe mit Joel und Naomi am helllichten Tag zum Markt und taten so, als würden sie Verwandte besuchen. Irgendwann brachten sie sie zu uns in den Keller.

Chantal und Benjamin wurden bei François und Félicité versteckt. Eines Tages, als Félicité nicht zu Hause war, betrat François, ein Unterstützer der Hutu-Power, den Raum und starrte Chantal und Benjamin mit Wut und Verachtung an. Chantal befürchtete, er wolle sie vergewaltigen, sie aus dem Haus zerren und der Miliz ausliefern oder sie sogar gleich töten. Glücklicherweise aber verließ er das Haus, ohne ihnen etwas anzutun. Sie informierte Justin über den Vorfall, der zügig handelte und sie ohne François‘ Wissen für zwei Wochen bei Damascéne einquartierte.

Damascène führte Chantal und Benjamin zu seinem Haus (siehe Benjamins Geschichte, Anhang 1). Sie zog sich schwarz an und lief barfuß. Zwei Monate lang hatte sie sich kaum bewegt. Nun musste sie im Dunkeln durch den Matsch bergauf und bergab, und das mit dem siebenjährigen Benjamin auf dem Rücken wie ein Baby. Unterwegs stürmte jemand auf sie zu und fragte: „Wer ist diese Frau und dieses Kind?“

Damascène sagte: „Erkennst du mich nicht?“

Der Mann fragte: „Wer sind die anderen?“

Damascène antwortete: „Sie sind meine Gäste“.

Der Mann kam auf sie zu und schüttelte ihnen die Hände, wie es in Ruanda üblich ist. „Damascène, es sieht aus, als seien deine Gäste nicht gewohnt, barfuß zu gehen. Wo kommen sie her?“

Zitternd sagte meine Frau: „Mein Sohn ist ziemlich schwer, daher laufe ich nicht so schnell.“

Der Mann sagte: „Damascéne, kannst du mir erklären, warum ich deine Gäste noch nie in dieser Gegend gesehen habe?“ Er fragte Chantal: „Woher kommen Sie, Madame?“

Sie antwortete: „Ich komme aus Munazi.“

„Wenn Sie aus Munazi wären, würde ich Sie erkennen. Ich befürchte, Damascène versucht, Ihnen zur Flucht zu verhelfen!“

Damascènes Frau, Mathilda, war Tutsi. Er erklärte, Chantal sei ihre ältere Schwester.

Damascène dachte, die Taktik könne bei ihm funktionieren, denn normalerweise waren die Mörder Tutsi-Frauen gegenüber wohlgesonnener, wenn ihre Männer Hutu waren. Aber dieser Mann war nicht überzeugt und verlangte ihren Personalausweis.

„Ich habe ihn verloren“, sagte sie ihm. Unsere Freunde in Save hatten uns geraten, unsere Personalausweise verschwinden zu lassen.

Diese Diskussion musste irgendwie beendet werden. Damascène nahm den Mann zur Seite, gab ihm etwas Geld und bat ihn, sie nicht zu verraten.

Der Mann sagte: „Das Geld reicht nicht. Ich will mehr Geld von dieser Frau!“ Schließlich ließ er sie gehen, wahrscheinlich in der Annahme, dass Chantal bei einer der Straßensperren sowieso von der Miliz getötet werden würde.

Auf dem Weg zu Damascénes Haus verlief alles mehr oder weniger ruhig, bis im Dunkeln ein Glühwürmchen auftauchte. Da begann Benjamin zu weinen und versuchte, vom Rücken seiner Mutter herunterzuklettern. Er rief: „Lass mich runter! Die Sterne fallen auf uns herunter!"

Chantal kann die zwei Wochen im Haus von Damascéne nicht vergessen. Draußen erreichten der Genozid und der Rebellenkrieg ihren Höhepunkt. Die Straßen waren mit Leichen übersät. Lebensmittel waren knapp. Die tägliche Mahlzeit bestand aus einer halben Tasse Haferbrei. Manchmal ernährten ein Pfund Bohnen und ein kleines Stück grüne Papaya vier Menschen. Nach dem Essen war Benjamin immer noch hungrig. Manchmal gab ihm Chantal ihre winzige Portion und verzichtete selbst darauf. Damascènes Frau, die gutherzige Mathilda, war Tutsi und hatte ihre Mutter und alle ihre Geschwister durch den Genozid verloren. Obwohl sie schwanger war, war sie bereit, ihr Essen zu teilen – ein Beispiel für die echte, selbstlose Liebe unserer Glaubensbrüder und -schwestern, die uns retteten.

Chantal litt unter starken Ängsten, denn sie wusste nicht, was aus uns geworden war. Benjamin litt unter Hunger. Seine Haare färbten sich rötlich und sein Bauch schwoll an. Nach zwei Wochen bei Damascéne entschied Justin, auch Chantal und Benjamin zu uns in den Keller zu bringen.

Doch die Verlegung der beiden erwies sich als eine ziemliche Tortur.

Um Benjamin sicher in den Keller zu bringen, dachten sich Chantal und unsere Freunde in Save einen Trick aus. Bruder Jean Marie hatte einen Sohn, der plötzlich einen „Zwillingsbruder" bekommen sollte. Sie würden die beiden Jungen gleich kleiden und Jean Marie würde Benjamin auf seinem Fahrrad mitnehmen. Auf Nachfrage sollte Benjamin sagen, dass Jean Marie sein Vater und er der Zwillingsbruder seines Jungen sei.

Der Plan war brillant, nur der ehrliche kleine Benjamin wollte da nicht mitmachen. Als sie ihm beibringen wollten, was er sagen sollte, weigerte er sich mit den Worten: „Nein, Jean Marie ist nicht mein Vater, und sein Junge ist nicht mein Zwillingsbruder. Mein Vater ist Tharcisse, und er hat mir beigebracht, nicht zu lügen. Mein Bruder ist Joel."

Schließlich verkleideten sie ihn als „Zwilling" und Jean Marie fuhr sie am Markttag mit dem Fahrrad. Niemand stellte irgendwelche Fragen oder bemerkte Benjamins körperliche Merkmale. Den Leuten fielen nur die passenden Outfits der beiden auf, sie sagten: „Schaut euch diese hübschen Zwillinge an." Benjamin kam sicher zu uns in den unterirdischen Kellerraum.

Jetzt fehlte nur noch Chantal. Damascéne brachte sie in der darauffolgenden Nacht zu Jean de Dieu nach Hause. In der Dunkelheit trat

Chantal barfuß auf einen verwesenden Körper. Dieses eindringliche, schreckliche Erlebnis brannte sich in ihr Gedächtnis ein.

Jetzt waren wir zu zehnt zusammengepfercht in diesem winzigen Raum!

Schlafen war ein Ding der Unmöglichkeit. Wir mussten mit dem Rücken zur Wand sitzen oder stehen. Wenn ein Kind oder eine andere Person schlafen wollte, mussten die anderen aufstehen und so lange wie möglich in dieser Position bleiben. Vor Erschöpfung fühlten wir uns wie betäubt. Wir wurden alle immer schwächer und immer dünner. Die Tage und Nächte zogen sich hin. Wir konnten nicht einmal eine Kerze anzünden. Jean de Dieu konnte nur einmal am Tag für uns kochen. Er kaufte nur kleine Mengen an Lebensmitteln, damit sich an seinen Routinen für Beobachter nichts änderte und er kein Misstrauen erregte. Ohne diese Vorsichtsmaßnahmen hätten die Mörder das Versteck der „Totgeweihten" möglicherweise entdeckt.

Asthmaanfälle und Herzrasen gehörten in unserem stickigen, engen Loch zur Tagesordnung. Dazu kam auch noch Malaria, denn durch Regenfälle hatten sich die Moskitoschwärme stark vermehrt. Frische Luft kam kaum durch die Ritzen. Dafür drangen Tag und Nacht Geräusche von Qual und Tod zu uns hindurch und erinnerten uns daran, dankbar für unser Leben zu sein (siehe Maries Geschichte, Anhang 1).

Zeugen Jehovas aus dem Dorf Save brachten uns Vorräte, aber unter diesen bedrohlichen Umständen hatten wir nicht einmal die Möglichkeit, sie alle zu nutzen. Unsere Körper wurden immer schwächer. Aufgrund der Rationierungen hatten wir manchmal drei Tage lang nichts zu essen. Manchmal nagten wir einfach an gerösteten Sojabohnen. An manchen Tagen ernährten wir uns nur von etwas Grütze aus Hirsemehl. Um uns zu erleichtern, mussten wir bis zum Einbruch der Dunkelheit warten, um zu den Latrinen vor dem Haus zu kriechen.

Nachdem die „Arbeit" in Save fast abgeschlossen war, entspannte sich unsere Situation etwas. Im Juni versteckte uns Jean de Dieu an den Sonntagen in einem Hinterzimmer seines Hauses. Dort konnten wir frische Luft atmen, unsere steifen Glieder bewegen, uns im Flüsterton unterhalten und mit den Kindern die Bibel studieren. An einem Sonntagabend, als wir für kurze Zeit aus dem Keller herauskonnten, zündeten wir eine Kerze an und lasen tröstende Worte aus der Bibel. Normalerweise mussten wir im Dunkeln flüsternd Bibeltexte auswendig rezitieren.

Das Haus von Jean de Dieu Sibomana. Wir hielten uns dort bis zur Ankunft der RPF-Soldaten am 5. Juli 1994 für mehr als fünf Wochen in einem Keller versteckt.

Zusammengepfercht auf engstem Raum hatten wir uns insgesamt nur einmal in zwei Monaten gewaschen! Jean de Dieu fand einen Weg, wie er uns Wasser zum Waschen besorgen konnte. Er pflanzte Blumen in seinem Hinterhof und holte reichlich Wasser aus dem Brunnen von Mbazi, um „seinen Garten zu bewässern".

Im Juni bekam er eines Tages Besuch von seinem Bruder, der auf dem Weg von Kigali in den Kongo war. Er blieb eine Nacht. Wir konnten ihr Gespräch über die Morde hören. Sein Bruder drängte ihn, mit ihm in den Kongo zu gehen. Jean de Dieu sagte: „Ich habe noch genügend Zeit, mir das zu überlegen."

Er hat unsere Anwesenheit in seinem Haus nie erwähnt. Selbst seine Eltern, die direkt hinter seinem Haus wohnten, ahnten nichts von diesem Geheimnis.

Inmitten all der Schwierigkeiten und Leiden spürten wir die Unterstützung unseres Gottes. Unsere Brüder riskierten immer wieder ihr Leben, um uns Nahrung, Medizin und stärkende Bibelliteratur zu bringen oder uns mit ihren Worten zu motivieren. Trotz unserer körperlichen Schwäche blieben wir stark im Glauben.

Die mutigen Anstrengungen all dieser Hutu, die Zeugen Jehovas waren, haben Chantal zutiefst bewegt. Sie erzählt:

Die erdrückenden Bedingungen, der Schlafmangel, das spärliche Essen und die Dunkelheit hatten eine betäubende Wirkung auf unseren Geist. Aber eines wusste ich: Ich, mein Mann und alle meine fünf Kinder lebten nur, weil unsere Freunde, die Zeugen Jehovas, wiederholt ihr Leben für uns riskiert hatten. Ihr Glaube war wie ein Fels in der Brandung. Sie lebten für den Frieden. Niemand konnte sie zwingen, Waffen gegen andere einzusetzen, auch nicht gegen Angehörige einer anderen Volksgruppe. Eher waren sie bereit zu sterben, als anderen zu schaden. Sie waren Hutu, genau wie die Macheten schwingenden Mörder, die Blut in Strömen vergossen. Ich wusste nur zu gut, dass die große Mehrheit der Mörder behauptete, Christen zu sein. Dieser Gedanke tat mir weh. Die meisten von ihnen gehörten wie ich der katholischen Kirche an.

Kapitel 10

Es werde Licht

„Die größte Liebe beweist der, der sein Leben für seine Freunde gibt.“ (Johannes 15:13)

Jede Geschichte hat ein Ende. Diese Geschichte endete für uns am 5. Juli 1994. Vincent, der uns in seinem Ziegenstall versteckt hatte, erzählte Jean de Dieu, dass die RPF (Ruandische Patriotische Front, *Front patriotique rwandais*, die Rebellenarmee der Tutsi) Butare eingenommen hatte. Sie könnten uns aus unserem Loch voller Dunkelheit und Flöhe retten. Aber Jean de Dieu traute Vincent nicht ganz und wies ihn ab. Am nächsten Tag kehrte Vincent zurück, und dieses Mal ließ Jean de Dieu ihn mit uns sprechen. Wir waren ängstlich und zögerten herauszukommen. Vincent schlug vor, ich solle den RPF-Verantwortlichen eine Nachricht schreiben, die in Save angekommen waren.

Mit zitternden und ausgemergelten Händen nahm ich einen Bleistift und kritzelte ein paar Zeilen, um zu erklären, wer wir waren und wo wir uns versteckten. Das war um 10 Uhr morgens. Vincent, der selbst Hutu war und den wir erst seit etwas mehr als zwei Monaten kannten, hatte den Mut, den Tutsi-Rebellen der RPF meine Nachricht zu überbringen. Da sie ihn nicht kannten, hätten sie seine Absichten bezweifeln und ihn auf der Stelle erschießen können. Doch das taten sie nicht. Als er auf sie zukam, wedelte er mit dem Papierfetzen mit unserer Nachricht, den sie dann gründlich untersuchten.

Um sich ihrer Sache sicher zu sein, erkundigte sich das Militär bei den Nonnen im Kloster Save nach meiner Identität. Die Nonnen kannten uns und waren erstaunt zu hören, dass wir noch am Leben waren. Dann schickte man eine Truppe von etwa 20 Soldaten zum Haus von Jean de Dieu, um uns aus dem Loch zu holen und in ein Lager für Überlebende in Shyanda zu eskortieren.

Um 15 Uhr kamen die Soldaten an die Tür von Jean de Dieu. Unsere Erleichterung war unbeschreiblich! Jean de Dieu wurde eine riesige Last von den Schultern genommen, da wir sicher durchgekommen waren. Ich hatte ihm stets versichert, dass ihm und seiner Familie nichts passieren würde, falls die RPF kommen sollte, um uns zu befreien. Doch als die Soldaten wirklich da waren, tat er etwas Seltsames.

Die Soldaten standen an der Tür und sagten Jean de Dieu, er solle uns aus dem Keller herausbringen. Sie sahen ungläubig zu, wie unsere fünf Kinder nach und nach herauskletterten. Gerade als alle draußen waren, schlug Jean de Dieu die Haustür zu, nahm den Schlüssel und rannte weg, wodurch er Elie, Vincent (unseren Glaubensbruder), Immaculée, Chantal und mich eingeschlossen zurückließ. Die verwirrten Soldaten sahen ihm hinterher, als er durch die Bananenplantage davonrannte. Auch wir waren verwirrt, während wir eingeschlossen im Haus standen.

Einige der Soldaten liefen Jean de Dieu nach, andere versuchten, die Haustür zu öffnen. Sie begannen sich zu fragen, ob es sich um einen Hinterhalt handelte. Sie drohten damit, die Tür durch Schüsse zu öffnen, ohne zu wissen, dass wir genau hinter der Tür standen. Wir waren völlig verwirrt und hatten keine Ahnung, was genau draußen passierte.

Unser Sohn Pierre flehte die Soldaten an, nicht zu schießen, und sagte ihnen, dass wir drinnen seien. Nach kurzer Zeit holten die Soldaten Jean de Dieu ein. Er gab zu, dass er in Panik geraten war, weil er Angst davor hatte, was mit ihm nach unserer Abreise passieren würde. Die Milizionäre lauerten immer noch im Busch und in den Tälern. Sie könnten ihn immer noch töten, weil er „Kakerlaken" versteckt hatte. Die Soldaten versicherten ihm, dass er und seine Familie geschützt werden würden. Dann kehrte er zurück, schloss die Tür auf und ließ uns hinaus.

Wir traten aus unserem Versteck in das blendende Sonnenlicht. Wir hatten für mehr als zwei Monate in der Dunkelheit gelebt. Unsere Haut war blass geworden. Die Soldaten sahen uns an und sagten: „Dieser Mann hat Weiße versteckt! Das sind keine Ruander, das sind Belgier!"

Diese „Belgier" waren im wahrsten Sinne des Wortes sprachlos. Wir hatten die Fähigkeit verloren, laut zu sprechen und konnten nur noch flüstern.

Eine Gruppe von Soldaten begleitete Jean de Dieu ins Tal, wo er sich mit seinen Verwandten traf, etwa 50 Personen. Sie alle begleiteten uns in das Lager für Überlebende in Shyanda. Auf dem Weg zum Lager wurde ich mir der blutigen und chaotischen Verhältnisse Ruandas im Jahr

1994 bewusst. Das Militär stand vor einem echten Problem. Überlebende Tutsi kamen mit ihren Rettern, die Hutu waren, und deren Verwandten in das Lager. Die Soldaten ließen diese Gruppen herein, ohne zu wissen, ob einer von ihnen ein *génocidaire*, ein Beteiligter am Genozid, gewesen war. Wie konnte unterschieden werden, wer von diesen Hutu aktiv am Genozid beteiligt war und wer nicht? Innerhalb dieser bunt gemischten Gruppe war das unmöglich.

Die neue Regierung stand vor einer enormen Herausforderung. Wie konnte nach dem Genozid für Gerechtigkeit gesorgt werden? Wer kannte die Wahrheit darüber, was wirklich passiert war? Genau wie wir hatte jeder Überlebende nur seine eigenen furchtbaren Erfahrungen vor Augen. Natürlich war da jede Zeugenaussage nur die Spitze des Eisbergs.

Bevor wir wieder ein „normales" Leben führte konnten, blieben wir für drei Wochen im Lager von Shyanda, um uns zu erholen. Wir waren glücklich, dass wir uns wieder waschen konnten – sogar mehrmals am Tag. Wir konnten wieder nahrhaft essen, uns laut und offen mit anderen unterhalten und uns ausruhen.

Aber als wir das Lager verlassen mussten, um Brennholz zu suchen und Wasser aus dem nahe gelegenen Brunnen zu holen, entdeckten wir überall Leichen. Der Gestank des Todes umhüllte uns. Körperteile lagen noch an den Stellen, wo sie auf die Wege und in die Büsche gefallen waren – Schädel, Arme, ein Bein mit einem Stiefel –, während der restliche Körper nirgendwo zu sehen war. Jeden Tag wurden wir mit solchen Anblicken konfrontiert. Wir wussten, auch wir würden zwischen den verrottenden Leichen liegen, wenn es nicht Menschen gegeben hätte, die Jesu Gebot der selbstlosen Liebe folgten.

Als Überlebender hofft man, dass auch andere überlebt haben könnten, auch wenn es völlig unmöglich zu sein scheint. Später, als wir in Shyanda nach und nach vom Schicksal unserer Verwandten und Freunden erfuhren, vermischte sich unsere Freude über das eigene Überleben mit der bedrückenden Schwere vieler Tragödien. Chantal erkundigte sich nach ihrem Bruder Hermann, der in Save lebte. Die Leute im Lager erzählten ihr, dass Hermann, seine Frau Ester und ihr Sohn Muzehe getötet worden seien. Ihre Tochter Odile jedoch hatte überlebt, da sie ihre Nachbarin, eine Hutu, an ihrem Arbeitsplatz versteckt hatte.[1]

---

1 Nach dem Genozid adoptierten wir Odile zusammen mit Eric und Denise, den Kindern meiner Schwester Agnes. Agnes starb kurz nach ihrer Rückkehr aus Burundi an einer Krankheit.

Wir baten Vincent, unseren Retter in Save, mehr Informationen zu sammeln. Er bestätigte Hermanns Tod und berichtete auch über das Massaker an der Familie von Chantals Onkel (Tanten, Cousins, Cousinen, Nichten und Neffen) in Gisagara, etwa 13 Kilometer von Butare entfernt. Chantal verlor einen weiteren Bruder, Bertrand, der bei einem Verhör gefoltert und mit einem Wahrheitsserum behandelt worden war. Er war in Ndera nahe Kigali in einem Krankenhaus für geistig Behinderte in Behandlung gewesen. Er wurde zusammen mit anderen Patienten ermordet, die Tutsi waren.

Wir trauerten gemeinsam mit unseren Kindern um die Menschen, die uns so lieb und teuer gewesen waren. Warum haben wir überlebt, wenn so viele unserer Lieben unter den 800 000 anderen waren, die nicht überlebt haben? Mehr als hundert Menschen in unseren Großfamilien waren abgeschlachtet worden. Die Zahl wäre sicherlich höher gewesen, wenn nicht viele unserer Verwandten bereits 1994 im Exil gelebt hätten.

Von unserer Glaubensfamilie, die aus 2 500 friedliebenden Zeugen Jehovas bestand, haben wir etwa 400 unserer Brüder und Schwestern verloren, von denen nicht einer durch die Hand eines Mitgläubigen ums Leben gekommen ist. Diese Hutu und Tutsi waren so gestorben, wie sie gelebt hatten: verbunden in Liebe, wie Jesus es vorgelebt hatte.

Unsere Herzen waren hin- und hergerissen: Einerseits waren wir erschüttert über unsere Verluste, doch andererseits fühlten wir uns glücklich und gesegnet, am Leben zu sein. Während wir daran arbeiten, unser Leben wiederaufzubauen, finden wir großen Trost in der Gewissheit, dass der liebevolle, allmächtige Gott alle, die auf so tragische Weise gestorben sind, wieder zum Leben erwecken kann. Diese Hoffnung hilft uns, dem Strudel der Rachegefühle zu entkommen, in den die Überlebenden von Massenmorden oft gesogen werden.

So wie die Liebe zu anderen ist auch die Vergebung ein Erfordernis für Christen. Wir können aus eigener Erfahrung sagen, dass es von Vorteil ist, der Bitterkeit aktiv zu widerstehen und mit dem Leben weiterzumachen. Zu versuchen, den Gott der Barmherzigkeit und Vergebung nachzuahmen, hat viel dazu beigetragen, unsere schmerzenden Herzen zu heilen. Jehova ist wirklich „der Gott allen Trostes“.[2] Wir wünschen, dass alle, die unter den Wunden des Bösen leiden, durch seine Liebe echte Heilung, Hoffnung und Frieden finden mögen.

2 Der Apostel Paulus gebraucht diese Formulierung in 2. Korinther 1:3.

Unsere Familie hat so viele außergewöhnliche Rettungstaten erlebt und wir sind für jede einzelne zutiefst dankbar.

Jesus sagte: „Du sollst deinen Mitmenschen lieben wie dich selbst.“[3] Unser tief empfundener Dank gilt all denjenigen, die diesem Gebot gefolgt sind und diese edle Liebe gezeigt haben. Als entschlossene Mörder ihre Hand gegen ihre Mitmenschen erhoben, ließen einige wenige nicht zu, dass die Flut des Hasses die Nächstenliebe aus ihren Herzen schwemmte. Ihr Mitgefühl war größer als ihre Angst, als sie mit unserer verzweifelten Lage konfrontiert wurden. Wir verspüren tiefe Dankbarkeit für ihre mutigen Taten – ob spontan oder geplant, kurzzeitig oder längerfristig. Sie alle haben dazu beigetragen, unsere Familie in Sicherheit zu bringen. Möge Gott jeden Einzelnen belohnen.

Aber noch dankbarer sind wir für die Lehre, die Jesus Christus hinterlassen hat. Er gab der Menschheit ein unvergleichliches Beispiel selbstloser Liebe. Eine Liebe verwoben mit Respekt und Empathie, Mitleid und Sanftheit. Eine Liebe der Superlative, die Jesus dazu motiviert hat, sein Leben zu geben, damit andere leben können.

Diese Art der Liebe können wir weder einfordern noch erwarten. Und doch wurde sie uns immer wieder aus freien Stücken durch die wiederholten Rettungsaktionen unserer Glaubensbrüder und -schwestern erwiesen. Unserer Ansicht nach hat nur diese Art von Liebe die Macht, Herz und Verstand gegen das Gift des Hasses zu immunisieren und so Völkermord und andere Verbrechen gegen die Menschlichkeit zu verhindern. Diese Art von Liebe könnte zu einer Welt des Friedens führen. Wie Jesus sagte: „Das ist mein Gebot: Liebt einander, so wie ich euch geliebt habe.“

3 Der Kontext von Jesu Aussage ist in Matthäus 22:37-39 festgehalten.

Unsere Familie 1994, kurz nach dem Genozid, mit den Missionaren Godfrey und Jennifer Bint aus Großbritannien. Erste Reihe von links: Pierre, Joel und Benjamin. Zweite Reihe von links: Chantal, Jennifer, Godfrey, Tharcisse, Naomi und Marie-Providence.

Drei Monate nach dem Genozid auf einer Schule für die Ältesten der Zeugen Jehovas im Oktober 1994. Der mittlerweile verstorbene Bruder Innocent, der versuchte, für uns einen Weg zur Flucht nach Burundi zu suchen, ist am rechten Rand des Fotos zu sehen. Ich stehe in der ersten Reihe als Dritter von rechts.

Kurz nach unserer Landung in Kanada als „Permanent Residents" (d. h. Einwanderer mit unbefristeter Daueraufenthaltsgenehmigung,) 2003. Von links: Benjamin, Joel, mein Neffe und Adoptivsohn Eric, Pierre und Naomi. Chantal und ich sitzen vorne.

Epilog

Am frühen Morgen des 18. März 2003 bestieg unsere Familie erneut ein Flugzeug, diesmal jedoch auf dem Weg in ein verheißungsvolles Leben in Frieden. Kanada hatte uns freundlicherweise eine Aufenthaltsgenehmigung für Einwanderer erteilt.

Auch diesmal hatten wir gemischte Gefühle bei unserem Aufbruch. Unsere erstgeborene Tochter Marie-Providence wollte in Ruanda bleiben, ebenso wie Odile und Denise, zwei unserer Adoptivkinder. Schweren Herzens verabschiedeten wir uns von ihnen und von unserem Heimatland Ruanda. Von unseren Erinnerungen an dieses Land konnten wir uns jedoch nicht verabschieden, weder von den schrecklichen noch von den guten.

Obwohl wir dadurch all diese Erinnerungen noch einmal in allen Einzelheiten durchleben mussten, entschieden wir uns, unsere Geschichte zu Papier zu bringen, um den Völkermord an den Tutsi in Ruanda nicht in Vergessenheit geraten zu lassen. Soweit wir wissen, ist unser Buch das erste einer Familie von Zeugen Jehovas, die Dank der organisierten Rettungsaktionen ihrer Glaubensbrüder und Freunde überlebt haben. In dem Land, das man oft als „die christlichste Nation Afrikas“ bezeichnet, haben wir authentische, selbstlose und prinzipientreue Liebe erlebt. Aber wir haben auch eine andere Art des Christentums zu spüren bekommen – verstrickt in rassistische Politik, durchsetzt von Gewalt und überschwemmt mit Strömen aus Blut.

Uns ist bewusst, dass unsere Geschichte herausfordernde Fragen über das Wesen des christlichen Glaubens aufwirft.

Die meisten frommen und aufrichtigen Katholiken in Ruanda, einschließlich meiner Großeltern und Eltern, folgten ehrfürchtig der Führung ihrer Bischöfe, Priester und Religionslehrer, die sie als zuverlässige Wegweiser und Vertreter des allmächtigen Gottes auf Erden betrachteten.

Der Donnerstag vor Ostersonntag, der Gründonnerstag, heißt im Englischen „Maundy Thursday" (lateinisch *mandatum*, „Gebot"), weil sich alle Christen an das Gebot Jesu erinnern sollen: „Liebt einander! So wie ich euch geliebt habe, sollt auch ihr einander lieben" (Johannes 13:34). Im April 1994 drängten sich die Gläubigen Ruandas in ihren Kirchen, um dieses hohen Ideals zu gedenken.

Der katholische Priester und Theologieprofessor Emmanuel Katongole weist auf die schreckliche Ironie hin: „Das ist das neue Gebot, an das sich die Christen am Gründonnerstag erinnern – das Gebot, einander zu lieben, bis hin zur Aufgabe des eigenen Lebens. 1994 aber, eine Woche nach diesem Tag, griffen Christen in Ruanda zu Macheten, sahen ihren Kirchenbrüdern ins Gesicht und zerhackten ihre Körper in Stücke."[1]

Die Menschenrechtsorganisation *African Rights* berichtete, dass „in Ruanda mehr ruandische Bürger in Kirchen und Pfarrgemeinden starben als irgendwo sonst".[2] Während des 100-tägigen Völkermordes fanden etwa 30 größere Massaker auf Kirchengelände statt. Während der vorherigen Gewaltausbrüche hatten die Kirchen oft als Zufluchtsorte gedient. Das führte zweifellos dazu, dass Tausende schutzsuchend in die Kirchen verschiedener Konfessionen flohen, was die Arbeit der Mörder erleichterte. Allein auf dem Gelände des Bistum Kabgayi kamen 65 000 bis 75 000 Menschen ums Leben. Kabgayi ist das Zentrum der katholischen Kirche in Ruanda.[3]

Nicht genug, dass Verbrechen gegen die Menschlichkeit auf dem Grund und Boden von Kirchen begangen wurden: Einige Mitglieder des katholischen und protestantischen Klerus planten, überwachten und verübten sogar selbst Massenmorde.

Im November 2016, 22 Jahre nach dem Genozid, veröffentlichte die katholische Bischofskonferenz in Ruanda ein längst überfälliges *mea culpa*: „Wir entschuldigen uns für all das Unrecht, das die Kirche begangen hat. Wir entschuldigen uns im Namen aller Christen für alle Formen des Verbrechens, die wir begangen haben. Wir bedauern, dass Kirchenmit-

1 Katongole, *Mirror to the Church*, 18-19

2 Zitiert in: Timothy Longmans, *Christianity and Genocide in Rwanda* (New York, NY: Cambridge University Press, 2011), 4.

3 Carney, *Rwanda Before the Genocide*, 197-198.

Besuch eines Tulpengartens einen Tag nach unserer Ankunft in Kanada.

glieder ihren Treueeid auf Gottes Gebote verletzt haben. … Vergebt uns die Verbrechen des Hasses in diesem Land, der so weit ging, dass wir selbst unsere Kollegen wegen ihrer ethnischen Zugehörigkeit hassten. Wir haben nicht gezeigt, dass wir eine Familie sind, sondern uns stattdessen gegenseitig umgebracht. ... Vergebt uns die von Priestern, Nonnen und der Kirchenleitung begangenen Verbrechen, die ethnische Spaltungen und Hass förderten."[4]

Das Ausmaß und die Brutalität dieser unmenschlichen Taten übersteigen jegliches Vorstellungsvermögen. Dass einige davon von Geistlichen begangen wurden, ist noch unverständlicher.

In Nyange in der Präfektur Kibuye half der katholische Priester Athanase Seromba bei der Planung und Organisation der massenhaften Abschlachtung seiner eigenen Gemeindemitglieder. Er forderte Tausende von Tutsi auf, in die Kirche zu flüchten, und versprach ihnen einen sicheren Zufluchtsort. Die Türen wurden geschlossen und verriegelt. Seromba rief dann die Mörder zusammen. Milizionäre umzingelten die

4 Associated Press, „Rwanda: Catholic bishops apologize for role in genocide", 21. November 2016, APNews.com, https://www.apnews.com/842d2a4f306c43f096a57039c2071fbe/Rwanda:-Catholic-bishops-apologize-for-role-in-genocide (Zugriff 22. Juli 2018); Kigali Today, „Rwanda Catholic Church Apologises For Role In Genocide," ktpress.rw, 20. November 2016, http://ktpress.rw/2016/11/rwanda-catholic-church-apologises-for-role-in-genocide/ (Zugriff 22. Juli 2018).

Kirche, warfen Granaten und schossen durch die Fenster. Sie legten Feuer, um die Tutsi lebendig zu verbrennen, doch die Steinmauern der Kirche hielten den Flammen stand. Deshalb rief Seromba zwei Bulldozer herbei und sagte, dass es genügend Hutu gäbe, um eine neue Kirche zu bauen. Als die Bulldozer die Mauern zum Einsturz brachten, stürzte das Dach ein und zermalmte schätzungsweise 1 500 Tutsi.[5] Die Miliz und Seromba gingen durch die Trümmer und erschossen alle „Kakerlaken", die noch lebten. Etwa 3 000 starben in Nyange. Seromba war der erste katholische Priester, der vom *Internationalen Strafgerichtshof für Ruanda* (ICTR) wegen Genozid und Verbrechen gegen die Menschlichkeit angeklagt wurde.[6]

Der katholische Priester Wenceslas Munyeshyaka unterhielt Berichten zufolge enge Beziehungen zum Hutu-dominierten Militär während der Herrschaft von Präsident Habyarimana und zu Milizgruppen vor und während des Völkermords von 1994. Munyeshyaka, der der Pfarrer der *Église Sainte Famille* in Kigali war, wurde vom ICTR verurteilt, da er Tutsi in seine Kirche gelockt und dann die *Interahamwe* dazu aufgerufen hatte, Hunderte von männlichen Tutsi abzuschlachten.[7] Er wurde auch beschuldigt, flüchtende Frauen und Mädchen, die Tutsi waren, sexuell missbraucht oder Milizionären zur Vergewaltigung ausgeliefert zu haben.

Ein örtliches Gacaca-Gericht (ein traditionelles kommunales Gericht) in Butare verurteilte die katholische Nonne Theophister Mukakibibi zu 30 Jahren Gefängnis aufgrund ihrer Rolle bei der Ermordung von Hunderten, die sich in das Nationale Universitätskrankenhaus geflüchtet hatten, in dem sie arbeitete. Mukakibibi verweigerte den Flüchtlingen Nahrung und benutzte Krankenhausdokumente, um Tutsi für die Mörder der *Interahamwe* zu identifizieren. Sie war die erste Nonne in Ruanda, die wegen Verbrechen im Völkermord verurteilt wurde.[8]

5 *Internationaler Strafgerichtshof für Ruanda*, Fallnummer ICTR-2001-66-A. Serombe wurde ursprünglich zu 15 Jahren Gefängnis verurteilt, doch im Berufungsverfahren wurde das Urteil auf lebenslänglich erhöht.

6 *The New York Times*, „Rwandan Priest Sentenced to 15 Years for Allowing Deaths of Tutsi in Church," 14. Dezember 2006, https://www.nytimes.com/2006/12/14/world/africa/14rwanda.html (Zugriff 26. Juli 2018).

7 Munyeshyaka zog 1995 nach Frankreich. Dort arbeitete er als Pfarrer, trotz seiner Verurteilung in Abwesenheit durch den *Internationalen Strafgerichtshof für Ruanda* wegen „Genozid, Folter, Misshandlung sowie unmenschlicher und erniedrigender Handlungen".

8 *ABC News*, „Catholic nun convicted for Rwandan genocide," ABCNews.com, 10. November 2006, http://www.nbcnews.com/id/15653352/ns/world_news-africa/t/catholic-nun-convicted-rwandan-genocide/#.W13J7dJKjn0 (Zugriff 29. Juli 2018).

Der erste Geistliche, der wegen Beteiligung am Genozid verurteilt wurde, war kein Katholik, sondern ein Siebenten-Tags-Adventist. Elizaphan Ntakirutimana war Pastor und Leiter des großen adventistischen Komplexes *Mugonero* in Kibuye.[9] Das ICTR befand Ntakirutimana und seinen Sohn Gerard, einen Arzt, für schuldig, Tutsi in den Kirchenkomplex getrieben und die Morde persönlich überwacht zu haben. Sieben Pastoren der Siebenten-Tags-Adventisten, die Tutsi waren, schrieben einen Brief an Ntakirutimana, in dem sie für die tausenden von Tutsi flehten, die in den Komplex geflüchtet waren. Ntakirutimana soll geantwortet haben: „Ihr müsst eliminiert werden. Gott will euch nicht mehr." Schätzungsweise 6 000 bis 7 000 kamen in *Mugonero* in Kibuye ums Leben.[10]

Die Morde in der Präfektur Kibuye im Westen Ruandas wurden wegen der hohen Geschwindigkeit des systematischen Mordens auch als „reiner Genozid" bezeichnet; schätzungsweise 75 Prozent der Tutsi-Bevölkerung kamen dort innerhalb der ersten drei Wochen des Völkermordes um.[11]

Der anglikanische Bischof Samuel Musabyimana aus der Diözese Shyogwe in der Präfektur Gitarama sah sich ebenfalls mit einer Anklage des ICTR konfrontiert, da er die Identifizierung der auf das Kirchengelände geflüchteten Tutsi geleitet hatte. Mitarbeiter der Diözese bemannten die nahe gelegenen Straßensperren, an denen Tutsi gefasst und getötet wurden. Ende Mai 1994 ließ Musabyiamana den Tutsi auf dem Gelände mitteilen, dass sie aus ihrem Versteck kommen sollten. In dem Glauben, der Bischof würde ihnen bei der Flucht helfen, kamen viele aus ihren Verstecken heraus, nur um von der wartenden Miliz attackiert und getötet zu werden. Gemäß der Anklageschrift traf sich der Bischof während des Genozids regelmäßig mit Regierungsministern. Musabyiamana starb 2003 in Haft, bevor sein Prozess begann.

Gegen einen Pastor der Pfingstgemeinde, Célestin Mutabaruka, wurde Anklage erhoben wegen Beihilfe zur Organisation und Durchführung der Ermordung von 20 000 bis 40 000 Tutsi, einschließlich eines Massakers an Flüchtlingen in der presbyterianischen Kirche von Gatare

9 *Internationaler Strafgerichtshof für Ruanda,* Fall Nr. ICTR-96-17. Falldokumente: http://unictr.unmict.org/en/cases/ictr-96-17 (Zugriff 24. Juli 2018).

10 Philip Gourevitch, *We Wish to Inform You That Tomorrow We Will Be Killed With Our Families* (New York, New York: Farrar Strauss und Giroux, 1998), 25-43.

11 Philip Verwimp, "Death and survival during the 1994 genocide in Rwanda,"*Population Studies*, 58, no. 2 (2004), 233-24.

in Zentralruanda. Zum Zeitpunkt der Niederschrift dieses Buches kämpfte Mutabaruka im Vereinigten Königreich gegen seine Auslieferung.

Der *National Catholic Reporter* titelte im Mai 1994: „Papst verurteilt Völkermord in einem Land mit 70 Prozent katholischer Bevölkerung". In dem Bericht verurteilte Papst Johannes Paul II. die ethnische Gewalt als „einen echten und wahren Völkermord, für den leider sogar Katholiken verantwortlich sind".[12] Die Erklärung kam zu einer Zeit, als nur wenige internationale Kirchenführer zu Protokoll gaben, dass es sich bei der Gewalt um Völkermord handelte.[13] In einem päpstlichen Brief an ruandische Geistliche, Regierungsbeamte und Bürger wurde am 21. März 1996 die Position des Vatikans klargestellt. Zwar sollten einzelne Katholiken für die Sünden des Genozids zur Rechenschaft gezogen werden, doch „die Kirche an sich kann nicht für die Fehler ihrer Mitglieder verantwortlich gemacht werden".[14]

Auch andere haben sich der Position angeschlossen, dass kirchliche Institutionen nicht für das moralische Versagen von Personen verantwortlich gemacht werden können, die christliche Werte aufgegeben haben. Thomas O'Hara, ein römisch-katholischer Priester und Mitglied der *Kongregation vom Heiligen Kreuz*, räumte ein, dass „die ruandischen Bischöfe während der Monate des Völkermords von April bis Juli 1994 darin versagten, ihren christlichen Überzeugungen gerecht zu werden, in einer Zeit des Bösen moralische Führung zu bieten und den Genozid zu verurteilen. Doch sie sind nicht die Kirche als Ganzes, sie sind nur ein Teil der Kirche".

Doch als O'Hara 1996 nach Butare reiste, um dem Tod fünf junger Tutsi-Mitglieder der *Kongregation vom Heiligen Kreuz* nachzugehen, entschied er sich, sein Kollar (Stehkragen von Geistlichen) nicht zu tragen, denn er hatte unter den Ruandern ein tiefes Misstrauen gegenüber der katholischen Kirche als Ganzes wegen ihrer Rolle beim Genozid festgestellt. Als O'Hara Ruanda verließ, schaute ein Wachmann auf sein Passbild, auf

12 Zitiert im *National Catholic Reporter*, 27. Mai 1994, 9.

13 Des Forges, *Kein Zeuge darf überleben*, 460.

14 Longman, *Christianity and Genocide in Rwanda*, 5-7. Der Brief wurde vom damaligen Kardinal Josef Ratzinger unterzeichnet. Am 17. März 2017 bat Papst Franziskus um Vergebung für die Rolle der Kirche und ihrer Mitglieder im Völkermord. Diese Erklärung hielt die ruandische Regierung für unzulänglich. *Reuters*, „Pope asks forgiveness for Church role in Rwanda genocide," Reuters.com, 27. März 2017, https://www.reuters.com/article/pope-rwanda/pope-asks-forgiveness-for-church-role-in-rwanda-genocide-idUSKBN16R1DJ (Zugriff 24. November 2018).

dem er ein Kollar trug. „Er warf meinen Pass auf den Boden und spuckte darauf", erinnerte sich O'Hara. Sein Vorgesetzter entschuldigte sich bei O'Hara und erklärte, der Bruder des Wachmanns sei 1994 in einer Kirche getötet worden.

O'Hara fuhr fort: „Welcher Art muss ein alles durchdringendes Böses sein, um stärker zu sein als das Evangelium? Fragen wie diese plagen mich. Die Ereignisse in Ruanda waren ein sehr, sehr dunkles Kapitel der Kirche in Afrika, was nicht heißen soll, dass es keine guten Kirchenmänner und -frauen gab und gibt."

O'Hara suchte die Schuld bei der „extrem komplizierten" Geschichte des ethnischen Hasses und bemerkte, dass „das Stammesdenken in Afrika viel mächtiger zu sein scheint als die Religion".[15]

Diese Auffassung passt zu der Frage, die der päpstliche Gesandte und französische Kardinal Etchegeray den ruandischen Kirchenführern nach dem Völkermord stellte: „Wollen Sie sagen, dass das Blut des Stammessystems dicker ist als das Wasser der Taufe?"

Wenn es also um die Frage der „Kirchenschuld" geht, würden einige Personen die Schuld einzelnen fehlgeleiteten Christen zuweisen, einschließlich extremistischen Geistlichen. Andere würden sagen, dass sich die Fluten des sich seit langer Zeit aufgestauten Stammeshasses den Weg durch die Herzen der gläubigen Christen bahnten und jegliche Skrupel mit sich fortrissen.

Doch wie Timothy Longman in seinem Buch *Christianity and Genocide in Rwanda* schreibt, „war die Komplizenschaft der christlichen Kirchen Ruandas am Völkermord von 1994 tiefgreifend und ging weit über die Handlungen einiger weniger Einzelpersonen hinaus ". Er behauptet: „Eine Analyse der historischen Rolle des Christentums in Ruanda zeigt, dass die Kirchen sich nicht einfach an die ruandische Gesellschaft angepasst haben und diese nur widerspiegeln, sondern dass sie die ethnischen und politischen Realitäten, die den Völkermord ermöglichten, aktiv mitgestaltet haben."[16]

Katongole betont ebenfalls die enge Zusammenarbeit zwischen der katholischen Kirche und dem Staat: „Keiner von uns kann sich zurücklehnen und sagen, wir seien nicht involviert, wenn doch die Kirche

---

15 Carol Rittner, John K. Roth, Wendy Whitworth (Hrsg.), *Genocide in Rwanda: Complicity of the Churches?* (St. Paul, Minneapolis: Paragon House, 2004), 134, 138-141.

16 Timothy Longman, *Christianity and Genocide in Rwanda* , 10.

mit den Reichen dieser Welt und deren Wunsch nach ‚Fortschritt' verheiratet ist."[17]

1994 war diese Ehe zwischen den Kirchen und den weltlichen Reichen in Ruanda bereits Jahrzehnte alt.

Longman erklärt: „Indem sie aktiv ethnische Politik betrieben und ethnische Diskriminierung praktizierten, indem sie sich eng mit der Staatsmacht verbündeten und zum Gehorsam gegenüber der staatlichen Autorität aufriefen, ... schufen Akteure der Kirche, von den Bischöfen bis zu den Führern kleiner christlicher Gemeinden, ein Umfeld, in dem gute, praktizierende Christen ihre Nachbarn töten konnten, ohne das Gefühl zu haben, im Widerspruch zu ihrem Glauben zu handeln."[18]

„Die kirchliche Hierarchie in Ruanda war in den Jahren vor dem Völkermord eng mit der Regierung verbunden", schreibt Jerry Fowler, Gründer des *United States Holocaust Memorial Museum's Committee on Conscience*. „Neben der engen Verbindung der Führung zum Regime wurden die ethnischen Spaltungen Ruandas auch innerhalb der Kirche reproduziert. Weit davon entfernt, eine Kraft der sozialen Einheit und der Wahrung der Menschenwürde zu sein, war die ruandische Kirche in der Tat mindestens genauso gespalten wie die Gesellschaft selbst."[19]

Katongole sagt kurz und bündig: „Anstatt die Spaltung zwischen Hutu und Tutsi abzumildern, hat sie die Kirche in Ruanda verschärft und intensiviert."[20]

Ruanda ist nicht das einzige afrikanische Land, in dem Kirche und Staat enge Beziehungen gepflegt haben, um die Kontrolle nicht zu verlieren. Laut Longman haben religiöse Institutionen „eine lange Geschichte der Unterstützung autoritärer Regierungen. ... Die gemeinsamen materiellen und institutionellen Interessen von Staat und religiösen Institutionen werden durch enge persönliche Beziehungen zwischen religiösen Führern und Regierungsbeamten gestärkt. Religiöse Institutionen haben vielen autokratischen Herrschern ihre Legitimation verschafft und haben den Gehorsam gegenüber der Autorität gefördert, anstatt für die Rechte der unterdrückten Bevölkerung einzutreten."[21]

---

17 Katongole, *Mirror to the Church*, 63.

18 Longman, *Christianity and Genocide in Rwanda*, 191.

19 Jerry Fowler, „The Church and Power: Responses to Genocide and Massive Human Rights Abuses in Comparative Perspective." In: Rittner, *Genocide in Rwanda*, 73-74.

20 Katongole, *Mirror to the Church*, 62.

21 Longman, *Christianity and Genocide in Rwanda* , 14.

In Ruanda sind die verhärteten ethnischen Barrieren, wie wir gesehen haben, aus politisch-religiösem Opportunismus und rassistischen Vorstellungen wie der Hamitentheorie entstanden, wodurch die Herrschaft der Tutsi und die Verarmung der Hutu in der Kolonialzeit weiter verschärft wurden. Dann, als wäre sie blind für ihre eigene Rolle bei der Schaffung ethnopolitischer Ungleichheit und Feindseligkeit durch Unterstützung der Tutsi-Elite bei der Unterdrückung der Hutu, wechselte die katholische (und bis zu einem gewissen Grad auch die protestantische) Führung in den späten 1950er-Jahren die Seiten und setzte sich für die Stärkung der Hutu-Aktivisten ein.

Der Schweizer Katholik André Perraudin, der mächtige Erzbischof von Kigali (1959-1989), verfasste für die Fastenzeit 1959 einen eindringlichen Hirtenbrief über soziale Gerechtigkeit. Darin signalisierte er Sympathie für die unterdrückten Hutu und ihre Forderungen nach mehr politischer Macht, indem er einer ganzen „Rasse", den Tutsi, die Schuld an allem zuschrieb, was die Hutu erlitten hatten:

„In unserem Ruanda hängen die sozialen Unterschiede und Ungleichheiten zumeist mit den Rassenunterschieden zusammen, denn die Ressourcen, die politische, ja sogar die juristische Macht liegen in Wirklichkeit zu einem beträchtlichen Teil in den Händen von Menschen einer Rasse."[22]

Der Politiktheoretiker Anthony Court sieht das Jahr 1962 als den entscheidenden Wendepunkt: „Mit der Abschaffung der Monarchie 1962 und dem Aufstieg einer von den Hutu dominierten Kirche und eines nominell säkularen Nationalstaates waren die Barrieren für eine konventionellere Allianz zwischen religiösen und politischen Mächten beseitigt worden, und die Verschmelzung der Begriffe ‚Ethnizität' und ‚Nation' manifestierte sich in einer Ideologie des radikalen Ethno-Nationalismus, der eine wichtige Rolle bei der Zusammenarbeit von Kirche und Staat bei der gemeinsamen Sache der Aufrechterhaltung der Herrschaft der Hutu spielen würde – um jeden Preis."[23]

Tharcisse Gatwa, ein Journalist und Presbyterianer, fragt: „Nachdem die Kirchenführer die ruandische Gesellschaft durch die missionarische Ethnographie umgestaltet haben – von verschiedenen ‚Rassen'

22 Tharcisse Gatwa, *The Churches and Ethnic Ideology in the Rwandan Crises 1900–1994* (Eugene, Oregon: Wipf & Stock, 2005), 100.

23 Anthony Court, „The Christian Churches, the State, and Genocide in Rwanda," *Missionalia* (2016), 66.

bewohnt, mit ‚geborenen Herrschern', die zum ‚herrschen' neigen, und mit ‚fügsamen Vasallen' –, warum änderten die Kirchenführer ihre Bündnisse, ohne sich für ihre früheren kompromittierenden Beziehungen zu entschuldigen? Warum hat die Kirche, nachdem sie sich verpflichtet hatte, sich für soziale Gerechtigkeit einzusetzen, geschwiegen, als ihre ehemaligen Schützlinge Opfer der neuen Unterdrücker, der ehemaligen Unterdrückten, wurden?"[24]

Insgesamt ist festzuhalten, dass es durchaus Geistliche unter den Hutu gab, die Stellung bezogen haben. Einige verloren ihr Leben, während sie versuchten, Tutsi zu beschützen. Doch, so Longman, „weit davon entfernt, die Kirchen zu entlasten, zeigt der Widerstand, den einige Christen dem Völkermord entgegenbrachten – und meine eigenen Untersuchungen deuten darauf hin, dass eine Reihe von Menschen tatsächlich von ihrem Glauben inspiriert wurden, um den Autoritarismus herauszufordern und sich ethnischer Gewalt zu widersetzen –, dass die Kirchen das Potential gehabt *hätten*, sich gegen den Völkermord zu stellen."[25]

Diese edlen Individuen, die sich ihren religiösen und politischen Vorgesetzten in Befolgung höherer moralischer Prinzipien widersetzten, liefern ein überzeugendes Vorbild für Mut und Selbstaufopferung von Einzelnen, die sich von der Masse abhoben. Was kann man dann erst aus der Geschichte einer *ganzen Religionsgemeinschaft* lernen, die inmitten von Gewalt und Massenmord für Frieden und Leben einstand?

Unter der Überschrift „Nur Zeugen Jehovas wird nichts vorgeworfen" erklärte die Schweizer Wochenzeitung *Reformierte Presse*: „African Rights hat 1995 auf zwölfhundert Seiten den Völkermord in Ruanda dokumentiert. Sie hat allen Kirchen mit Ausnahme von Jehovas Zeugen die Beteiligung daran nachweisen können."[26]

In Ruanda waren Jehovas Zeugen schon vor dem Genozid die einzige christliche Religion, die sich sowohl als Gruppe als auch als Einzelne nicht an der Politik beteiligte, um dem Vorbild Jesu zu folgen, wie es auch von den frühen Christen ausgelebt wurde. Meiner Ansicht nach

---

24 Gatwa, *The Churches and Ethnic Ideology*, 100-101.

25 Longman, *Christianity and Genocide in Rwanda* , 10.

26 *Reformierte Presse*, „Harare: Völkermord ungesühnt: Protestantische Kirchenführer Ruandas sollen vor Gericht; Nur Zeugen Jehovas wird nichts vorgeworfen", 8. Dezember 1998, https://archive.li/Xxzmu (Zugriff 28. November 2018).

ist es daher kein Zufall, dass sich von allen christlichen Religionen nur Jehovas Zeugen als Ganzes weigerten – wie viele Beobachter bezeugen können –, sich am Völkermord zu beteiligen.

Die Gemeinschaft der Zeugen Jehovas war eine kleine christliche Gruppe von 2 500 Menschen. Das Massengemetzel konnten sie durch ihre Weigerung, daran teilzunehmen, natürlich nicht stoppen. Im Gegenteil, sie setzten dadurch ihr eigenes Leben aufs Spiel, selbst wenn sie ethnisch „sicher" waren. Dies war kein politischer Standpunkt. Es war eine Haltung, die auf *Agape* (griechisch: eine auf Prinzipien beruhende Liebe) basierte, die unabhängig von praktischen Erwägungen, wie etwa dem eigenen Überleben, handelt.

Diese Zeugen Jehovas waren Menschen wie du und ich. Sie waren weder Heilige noch Übermenschen. Was hatte ihnen ihr religiöses Studium gebracht? Sie hatten gelernt, Menschen so zu lieben, wie Gott sie liebt, nämlich ohne Rücksicht auf ethnische Zugehörigkeit oder sozialen Status. Aktiv arbeiteten sie daran, alle Vorurteile oder Feindseligkeiten aus ihren Herzen zu vertreiben. Sie ahmten die politische Neutralität ihres Erlösers nach und beteiligten sich nicht an politischen, militärischen und sozialen Konflikten. Sie gehorchten respektvoll den zivilen Behörden. Nur wenn ihnen befohlen wurde, ihre Loyalität gegenüber Gott und seinen Geboten zu verletzen, weigerten sie sich. Sie hielten sich an die Grundsätze der Gewaltlosigkeit, wie Jesus es geboten hatte.

Was lernten sie von ihren verantwortlichen Glaubensbrüdern in Lehrfunktionen? Diese folgten konsequent dem Weg der Nächstenliebe Jesu. Sie ermutigten ihre Glaubensbrüder nie, anderen zu schaden. Tatsächlich war es auch gar nicht nötig, ihren Glaubensbrüdern zu befehlen, nicht zu töten. Reisende Seelsorger wie Gaspard Rwakabubu und Kiala Mwango besuchten die Gemeinden mit einer Botschaft des Friedens, der Liebe und der Einheit, und diese Eigenschaften wurden als christliches Gebot verstanden.

Bis ich die Zeugen Jehovas traf, hatte ich noch nie zuvor eine so aufrichtige Liebe zwischen Menschen einer einzigen Gruppe gesehen. Damit möchte ich nicht einzelne Menschen auf ein Podest stellen, sondern die hohen Ideale loben, nach denen sie in aller Aufrichtigkeit zu leben versuchten. Noch nie zuvor hatte ich eine solche Liebe in Aktion in einer weltweiten Bruderschaft erlebt. Vier Jahrzehnte lang war ich ein gläubiges, praktizierendes Mitglied der katholischen Kirche in Ruanda, Burundi, Kongo und Italien gewesen. In all diesen Ländern sah ich unter meinen damaligen Glaubensbrüdern Rassismus, Hass und sogar

Konflikte, die von der Hierarchie gebilligt wurden. Das Vorbild der liebevollen und aufrichtigen Katholiken, die ich in meinem Leben kennen gelernt habe, will ich damit ganz bestimmt nicht geringschätzen. Es ist eher so, dass ihre Tugenden umso herausragender sind, wenn man bedenkt, wie sich ein beträchtlicher Teil ihrer Vorgesetzten verhielt.

Auf der anderen Seite war ich als Zeuge Jehovas – ob in Ruanda, Frankreich, Uganda, Kanada oder in irgendeinem anderen Land der Welt – stets von fürsorglichen und liebevollen Brüdern und Schwestern umgeben, die selbstlose Liebe lernten und lebten.

Diese Selbstlosigkeit der Zeugen zeigte sich nicht nur während des Genozids in Ruanda. Im nationalsozialistischen Deutschland litten und starben Zeugen Jehovas (meist in Gefängnissen und Konzentrationslagern), um ihren christlichen Werten des Friedens und der Gewaltlosigkeit treu zu bleiben. Bis heute sind Jehovas Zeugen weltweit für ihre Neutralität und ihre Ablehnung von Gewalt bekannt. Seit Jahrzehnten machen sie über 90 Prozent der weltweit inhaftierten Kriegsdienstverweigerer aus Gewissensgründen aus.[27] Immer wieder hat sich gezeigt, dass ihre hohen Ideale des Friedens und der Brüderlichkeit weit mehr sind als nur leere Worte.

Wie unsere Geschichte gezeigt hat, sind wir nur wegen solcher Ideale noch am Leben. Diese Werte hielten unsere Glaubensbrüder und -schwestern nicht nur davon ab, jemandem körperlich zu schaden, sondern bewegte sie auch zu positiven Taten der Solidarität und der Zivilcourage, um unser Leben zu retten.

In unserem Fall arbeiteten 20 Zeugen Jehovas und ihre Freunde, von denen wir einige noch nie zuvor getroffen hatten, zweieinhalb Mo-

27 Gerade als das englische Buch in Druck ging, ist dieser historisch hohe Prozentsatz drastisch gesunken. Seit mehr als 65 Jahren weigerte sich Südkorea, wo die allgemeine Wehrpflicht herrscht, die Kriegsdienstverweigerung der Zeugen Jehovas anzuerkennen. Fast 20 000 Zeugen sind verurteilt und inhaftiert worden. Im Jahr 2018 erkannten jedoch das südkoreanische Verfassungsgericht und der Oberste Gerichtshof in richtungsweisenden Urteilen das Recht auf religiöse Wehrdienstverweigerung aus Gewissensgründen an und ordneten an, dass die Regierung die Möglichkeit eines alternativen Zivildienstes anbieten soll. Infolgedessen wurden rund 900 Fälle von Kriegsdienstverweigerern der Zeugen Jehovas beigelegt und die meisten Glaubensbrüder im Gefängnis wurden freigelassen. Beobachter hoffen, dass die Entscheidung den Gerichten den Weg ebnen wird, das Vorstrafenregister und die Stigmatisierung der Verweigerer aufzulösen. *The New York Times*, „In Landmark Ruling, South Korea's Top Court Acquits Conscientious Objector," nytimes.com, 1. November 2018, https://www.nytimes.com/2018/11/01/world/asia/south-korea-conscientious-objectors.html (Zugriff 1. November 2018).

nate lang als harmonisches Team zusammen, um zehn Tutsi – meine siebenköpfige Familie und drei weitere Zeugen – unter gefährlichen und schrecklichen Umständen zu verstecken.

Als der Völkermord begann, reisten sie kilometerweit und erkundeten die Landesgrenzen, um für uns eine sichere Fluchtroute zu suchen. Sie führten uns durch Straßensperren an sichere Orte. Inmitten von Schüssen und Granaten brachten sie Lebensmittel und Medikamente. Sie weigerten sich, den von Regierungsbeamten erteilten Tötungsbefehlen Folge zu leisten. Sie versteckten uns – eine komplizierte Aufgabe, die dadurch erschwert wurde, dass sie ohne das Wissen ihrer Verwandten durchgeführt werden musste, die ihren Glauben nicht teilten und wahrscheinlich dachten, dass es Wahnsinn sei, sein Leben für einen Tutsi zu riskieren. Jede dieser selbstlosen Handlungen hätte sich als tödlich für die Helfer erweisen können.

Doch ist die Überlebensgeschichte der Familie Seminega ein Einzelfall?

Als meine Familie und ich aus dem Versteck, das wir „das Grab“ nannten, herauskamen und das Ausmaß der Verwüstung langsam begriffen, fragten wir uns, ob wohl irgendein anderer Tutsi, den wir kannten, einschließlich unserer Brüder und Schwestern im Glauben, überlebt hatte. Im Laufe der Wochen erfuhren wir, dass es im ganzen Land weitere Rettungsaktionen und -versuche von Zeugen Jehovas, die Hutu waren, für ihre Glaubensbrüder und andere Tutsi gegeben hatte.

Es ist wichtig zu verstehen, dass der Umfang der Rettungsbemühungen der Zeugen in Ruanda weit über Einzelfälle hinausging. Die folgenden Geschichten sind nur einige der vielen landesweiten Fälle von Tutsi, die von Zeugen Jehovas gerettet wurden.[28]

John und Viateur

John, ein Zeuge Jehovas und Hutu, lebte in Rubungo, einem ländlichen Distrikt von Kigali. Zu Beginn des Genozids suchten mehr als 20 Tutsi Zuflucht in Johns Haus.

---

28 Die mit einem Sternchen [*] gekennzeichneten Berichte sind aus dem Jahrbuch der Zeugen Jehovas 2012, Abschnitt „Ruanda“, entlehnt. *Jahrbuch der Zeugen Jehovas 2012* (Brooklyn, New York: Watch Tower Bible and Tract Society of Pennsylvania, 2011).

Unter den 20 war eine Familie von Zeugen Jehovas: Schwester Marcelle, ihr Ehemann und ihre vier Kinder. John und seine Frau gewährten allen 20 Zuflucht und versorgten sie mit Nahrung und Unterkunft. Andere Zeugen Jehovas, die Hutu waren, kamen zu ihnen nach Hause, um an den christlichen Zusammenkünften teilzunehmen, aber keiner von ihnen hat John je verraten, weil er Tutsi in seinem Haus versteckt hatte.

Johns Bruder Viateur, ebenfalls ein Glaubensbruder, versteckte einen Tutsi, Vincent, der von den Behörden gejagt wurde. Als die Interahamwe *im Haus von Viateur nach Vincent suchten, schossen sie auf Viateur und verwundeten ihn, weil sie dachten, er sähe aus wie ein Tutsi. Als sie ihr Versehen bemerkten, brachten sie ihn schnell ins Krankenhaus. Sobald John von seinem Bruder hörte, eilte er mit der Bibel in der Hand ins Krankenhaus. Unterwegs wurde er jedoch von der* Interahamwe *verhaftet und beschuldigt, sich nicht am Genozid zu beteiligen. Sie befahlen ihm, seine Bibel niederzulegen und eine Machete zu nehmen. Er weigerte sich. Sie erschossen ihn sofort. Nach seinem Tod griffen die* Interahamwe *sein Haus an und töteten acht Menschen, darunter auch Marcelles Ehemann. Marcelle und die anderen in Johns Haus überlebten.*

*Jean Marie und Jeanne**

Jean Marie ist ein Zeuge und Tutsi, der mit seiner Frau Jeanne und ihrem Baby Jemima in Kigali lebte. Jean Marie und seine Familie wurden von drei Glaubensbrüdern gerettet, die Hutu waren: Athanase, Charles und Emmanuel. Ungefähr einen Monat lang musste sich die Familie von Jean Marie in mehreren Häusern von Zeugen Jehovas verborgen halten. Als die Jagd auf die Tutsi den Höhepunkt erreichte, kam die Miliz mit Messern, Speeren und Macheten in Jean Maries Versteck. Er lief ins Gebüsch, aber schließlich spürten sie ihn auf und umzingelten ihn. Er flehte sie an und sagte, er sei einer der Zeugen Jehovas. Sie beschuldigten ihn, ein Rebell zu sein, traten ihn zu Boden und schlugen auf ihn mit Knüppeln und Gewehrkolben ein.

In der Menge war ein Mann, der Jean Marie kannte. Er rief: „Habt doch Erbarmen mit ihm!" Dann kam Charles, einer der Hutu-Brüder, dazu. Als seine Frau und seine Kinder Jean Marie blutüberströmt liegen sahen, fingen sie an zu schluchzen. Die mordende Truppe ließ entnervt von Jean Marie ab und meinte: „Wie soll man denn jemanden umbringen, für den jeder um Gnade bettelt!" Charles nahm Jean Marie wieder zu sich heim, um seine Wunden zu versorgen. Die Milizionäre drohten, dass Charles an seiner Stelle dran wäre, wenn Jean Marie fliehen würde.

Irgendwann gelang es drei Hutu-Brüdern, eine Gruppe von fast 30 Tutsi durch die Straßensperren hindurch in Sicherheit zu bringen. Charles und seine Gruppe halfen Dutzenden bei der Flucht, aber die Interahamwe-*Milizionäre erwischten schließlich Charles und Leonard, einen weiteren Hutu-Zeugen. Charles Frau hörte, wie die Milizionäre sagten: „Ihr müsst sterben, denn ihr habt den Tutsi geholfen". Dann ermordeten sie beide.*

Jean de Dieu und Chantal Mugabo*

Der Tutsi und Zeuge Jehovas Jean de Dieu (John) Mugabo war bereits dreimal im Gefängnis gewesen, weil er während des Verbots Zeuge war. Am ersten Tag des Völkermordes wurde er erneut verhaftet und mit Knüppeln geschlagen. Es gelang ihm jedoch die Flucht, und er lief, begleitet von einem weiteren Zeugen, in den nahe gelegenen Königreichssaal. Sie versteckten sich zwischen der Decke und dem Wellblechdach und wurden fast lebendig geröstet. Dann machten sie eine Öffnung in den Kaminschacht und versteckten sich zusammengekauert über einen Monat lang im Kamin. Eine Glaubensschwester versorgte sie mit Essen, wann immer es ging, obwohl die Interahamwe *oft in den Königreichssaal kamen, um zu reden oder sich vor dem Regen zu schützen.*

Die Frau von Jean de Dieu, Chantal, floh mit ihrem sechs Monate alten Baby und einer weiteren Zeugin, die Tutsi war. Immaculée, eine Glaubensschwester und Hutu, führte sie zu ihrem Verwandten Gahizi, der ebenfalls ein Zeuge war. Er nahm sie trotz der Drohungen seiner Nachbarn auf.

Soldaten kamen ans Haus und erschossen ihn. Sie brachten die Frauen zum Fluss hinunter, um sie zu töten. Aber die Soldaten stritten darüber, ob sie auch Frauen oder eher nur Männer töten sollten. Schließlich ließen sie die Frauen frei, und André Twahirwa, ein frisch getaufter Hutu-Zeuge, brachte sie für die Nacht in sein Haus.

Am nächsten Tag passierten André und die Frauen mehrere äußerst gefährliche Straßensperren. Immaculée trug Chantals Baby bei sich, so dass das Baby verschont werden könnte, wenn sie angehalten werden würden. Unter großer Gefahr halfen André und zwei weitere Zeugen, Simon und Mathias, den Frauen, das Haus von Gaspard Rwakabubu zu erreichen.

Von dort wurden die Frauen in den Königreichssaal gebracht, wo sich zehn Tutsi-Brüder und -Schwestern und andere versteckten. Immaculée weigerte sich, Chantal und ihr Baby zu verlassen. Sie sagte: „Falls sie dich töten und ich überlebe, dann werde ich schauen, dass deinem Baby nichts passiert." Der Hutu-Zeuge Vedaste Bimenyimana, dessen Frau eine Tutsi war, brachte seine Familie an einen sicheren Ort und kehrte dann zurück, um den anderen im Königreichssaal verbliebenen zur Flucht zu verhelfen. Sie alle überlebten.

*Alfred Semali**

Alfred, ein Tutsi, erhielt von seinem Nachbarn und Glaubensbruder, dem Hutu Athanase, die Nachricht, dass alle Tutsi getötet werden würden. Athanase bestand darauf, Alfred und seine Familie in seinem Haus aufzunehmen. Vor dem Genozid hatte Athanase eine unterirdische, etwa dreieinhalb Meter tiefe Kammer gebaut. Dorthin ließ er Matratzen und Nahrungsmittel für Alfreds Familie hinunter.

Alfred sagte: „Die Nachbarn ahnten, dass wir dort untergekrochen waren, und drohten Athanase und seiner Familie, das Haus anzuzünden. Aber sie hielten uns weiter versteckt. Sie wären für uns gestorben!"

Drei Tage später kam es in der Gegend zu heftigen Kämpfen, sodass die Familie von Athanase ebenfalls in das Loch hinabstieg und sich die Zahl der Versteckten auf 16 erhöhte. Sie saßen in völliger Dunkelheit und ernährten sich von Hungerrationen – jeder hatte einen Löffel eingeweichten Reis pro Tag, bis am zehnten Tag das Essen ausging. Alfred und Athanases jugendlicher Sohn beschlossen, nach Essen zu suchen. Sie sprachen ein Gebet und kamen aus dem Loch heraus. Sie stellten fest, dass die RPF die Kontrolle über das Gebiet übernommen hatte. Alfred erzählte:

„Einige Soldaten waren mitgekommen und ich zeigte ihnen unser Versteck. Sie wollten mir nicht glauben und trauten ihren Augen kaum, als die Brüder und Schwestern einer nach dem anderen langsam aus dem Loch auftauchten. Die Soldaten waren verblüfft, dass in dem Loch Angehörige beider ethnischer Gruppen zusammen ausgeharrt hatten. ‚Wir sind Zeugen Jehovas', erklärte ich, ‚und wir haben keine Rassendiskriminierung'. Sie waren erstaunt und riefen: ‚Hier, bringt diesen Leuten aus dem Loch Essen und Zucker!' Danach brachten sie uns zu einem Haus, in dem man um die hundert Menschen vorübergehend untergebracht hatte. Später ließ es sich eine Schwester nicht nehmen, uns sechzehn allesamt bei sich zu Hause aufzunehmen. Wir sind sehr dankbar, mit dem Leben davongekommen zu sein."

Fataki Bigabe

Fataki, ein Zeuge und kongolesischer Staatsbürger, kam 1975 als Vollzeitprediger nach Ruanda. Er und seine Frau lebten in Kigali Gikondo. Zwei Zeugenpaare – die Männer waren Hutu und ihre Frauen Tutsi – waren ihre Nachbarn. Als der Genozid begann, flohen die beiden Paare in das Haus von Fataki. Andere Nachbarn brachten Fataki fünf Tutsi-Kinder, damit er sie verstecken konnte.

Die Milizionäre kamen auf der Suche nach Tutsi in die Nachbarschaft. Als sie Fatakis Haus erreichten, schrien sie: „Herr Pfarrer! Sagen Sie uns die Wahrheit, Herr Pfarrer! Zeigen Sie uns das Versteck der Tutsi!" (Sie versteckten sich unter seinem Bett.) „Wir wissen, dass da Tutsi drin sind!"

Fatakis Frau, die fließend Kinyarwanda sprach, ging hinaus, um mit ihnen zu sprechen. Sie erklärte, dass sie als Zeugen Jehovas unpolitisch seien. Sie hätten nichts zu verbergen. Sie lud sie ein, ins Haus zu kommen und sich selbst davon zu überzeugen. Doch die Mörder lehnten ab und zogen weiter.

Die versteckten Frauen und die fünf Kinder blieben sechs Wochen lang im Haus. Dann gab die Regierung bekannt, dass Kongolesen aus Kigali evakuiert werden sollten. Die Ehemänner holten ihre versteckten Ehefrauen ab und fanden anderswo Zuflucht. Alle überlebten.

Währenddessen nahm Fataki weitere Glaubensschwestern zur kongolesischen Botschaft mit (darunter drei Tutsi). Sie nahmen Busse nach Bukavu im Kongo, um sich in einem Flüchtlingslager einquartieren zu lassen. Als ihre Gruppe in Bukavu ankam, waren Journalisten und andere überrascht, Kongolesen, Hutu und Tutsi geeint in einer Gruppe zu sehen. Die Zeugen Jehovas in Bukavu bestanden darauf, alle Flüchtlinge in ihren Häusern unterzubringen, damit sie nicht in den Flüchtlingslagern leben müssten.

Angeline Musabwa und Valerie Musabyimana*

Zwei Hutu-Zeuginnen, Angeline und ihre Schwester Valerie, lebten in Kigali Gatenga. Sie kamen aus einer frommen katholischen Familie und ihr Vater war Katechist. Valerie war Novizin in einem Kloster gewesen und hatte sich zur Nonne ausbilden lassen. Bevor sie aber ihre Gelübde abgelegt hatte, wurde sie von der Kirche zutiefst enttäuscht. Valerie verließ das Kloster und wurde später Zeugin. Angeline war empört. Das war eine Schande für ihre Familie! Aber Angeline begann wenig später selbst die Bibel zu studieren und ließ sich auch als Zeugin Jehovas taufen.

Als der Genozid begann, waren die beiden Vollzeitpredigerinnen in Kigali. Es gelang ihnen, neun Personen (Zeugen Jehovas und andere) in ihrem Haus zu verstecken, darunter zwei Schwangere – eine der beiden hatte kurz zuvor ihren Mann verloren. Als die Interahamwe *Wind davon bekamen, kamen sie und sagten: „Wir sind gekommen, um die Zeugen-Jehovas-*Inyenzi *(Kakerlaken) zu töten.“ Doch das Haus, in dem die Schwestern wohnten, gehörte einem Armeeoffizier. Daher hatten die Mörder Angst, es zu betreten. Tatsächlich hatte der Hausbesitzer* *selbst auch Tutsi bei sich zu Hause versteckt. Er vertraute sich Angeline und Valerie an und sagte: „Es ist doch selbstverständlich, Leute zu verstecken, die Zuflucht bei dir suchen."*

Jedes Mal, wenn Angeline und Valerie das Haus verließen, um Wasser für ihre neun Gäste zu schöpfen, brachten sie ihr Leben in Gefahr. Nach einiger Zeit setzten die Wehen bei der Frau ein, die ihren Mann verloren hatte. Einen Arzt zu rufen war nicht möglich, also halfen ihr die Schwestern bei der Geburt. Als die Nachbarn davon erfuhren, brachten sie Reis, Zucker und Mehl. Gegen Ende des Krieges wurden die Kämpfe immer schlimmer – ein ständiger Kugelhagel. Das Haus musste schließlich evakuiert werden. Alle überlebten.

Fidèle Bizimana

Fidèle, ein Hutu und Zeuge Jehovas, hat diesen Bericht selbst geschrieben:

Während des Genozids war ich in Ntunga. Meine Glaubensbrüder trafen sich regelmäßig bei mir zu Hause. Wir fanden Orte, an denen wir diejenigen verstecken konnten, die in Lebensgefahr waren. Zum Beispiel versteckten wir eine Glaubensschwester in einem Schacht und versorgten sie mit Essen.

Eines Nachts hörten wir den Lärm von Kämpfen, Schüssen und umherrennenden Menschen. Wir beschlossen, nicht wegzulaufen, sondern uns von Jehova leiten zu lassen. Die Interahamwe *hatte einen Angriff auf die verbliebenen Tutsi gestartet, auch auf die Zeugen Jehovas. Sie sandten Männer in unsere Ortschaft in die Nähe unseres Verstecks, aber jemand warnte uns, dass man uns umbringen will. Also flohen wir in den Busch. Dort besprachen wir, was wir tun sollten. Wir beschlossen, es mit Rwamagana zu versuchen, der nächstgelegenen Stadt.*

Ich sagte der Gruppe, wenn wir auf dem Weg nach Rwamagana angehalten werden würden, sollten wir alle stehen bleiben und unsere Hände in die Luft heben, und niemand außer mir solle sprechen. Kurz nachdem ich diese Anweisungen gegeben hatte, hörten wir einen Schuss. Wir alle hoben unsere Hände in die Luft, aber wir konnten nicht sehen, wer den Schuss abgefeuert hatte. Wir standen still in einer Reihe. Schließlich erschien der Schütze und winkte uns zu, näher zu kommen.

„Wo wollen Sie hin?", fragte er uns.

„Wir fliehen", antwortete ich.

„Wovor fliehen Sie?"

„Wir fliehen vor den Mördern, die unsere Nachbarn getötet haben, und wir wollen nach Rwamagana."

Der Schütze entpuppte sich als RPF-Soldat. Er forderte uns auf, ihm in ein Haus zu folgen und fragte uns: „Gehört ihr alle derselben ethnischen Gruppe an?"

Ich antwortete: „Nein, wir sind Hutu und Tutsi."

Verwirrt fragte er: „Warum fliehen Hutu?"

Wir antworteten: „Wir sind Zeugen Jehovas, und da wir schon die ganze Zeit nichts mit der Interahamwe *zu tun haben, haben wir uns geweigert, mit ihnen zu flüchten."*

Das war eine völlig neue Sache für den Soldaten. Er ging zu seinen Kameraden und erzählte, was los war. Auch sie kamen und stellten uns ähnliche Fragen. Später arrangierten sie einen Transport für die körperlich Schwachen und der Rest konnte zu Fuß nach Rwamagana gehen.

Ich weiß von einer anderen Gruppe, die in den Kongo fliehen konnte: Ein Tutsi-Bruder und seine Schwester wurden von einem gewissen Hutu-Bruder namens Joel gerettet. Als sie die Straßensperren passierten, sagte Joel der Miliz, Marguerite sei seine Schwester und Eric sein jüngerer Bruder. Auf diese Weise konnten sie den Kongo sicher erreichen.

Egide Muhozi

Zum Zeitpunkt des Genozids war Egide in der Versammlung Runda, seiner Heimat. Er versteckte einen seiner Glaubensbrüder, einen Tutsi namens Daniel Niyonshuti, der aus Remera-Rukoma stammte. Daniel hatte Egide auf seiner Flucht gefunden. Unterwegs halfen ihm andere Zeugen, die Straßensperren zwischen Remera-Rukoma und Runda zu passieren. Egide hielt Daniel zwei Wochen lang versteckt, aber als sich die Situation verschärfte, befürchtete Egide, man würde auch bald sein Haus durchsuchen. Er beschloss, Daniels Personalausweis, der ihn als Tutsi auswies, zu ändern. Egide kratzte ganz sorgfältig den Strich unter „Tutsi" aus und unterstrich stattdessen „Hutu". Bei den Hausdurchsuchungen fanden die Interahamwe *Daniel und verhafteten ihn. Aber sie töteten ihn nicht, weil der Ausweis angab, dass er ein Hutu war (Egide hatte den Ausweis erst am Tag zuvor geändert). Egide musste jedoch eine Geldstrafe von etwa 10 Dollar zahlen, weil er es versäumt hatte, der* Interahamwe *mitzuteilen, dass ein Gast bei ihm wohnte. Später konnten sie gemeinsam nach Gisenyi und von dort aus in den Kongo fliehen.*

Diese wenigen Berichte spiegeln genau das wider, was auch wir als Familie erlebt haben.

Wer sich mit der Geschichte der Menschheit beschäftigt, könnte zu dem Schluss kommen, dass Religion die Hauptursache für Konflikte und Hass und ein glühender Glaube extrem gefährlich sei. Man könnte denken, ohne Religion wäre die Welt besser dran.

Ich bin jedoch nur deshalb am Leben und kann diese Worte aufschreiben, weil gewöhnliche, unvollkommene Menschen bewiesen haben, dass es möglich ist, das vollkommene Vorbild Jesu nachzuahmen. Sie waren bereit, einander so sehr zu lieben, wie er es tat. Wenn alle Menschen lernen würden, in ihrer Liebe so weit zu gehen, würde niemand auf die Idee kommen, andere umzubringen. Dann wäre es gar nicht nötig, sein Leben aufzugeben, um ein anderes zu retten.

Es ist eine Hoffnung, die ich gerne teile – eine biblische Botschaft, die sowohl mit der messianischen Hoffnung des jüdischen Glaubens als auch mit dem christlichen Gebet zu Gott verbunden ist, dass täglich von Millionen von Menschen wiederholt wird: „Dein Reich komme." Ich bin überzeugt, dass die Mehrheit der Milliarden von Menschen auf der Erde in einer friedlichen Welt leben möchte, die auf solch einer lebensbejahenden Liebe beruht. Eine Liebe, die Menschen dazu motiviert, einander mit Freundlichkeit und Respekt zu begegnen.

Welche Schlussfolgerung man auch immer aus der Lektüre unserer Geschichte ziehen mag, in einem sind wir uns sicher einig: Es gibt keine größere Liebe.

OBEN: Mit unseren Söhnen, 2005. Von links: Joel, ich, Pierre und Benjamin.
UNTEN: Chantal mit unseren Töchtern, 2005. Von links: Marie-Providence, Chantal und Naomi.

Anhang 1

Der Genozid aus Sicht meiner Familie[1]

„Die Geschichte mit ihrer flackernden Lampe stolpert auf den Spuren der Vergangenheit und versucht, ihre Szenen zu rekonstruieren".
—Winston Churchill

In Anlehnung der Gedanken aus Churchills Zitat bezog ich mich in den vorherigen Kapiteln vor allem auf meine Erlebnisse als Kind im traditionellen Ruanda während der Kolonialzeit und der ruandischen Tragödie von 1994. In diesem Abschnitt aber möchte ich meinen Familienmitgliedern die Gelegenheit geben, in Worte zu fassen, wie sie sich während des Genozids gefühlt haben.[1]

Die Umstände unserer Rettung mögen gleich gewesen sein; unsere Empfindungen, unsere Reaktionen auf scheinbar ähnliche Ereignisse sind jedoch ganz andere. Zum Beispiel nahmen meine Kinder, die damals zwischen 7 und 14 Jahre alt waren, die Dinge sicherlich aus einem ganz anderen Blickwinkel wahr. Lassen wir nun die nächsten Seiten die Gefühle meiner Familie zum Ausdruck bringen, die sie hatten, während sie sich nach Rettung sehnten.

Obwohl jeder von uns so anders ist, haben wir alle zumindest eines gemeinsam: Wir genießen großen Seelenfrieden, weil wir überlebt haben und nach Nordamerika auswandern durften. Die zeitliche und räumliche Distanz zum Genozid in Ruanda und zu den furchtbaren Erinnerungen haben sicherlich dazu beigetragen, gelassen zu bleiben und mit neuem Vertrauen in die Zukunft zu blicken. Wir möchten uns bei Kanada für dieses Geschenk vom unschätzbaren Wert bedanken.

Uns gefällt das Kosmopolitische an den kanadischen Städten und die Chancen, die sie bieten. Hier lieben wir die ethnische Vielfalt, die eine Negation von Intoleranz, Rassismus und Diskriminierung darstellt.

---

1 Die englische Originalversion der Berichte wurde vom Autor aus dem Kinyarwanda übersetzt.

Wir schätzen diesen Teil der Welt, wo es kein Verbrechen ist, anders zu sein als die Menschen um einen herum. Wir hegen die Hoffnung auf das Versprechen einer Welt, in der die ganze Menschheit in Frieden und Harmonie leben wird und Genozid der Vergangenheit angehören wird.

Nun wollen wir aber erstmal die persönlichen Eindrücke und Gefühle meiner Familie auf uns wirken lassen und sehen, was für Lehren sich aus all ihren Erinnerungen ergeben.

Chantal Kagwenyonga

Der Genozid der Tutsi wird oft im Zusammenhang mit den Ereignissen von 1994 erwähnt. Wenn Genozid jedoch wirklich „eine methodische und systematische Zerstörung einer ethnischen Gruppe“ bedeutet, dann begann der Genozid der Tutsi meiner Meinung nach 1959.

Meine Frau, Chantal. Sie und ihre Familie litten in den 1960er- bis 1990er-Jahren in Ruanda unter Diskriminierung und Verfolgung.

Damals war ich zehn Jahre alt. Ich erinnere mich, dass Ruanda unabhängig werden wollte. Als uns Hutu töten wollten, weil wir Tutsi waren, mussten meine Eltern und ich fliehen. Viele Tutsi wurden ermordet und andere flohen gezwungenermaßen ins Ausland.

Ich fragte meine Eltern: „Wieso wollen die Hutu uns töten? Kann ich nicht irgendwie meine ethnische Gruppe wechseln und so überleben?“

Meine Eltern erzählten mir immer ein Märchen, wie sich ein Mädchen in einen Jungen verwandeln konnte. Demnach ging das, wenn das Mädchen eine ganze Nacht in einem großen Korb verbrachte. Ich wünschte, ich hätte etwas Ähnliches tun können, um Hutu zu werden, damit ich verschont bliebe. Danach hätte ich meinen Eltern gut zugeredet, dasselbe zu tun, um uns all das zu ersparen, was wir durchmachen mussten.

Jedenfalls geschahen die tragischen Ereignisse von 1959/1960 und hatten traumatische Folgen für meine Familie und mich. 1959 sagten meine Eltern: „Weiße katholische Priester verteilten Sicherheitszündhölzer an die Menschen der ethnischen Gruppe der Hutu und hetzten sie auf,

Häuser der Tutsi niederzubrennen. Gleichzeitig boten dieselben Priester Tutsi-Flüchtlingen und -Überlebenden, die in katholischen Pfarreien Zuflucht suchten, Asyl an. Eine solche Doppelmoral war bei diesen sogenannten „religiösen Männern" üblich.

Die nächsten vierunddreißig Jahre erduldete ich in Ruanda Diskriminierungen – bis diese 1994 zum Massenmord führten.

In der Zwischenzeit wurde ich Nonne in der katholischen Kirche und gehörte der Gemeinschaft der *Kleinen Schwestern Jesu* an. Es gelang mir schließlich, nach Rom zu reisen, um Theologie zu studieren. Während des Studiums spürte ich die negative Haltung meiner Lehrer meinen Fragen gegenüber, dies entmutigte mich. Beispielsweise behauptete einer unserer Professoren zum Ende meiner Theologiekurse, dass man Adam und Eva, Noah, Hiob und Abraham nicht als wirkliche Personen betrachten sollte. Sie sollten vielmehr als Mythen oder Illustrationen gesehen werden. Er lehrte, dass einige Teile der Heiligen Schrift nicht real seien. Ich war empört darüber, denn ich hatte das Gefühl, mein Glaube wurde untergraben. Ich fragte mich, warum ich so weit reisen musste, um zu erfahren, dass Abraham nie existiert hat. Ich erhob Einspruch. Wenn es Abraham nie gegeben hat, hat es dann Jesus gegeben?

Dennoch, Jesus sagte, dass Abraham eine reale Person sei und dass er selbst bereits im Himmel existiert hatte, bevor Abraham geboren wurde. Warum erwähnte Jesus, dass Gott Adam und Eva als männlich und weiblich erschaffen hatte?

Als ich solche Einwände erhob, galt ich als rebellisch und ungehorsam. Zur Strafe wurde ich eine Woche lang isoliert und mir wurde der Nachtisch verweigert. Den Grund für diese unfaire Behandlung habe ich nie verstanden. In mir wuchs Groll. Ich fühlte mich in meiner Suche nach Wahrheit gehemmt. Nach einer gewissen Zeit beschloss ich dann, die Laufbahn als Nonne aufzugeben und zu heiraten.

1994, als der Genozid in Ruanda ausbrach, waren Tharcisse und ich verheiratet. Er war ein Zeuge Jehovas geworden, aber ich war weiterhin katholisch. Ich hatte mich aus drei Gründen geweigert, die Bibel zu studieren. Erstens wurden die Zeugen Jehovas in Ruanda verfolgt und manchmal eingesperrt. Ich hatte Angst davor, in Ruanda ins Gefängnis zu kommen, da ich wusste, was mit meinem Bruder Bertrand geschehen war. Im Gefängnis zu sein, das war für mich gleichbedeutend mit dem Tod.

Zweitens dachte ich, wenn Tharcisse ins Gefängnis käme, so würde ich frei bleiben und könnte mich um unsere Kinder kümmern und ihn im Gefängnis mit Essen versorgen, da ich ja keine Zeugin wäre.

Der dritte Grund: Onkel und Cousinen von mir waren Priester und Nonnen in der katholischen Kirche. Sie rieten mir davon ab, der neuen und fragwürdigen Religion meines Mannes zu folgen, die ihrer Meinung nach eine Sekte oder ein Kult war.

1994 öffnete mir der Genozid die Augen. Ich sah nun etwas Unvorstellbares. Ich sah, wie Katholiken andere Katholiken verrieten und töteten. Die Kirchen wurden zu Schlachthäusern. Priester und Nonnen traten den Mordkommandos bei. Gleichzeitig sah ich, wie die Glaubensbrüder meines Mannes wiederholt ihr Leben riskierten, um unseres zu retten.

75 Tage lang kümmerten sich die Zeugen um unsere körperlichen, geistigen und emotionalen Bedürfnisse. Sie trafen Vorsichtsmaßnahmen, indem sie uns in kleinen Gruppen von einem Ort zum anderen brachten und unseren Aufenthaltsort auch gegenüber ihren eigenen Familienmitgliedern geheim hielten. Sie verkleideten meine Söhne, um von der Miliz unbemerkt zu bleiben. Sie hatten geniale Ideen und Tricks, um uns Lebensmittel, Medikamente und Literatur zu bringen. Wenn sie mich nachts begleiteten, spürte ich von ihrer Seite weder irgendwelche Feindseligkeiten noch fühlte ich mich irgendwie bedroht. Sie wussten, dass ich keine Zeugin Jehovas war, aber sie ließen mich nie außen vor. Ich sah Beweise echter Liebe, die das Kennzeichen wahrer Nachfolger Christi sein sollte. Sie hatten keinerlei ethnische Barrieren.

Aus menschlicher Sicht hat mir der Genozid gezeigt, dass Menschen sich leicht wie Tiere verhalten können. Die folgende Geschichte verdeutlicht meine Gedanken: Der Sohn meines verstorbenen Bruders Hermann litt in seiner frühen Kindheit an Meningitis. Er war geistig behindert und verhielt sich wie ein dreijähriges Kind, obwohl er 12 Jahre alt war.

Ein Augenzeuge seiner Ermordung durch die Milizionäre der *Interhamwe* sagte: „Während des Genozids töteten die Milizen seine Eltern, während er zuschaute, und ließen ihn lebendig zwischen Leichen in einem Massengrab zurück. Sie machten sich über ihn lustig und sagten: ‚Lasst den Idioten unter den Toten wohnen, und lasst uns sehen, wie lange es dauert, bis er stirbt.‘ Später sagte einer von ihnen: ‚Lasst ihn uns töten, denn wenn er jemals überleben sollte, könnte er den Tutsi Nachkommen schenken.‘ Sie hackten mit Macheten auf ihn ein und warfen ihn in das Massengrab. Doch er war nicht tot, wie sie es sich vielleicht vorgestellt hatten. Macheten töten langsam. Drei Tage lang quälte er sich, schrie und flehte um Hilfe. Niemand kam ihm zu Hilfe. Niemand kam, um sein Leiden zu beenden. Im Gegenteil, die Passanten lachten ihn aus und erfreuten sich an seinen Qualen.

Dieses Beispiel ist nur eins von Hunderttausenden unglaublichen Berichten über Hass und systematische Ausrottung der Tutsi in Ruanda. Das Ausmaß der Gräueltaten, die die Mörder begangen haben, übersteigt das menschliche Fassungsvermögen.

Ich denke, Menschen können in die richtige oder falsche Richtung beeinflusst werden. Sie können dazu neigen, Gutes zu tun. Sie können großzügig, freundlich, liebevoll und fürsorglich sein. Sie können auch grausam, verräterisch und mörderisch sein. Was ich nicht verstehe: wie es dazu kam, dass eine ganze Bevölkerung aus einer Laune heraus oder auf Befehl unschuldige Menschen töten konnte.

So rechtfertigen die meisten Mörder ihre Verbrechen: Sie lehnen jede Verantwortung ab und behaupten, dass alles, was sie getan haben, ein Akt des Gehorsams gegenüber der obersten Autorität des Militärs, den Bürgermeistern oder anderen lokalen Behörden war. Man fragt sich, ob die Mörder überhaupt ein Gewissen hatten, beziehungsweise, ob der Befehl von oben mit ihrem Gewissen in Einklang war. Wie kann ein Mensch es rechtfertigen, dass unschuldige Babys gegen die Wand geschlagen oder unschuldige schwangere Frauen ausgeweidet werden? Wie kann jemand die Vergewaltigung seiner Opfer rechtfertigen, bevor er sie tötet? Ist es nicht schon schlimm genug, ein Tutsi-Opfer zu töten, muss man es noch erniedrigen, indem man es entkleidet oder seine Geschlechtsteile abschneidet? Wie kann ein Hutu-Priester oder eine Hutu-Nonne es rechtfertigen, Mitgläubige zu töten, nachdem sie in eine Falle oder in die Kirche gelockt wurden?

Die Berichte über den Genozid an den Tutsi stellen die Menschheit als Ganzes vor eine Frage. Was können wir tun, um zu verhindern, dass er sich wiederholt? Was kann getan werden, damit die Überlebenden und ihre Nachkommen Hoffnung für die Zukunft schöpfen können? Wie kann man es schaffen, einer Generation von Mördern und ihren Nachkommen Menschlichkeit beizubringen?

Meiner Meinung nach gibt es eine zweifache Verpflichtung, einerseits für Gerechtigkeit zu sorgen und andererseits Menschen beizubringen, dass es moralische Werte und Menschenrechte gibt. Wenn ich heute an Ruanda denke, dann bin ich beunruhigt über das, was geschehen ist, und über das, was wieder geschehen könnte. Tausende von Häftlingen, die am Genozid beteiligt waren, werden nach neun Jahren freigelassen und nach Hause geschickt, weil sie ihre Taten gestanden haben.

Ein Gefangener namens Daphrose bekennt sich schuldig und sagt: „Ich habe zwei Tutsi-Nachbarn erstochen, aber ich tat dies auf Befehl des Bürgermeisters und bin daher nicht verantwortlich." Was würde morgen passieren, wenn ein anderer Bürgermeister Daphrose auffordert, das Morden wieder aufzunehmen? Gibt es eine Chance für die Tutsi-Überlebenden, friedlich mit denen zusammenzuleben, die es damals nicht geschafft haben, ihre „Arbeit" der Ausrottung der Tutsi völlig abzuschließen?

Ich liebe mein Land, die Kultur, die Naturschönheiten, die mündlichen Überlieferungen und die Kunst. Aber ich fühle mich unwohl, wenn ich in einem Paradies leben soll, das von Dämonen und wilden Tieren bewohnt ist. Ich sehe Berge, die von blutrünstigen Monstern heimgesucht werden. Ich sehe Kirchen, die in Museen des Genozides verwandelt wurden, und Bürgersteige, die mit Kletterpflanzen übersät sind, weil niemand es wagt, den Weg der Freundschaft und der echten Versöhnung zu gehen. Das Land der tausend Hügel ist buchstäblich zu einem Land der tausend Macheten, der tausend Verbrechen, der tausenden von Knochen und des endlosen Hasses und Genozids geworden. Es gibt wenig Raum für Zuneigung, Mitleid, wahre Reue oder Vergebung.

Als Einwanderer in Kanada bin ich froh, ohne Angst schlafen zu können. Ich leide immer noch unter den Folgen des Genozids. Mein Zimmer muss abgeschlossen sein, sonst fühle ich mich nicht sicher. Wenn meine Kinder oder mein Mann ausgehen, vor allem nachts, habe ich immer Angst, dass ihnen etwas zustoßen könnte. Ich habe Angst davor, in Parks spazieren zu gehen. Ich stelle mir immer wieder vor, dass unerwartet ein Feind aus dem Wald auftauchen und mir etwas antun könnte.

Als Überlebender entwickelt man leicht ein Syndrom der Angst und Unsicherheit, das nicht leicht zu überwinden ist. Es ist, als ob das, was geschehen ist, sich zwangsläufig wiederholen wird. Wer vor einer Gefahr getrennt von der Familie fliehen muss, hat das Gefühl, dass die Familie nicht überleben wird und dass er sie nie wiedersieht. Das bereitet ihm schlaflose Nächte. Diese psychische Verfassung erzeugt ein andauerndes Muster aus Unsicherheit, Sorge und Furcht, das einen jahrzehntelang – oder sogar lebenslang – im Verhalten beeinflusst.

Zu sehen, wie dein Kind wegen seiner Identität langsam verhungert, lässt dich als Mutter verzweifeln und resignieren. In unserem Versteck entwickelten meine Söhne aufgrund der miserablen hygienischen Bedingungen und der stressigen Umstände Asthma. Wir mussten drei Tage ohne Essen auskommen, nagten an gerösteten Sojabohnen und lebten von einer Tasse Brei am Tag. Ben konnte nicht verstehen, warum alles so schlimm wurde. Er zeigte Symptome der Unterernährung und konnte die gerösteten Sojabohnen nicht kauen. Wie es eine Vogelmutter für ihre Küken tut, so kaute ich sie für ihn vor.

Sein Haar färbte sich rot und seine Augen wurden leblos. Als dann mein Mann, Marie und Pierre Asthma bekamen, wurde ich noch nervöser. Wir hatten zwar Medikamente, aber als das Morden weiterging, wurde die Kommunikation mit unseren Freunden, den Zeugen Jehovas, immer schwieriger.

Tharcisse bekam Herzrasen. Schlaf zu bekommen war nicht leicht, denn die Gedanken kreisten darum, was der morgige Tag wohl bringen würde. Manchmal wurde Benjamin ungeduldig und begann zu jammern – er hatte ganz vergessen, still zu sein.

Gemäß Vincent, unserem Retter, wurde Tharcisse wie ein Tier gejagt. Die Behörden in Butare hatten Fotos meines Mannes an Straßensperren geschickt, um der Miliz zu helfen, ihn zu erkennen. Am ersten Tag unserer Flucht wurde er an einer Straßensperre festgehalten – dem Tode ganz nahe. Wir ließen ihn zurück, ohne zu wissen, ob wir ihn je wiedersehen würden. Ich war untröstlich, weinte in meinem Herzen und versuchte meine Kinder zum Weitergehen zu ermutigen. Ich hatte Angst vor den Milizionären, die Macheten schwingend auf Tharcisse zukamen. Ich wusste, dass er unschuldig war. Er war kein Politiker. Er war in keiner Partei. Er trug nie ein Parteiabzeichen, aber er war „schuldig, als Tutsi geboren zu sein". Diese Schuld allein verdiente den Tod.

Wie durch ein Wunder überlebte er, aber viele andere kamen ums Leben, darunter meine beiden Brüder Hermann und Bertrand. Auch meine Onkel, Tanten, Neffen, Nichten und andere Verwandte kamen ums Leben. Alle kamen in die Massengräber. Alle waren von Schnittwunden entstellt, die von den Hieben mit den Macheten herrührten. Alle waren kaum wiederzuerkennen, aber ich erinnere mich gut an sie. Ich sehe sie noch immer so vor mir, als wären wir gestern getrennt worden. Ich kann nicht begreifen, warum sie starben. Ich fühle einen tiefen Schmerz in meinem Herzen. Es wird lange dauern, bis diese Wunde verheilt ist. Die Narben werden wahrscheinlich für immer bleiben. Schon eine einzelne schlimme Erinnerung oder ein verletztes Gefühl kann sie wieder aufreißen.

Nach dem Genozid versuchte ich Rachegefühle zu vermeiden, denn als Zeugin Jehovas wurde mir klar, dass die Rache Gott gehört. Ich hoffe jedoch, dass die Mörder bestraft werden oder dass ihnen geholfen wird, sich zu ändern. Einer der Gründe, warum der Genozid stattfand, ist, dass die Menschen nicht gelehrt wurden, nach ihrem Gewissen zu handeln. Die Menschen in Ruanda hatten schon immer ein unantastbares Vertrauen in Autoritäten gehabt und fühlten sich verpflichtet, alles zu tun, was man ihnen sagte. Wenn sie doch nur wüssten, dass Gott der Allmächtige die einzige unfehlbare Autorität ist, auf die sie hören und der sie gehorchen sollten.

Marie-Providence Umutoni

Marie war 14 Jahre alt, als der Genozid stattfand. Zwei Jahre zuvor hatten wir sie in der belgischen Schule in Butare angemeldet, damit sie nicht wegen ihrer ethnischen Identität schikaniert wurde.

„Mama, was sind wir?", fragte ich. „Sind wir Hutu oder Tutsi?"

„Wir sind Ruander", antwortete Mama erstaunt. „Warum stellst du mir so eine Frage?"

Ich sagte: „Meine Lehrerin hat mir diese Frage gestellt, und ich wusste nicht, was ich sagen sollte. Was soll ich ihr heute Nachmittag antworten, wenn ich sie wiedersehe?"

„Wenn sie diese Frage noch einmal stellt, sag ihr, dass wir Ruander sind. Wenn sie darauf besteht, sag ihr, dass ich morgen früh zu ihr kommen werde." So beendete Mama das Gespräch.

Das war mein erster Kontakt mit der Ethnienfrage. Diese Frage war eine Last, die ich mein ganzes Leben lang tragen sollte. Sie füllte mein Leben aus und hätte mich das Leben kosten können.

Als Kind verbrachte ich fünf Jahre in Nancy, Frankreich. Diese kurze Zeit meines Lebens war sehr schön. In Frankreich hatten wir Freunde aus Ruanda, aber meine Eltern haben mir nie gesagt, wie man ihre ethnische Herkunft unterscheidet. Ich wusste nicht, wie man den Unterschied zwischen einem Hutu und einem Tutsi anhand physischer oder kultureller Merkmale erkennen könnte. Ich wusste nichts über die historischen Fakten oder Ereignisse, die zur Feindschaft geführt haben könnten. Dies war nie ein Gesprächsthema in unserer Familie.

Zurück in Ruanda ließen wir uns in Butare in einer komfortablen Residenz der *National University of Rwanda* nieder. Im Vergleich zu unserer Wohnung in einem der Hochhäuser von Nancy war es eine ganz neue Erfahrung. Ich liebte unseren neuen Wohnsitz in Butare. Es machte mir Freude, in meinem Land zu sein – auch wenn es so warm war, dass mir das Atmen manchmal schwerfiel. Als unser Flugzeug im August 1988 auf dem Flughafen von Kigali landete, war ich neun Jahre alt.

Alles lief ganz gut. Ich schrieb mich in die Schule ein und bekam eine neue blaue Uniform. Meine Brüder erhielten khakifarbene Uniformen. Papa wurde Dozent an der Universität und Mama eröffnete einen Lebensmittelladen. Jeder hatte seinen eigenen Tagesablauf.

Jedoch wurde plötzlich mein Frieden gestört. Ich wurde mit der Ethnienfrage konfrontiert. Da die Lehrer das Schulregister aufriefen und alle nach ihrer ethnischen Zugehörigkeit auflisteten und nummerierten, wurde ich immer wieder darauf aufmerksam gemacht. Zu sehen, wie sie mich nur durch ein ethnisches Raster betrachteten, machte mich traurig.

Und auch meine Schulkameraden – wie sollte ich mich mit ihnen anfreunden, wenn sie mich nicht als ihresgleichen betrachteten? Ich begann zu verstehen, dass es ein Tabu war, über Ethnie zu sprechen. Wir vermieden das Thema instinktiv. Wir vermieden es, uns gegenseitig anzuschauen, wenn der Lehrer das Register aufrief. So empfand ich als Kind in der ruandischen Grundschule. Bei meinen Eltern war ich Ruander und in der Gesellschaft war ich Tutsi. In Wirklichkeit aber war ich überall eine Tutsi – auch wenn niemand wagte, es offen auszusprechen.

In meinem Personalausweis, meinen Schulzeugnissen und meinen Diplomen war meine ethnische Gruppe schnell zu erkennen. Ich musste mit dieser Realität klarkommen. Darüber hinaus konnte man meine ethnische Zugehörigkeit an meinem Gesicht, meinem Körperprofil und meiner Körpersprache ablesen. Ein Hutu konnte sofort an meinen Gesten erkennen, dass ich anders war. Ich war wie ein wandelnder Tutsi-Geist. Sie inspizierten meine schmal gewölbte Nase, meine langen Finger, meine Größe und meine dünne Silhouette. Ich verlor meine kindlich unbekümmerte Art, die ich in Frankreich hatte. Ich entwickelte eine Art Ethnien-Bewusstsein und nahm nun auch bei anderen Ähnlichkeiten oder Unähnlichkeiten wahr. Dieser harten Realität musste ich mich stellen.

In den 1990er-Jahren sprachen die Medien in Ruanda über den Angriff der RPF (Ruandische Patriotische Front, *Front patriotique rwandais*) und die Inhaftierung und Ermordung von Tutsi. Ich kannte einige von ihnen. Weiter wurde berichtet, dass die Tutsi Komplizen der RPF, Spione und gefährliche Kakerlaken seien. Was für seltsame Namen!

Ich wechselte zur belgischen Schule in Butare. Obwohl dies eine sehr teure Schule war, stimmte Papa dieser Änderung zu, um mir tägliche Schikanen als Tutsi zu ersparen. Die belgische Schule war eine internationale und eine weltoffene Schule. Über die Ethnie wurde kein Wort mehr verloren. Ich hatte das Gefühl, wieder in Frankreich zu sein. Meine Mitschülerinnen und Mitschüler waren hauptsächlich belgisch, und ich verstand mich ohne Probleme mit ihnen. Die Dinge liefen recht gut. Ich lernte Latein, Französisch, Englisch und Naturwissenschaften. Während der Osterferien jedoch, am 6. April 1994, wurde alles auf den Kopf gestellt und mein Leben änderte sich von Grund auf.

Zwei Boden-Luft-Raketen trafen das Flugzeug des Präsidenten, als es sich der Landebahn des internationalen Flughafens von Kigali näherte. Präsident Habyarimana kam von den Verhandlungen über die Machtteilung mit der RPF. Als die Nachricht vom nationalen Sender ausgestrahlt wurde, klang sie unwirklich. Wie konnte der Präsident auf dem Flughafen seiner Hauptstadt abgeschossen werden? Hatten seine Wachen nicht die Kontrolle über den Flughafen? Ich fragte mich, wie dieser Mann, der wie ein Panzer gebaut war, plötzlich bei einem Flugzeugabsturz sterben konnte. Das ganze Land war verängstigt. Ich konnte es einfach nicht glauben.

Vielleicht war es ein Irrtum oder eine Fehlinformation. Oder sie geben bekannt, dass der Präsident nur leicht verletzt ist, sich bald erholen wird und so bald wie möglich eine Rede im Radio halten wird.

Er war tot – genauso wie der Präsident von Burundi, der in demselben Flugzeug aus Tansania an Bord war. Die Verantwortlichen für die Morde wurden nicht ausfindig gemacht.

Für uns Kinder war dies ein Gesprächsthema für den ganzen Tag. Wir versuchten, verschiedene Szenarien gedanklich durchzuspielen.

Verfolgt wegen meiner Tutsi-Herkunft wollte ich, dass diese Verfolgung ein Ende hat. Wenn die RPF das Land übernehmen würde, so stellte ich mir vor, könnte dies erreicht werden. Allein der Gedanke daran hätte schon strafbar sein können. Dies öffentlich zu äußern noch viel mehr. In der Regel sehnten sich Tutsi danach, nicht weil sie Hutu hassten, sondern weil die RPF Hutu und Tutsi in ihre Programme aufnahm und behauptete, gegen ethnische Diskriminierung zu sein. Ich sympathisierte mit ihnen.

Ganz tief in meinem Herzen wusste ich, dass etwas Schlimmes bevorstand. Als 15-jähriger Teenager konnte ich mir schon vorstellen, dass die Dinge nicht mehr so normal sein würden wie früher. Jedoch konnte ich mir nicht vorstellen, dass es mich und meine Familie treffen würde. Leider ist genau das passiert.

Sehr früh erfuhren wir von Nachbarn und Hausangestellten von der Ermordung von Tutsi-Familien in Kigali und in anderen Regionen. Als ich dies hörte, geriet ich in Panik und begann mir vorzustellen, wegen meiner ethnischen Herkunft getötet zu werden.

Am 21. April 1994, als Kinder auf anderen Kontinenten der Welt schliefen, spielten oder sonst wie das Leben genossen, passierte es. Ich würde etwas erleben, was mich für immer prägen sollte. An jenem Tag wurde mir eins klar: Falls Nachbarn uns nicht versteckten oder wir nicht in der Lage wären, aus dem Land zu fliehen, würden wir sterben. Wir verbrachten den ganzen Tag damit, uns im Kreis zu drehen und um Hilfe zu beten. Wir konnten nicht einmal essen. Die Angst vor dem Tod schien uns nicht mehr loszulassen. Du fühlst dich, als würde dein Zuhause von einer tödlichen Kreatur heimgesucht, die einen schließlich verschlingen wird. Du würdest alles tun, um eine Lösung zu finden. Genau das versuchte Papa.

Wir versammelten uns, um vor unserem Tod noch ein letztes Gebet zu sprechen. Nach dem Gebet von Papa kam ein Hutu-Freund zu uns. Adolphe, ein Zeuge Jehovas, beschrieb kurz einen Rettungsplan, den wir sofort in die Tat umsetzen mussten. „Ihr müsst euer Haus so schnell wie möglich in zwei Gruppen verlassen – ohne jegliches Gepäck.“ Jeder von uns versuchte, etwas Leichtes mitzunehmen, das später nützlich sein könnte.

Ich zog zwei Hosen an und schnappte mir einen Anorak und einen Inhalator für mein Asthma, für den Fall, dass ich während meines „Aufenthalts“ am unbekannten Zielort Asthmaanfälle bekäme. Mama erzählte einem unserer Hausangestellten, dass wir für ein paar Tage fort sind. Papa, Mama, Joel, Pierre und ich folgten einem schmalen Pfad, der an die Felder im Tal grenzte. Wir sollten eine Person finden, von der wir noch nie zuvor gehört hatten. Rurindamanywa war ein Nachtwächter in Adolphes technischer Schule.

Adolphe nahm Naomi und Benjamin zu sich nach Hause. Es war sehr schwer für uns alle, denn es war das erste Mal, dass wir voneinander getrennt waren. Jeder von uns verkraftete die plötzliche Trennung ganz unterschiedlich. Als wir durch die grünen Bohnenfelder talabwärts gingen, war ich tief betrübt. Schließlich erreichten wir das Haus von Herrn Rurindamanywa, und Mama erkannte seine Frau wieder. Sie war eine reizende Hutu-Dame. Sie lächelte, aber ihre Stimme sandte melancholische Botschaften des Untergangs. Sanft sagte sie: „Ich kann Ihnen nur für einige Stunden Schutz anbieten und Sie hierbehalten. Darf ich Ihnen eine Mahlzeit zubereiten?“

Wir hatten keinen Appetit, obwohl wir alle hungrig waren. Es war gegen 18:30 Uhr. Wir warteten ungeduldig auf andere Hutu-Freunde aus Save. Justin war einer der Zeugen Jehovas und ein guter Freund von Papa.

Plötzlich hörten wir eine Unterhaltung hinter dem Haus. Wir schwiegen und hörten gebannt zu.

Einer sagte: „Hast du die Schüsse über dem Tal gehört?

Ein anderer: „Ja, sie feuern Schüsse auf das Haus des Tutsi-Professors auf der anderen Seite des Tals ab.“

Der Erste: „Wie schade. Er war ein guter Mensch, ein Mann Gottes.“

Wir sahen einander an und sagten kein Wort. Die Botschaft war klar: Vater wurde für tot gehalten, und auch wir mussten „sterben“. Es war offiziell. Man durfte uns nicht finden. Im Dunkeln sollten wir uns nun verstecken und bewegen. Im ganzen Land sollte man glauben. wir seien tot.

Die erste Gruppe, die Justin mitnahm, waren: Papa, Pierre und ich. Wir waren der Stoßtrupp. Als Nächstes kam wie immer Mama und Joel. Denn Mama war sehr ängstlich. Zu Beginn konnten wir in der Dunkelheit den Weg nicht erkennen. Justin übernahm die Führung. Niemand durfte uns sehen. Wir mussten ganz vorsichtig gehen und durften ja keine Geräusche machen. Gefahr lag in der Luft.

Schlagartig war sie da. Wir hörten barsche Stimmen, die in unsere Richtung schrien. Es gab eine Straßensperre, und Dutzende von bewaffneten Hutu-Milizionären erkannten Justin und erkundigten sich über uns.

Justin sagte: „Professor Seminega ist mit seiner Familie auf der Flucht."

Der Chef der Miliz sagte: „Eine unserer Aufgaben ist es, die Sicherheit in unserem Gebiet zu gewährleisten. Lassen Sie mich bitte den Ausweis des Professors überprüfen."

Panik! Wenn Papa seinen Personalausweis vorzeigt, werden sie sofort merken, dass er ein Tutsi ist. Sie konnten dies bereits an seinen körperlichen Merkmalen erkennen. Papa zeigte seinen Personalausweis und wurde gebeten, zur Seite zu treten. Der Wächter blickte auf den Ausweis und verzog sein Gesicht. Er freute sich über die Aussicht, ihn umgehend loszuwerden. Auf seine Machete zeigend sagte er: „Wir könnten dir deinen Hals so durchschneiden." Er machte eine schneidende Geste mit seiner Machete in der Nähe des Halses meines Vaters. „Ich habe ein Problem. Ich darf diesen Mann nicht gehen lassen. Wir können Tutsis wie ihn nicht laufen lassen. Die Anweisung ist, sie alle zu töten, da sie für den Tod unseres Hutu-Präsidenten verantwortlich sind."

Es war so weit. Sie werden uns umbringen, dachte ich.

Der Wächter inspizierte unsere Gesichter mit seiner Taschenlampe. Verzweifelt nach Halt suchend, packte ich Pierre an der Hand. Die Wache bestand darauf, uns nicht entkommen zu lassen, obwohl Justin eindringlich darum bat.

Ganz unerwartet sagte der Wächter: „Die Mutter und ihre Kinder können gehen – der Professor aber bleibt hier."

Ich ging mit Mama, Joel und Pierre. Ich weiß nicht mehr, ob ich geweint habe oder nicht. Ich kann mich nicht erinnern, ob es Tag oder Nacht war. Für mich wurde alles dunkel. Ich stellte mir vor, dass ich Papa nie wiedersehen würde.

Nach einer halben Stunde war Papa glücklicherweise wieder bei uns. Er war bei den Verhandlungen freigelassen worden – auch weil er der Wache etwas Geld zugesteckt hatte. Der Mann war so freundlich, ihnen sogar eine Abkürzung zu zeigen, damit sie nicht in weitere Durchsuchungen an anderen Straßensperren verwickelt würden.

Unsere erste und letzte Nacht in Justins Haus verbrachten wir in einem Einzelzimmer. Wir saßen schweigend auf einem Einzelbett und waren nicht müde, hatten keinen Hunger und keine Pläne. Wir warteten auf das, was das Schicksal für uns bereithielt: den Tod.

In dieser Nacht passierte nichts. Aber am nächsten Morgen war ziemlich viel los. Wir hörten umherlaufende Menschen, überall Schüsse und schreiende Meuten. Man sagte uns, dass in den Dörfern um Save herum Häuser brannten. Auch erkundigten sich die Nachtwachen nach der „Familie von Kakerlaken", die in Justins Haus übernachtet hatte.

Justin sagte: „Die Familie blieb über Nacht bei mir zu Hause, zog aber mit einem kleinen Lieferwagen, der am frühen Morgen von einer katholischen Mission kam, in das Dorf ihrer Schwiegereltern nach Gisagara weiter. Die Familie hatte vor, nach Burundi zu reisen."

Man nahm Justin die Geschichte nicht ab. Sein Haus wurde den ganzen Tag überwacht und gegen neun Uhr in der Nacht komplett durchsucht.

Vincent, ein Hutu, den wir noch nie zuvor getroffen hatten, informierte uns über die bevorstehende Suche nach uns und half uns, uns in einem Schilfdickicht in der Nähe von Justins Haus zu verstecken. Die nächtliche Suche nach uns glich einer Jagd. Ich konnte die Jäger aus meinem Versteck im Busch hören. Bewaffnete Milizionäre kamen, grölten laut und sangen Kriegslieder, und dann drangen sie in Justins Haus ein. Ihre frei gelassenen Hunde kläfften vor Wut. Man suchte nach uns in Schränken, unter Betten und in jeder Ecke, wo ein Mensch sich aufhalten konnte. Dass wir uns im nahen Schilfdickicht versteckt hielten, wusste niemand, bis auf Vincent und Justin.

Justin schickte uns verschlüsselte Nachrichten. Sobald er aus dem Haus ging, rief er Begriffe in Richtung des Schilfdickichts. Zum Beispiel: „Mut", „Geduld", „Ausdauer".

Er animierte uns dadurch, die Moskitos und den andauernden schweren Regen in aller Stille zu ertragen. Um 2.30 Uhr morgens wurde Vincent von Justin zu uns geschickt, um uns als Nachtwachen zu verkleiden und zu Vincents Haus zu führen.

Wir würden die nächsten fünf Wochen in einer winzigen Lehm-Stroh-Hütte verbringen, in der uns die Tage wie lange und graue Wochen erschienen. Wir verbrachten jeden Tag damit, zu beten und zu flehen, um vor dem bevorstehenden Tod bewahrt zu werden. Mama und die Kinder „schliefen" auf einem Einzelbett. Sie teilten sich eine Schaumstoffmatratze, während Papa auf einer Schicht Bananenblätter auf dem Lehmboden schlief.

Unser Aufenthalt bei Vincent wurde durch eine neue Jagd unterbrochen. Weil unsere Leichen unauffindbar waren, schickte man Fotos meines Vaters an Straßensperren in der Gegend. Ich erinnere mich, wie wir eines nachts zu einem Zeugen Jehovas umgesiedelt wurden. Félicité bot uns an, uns für eine Woche zu beherbergen, bis die Durchsuchungen in Vincents Gegend abgeschlossen waren. Heimlich hörten wir den Rebellensender, dieser versprach für die kommenden Monate eine Befreiung. Jedoch wurde diese winzige Hoffnung auf das Überleben durch weitere Meldungen des nationalen Senders und des Hassradios von RTLM zunichte gemacht. Sie forderten die Menschen auf, „die Arbeit zu beenden", was so viel bedeutete wie alle Tutsi zu töten.

Wir kehrten in unseren kleinen Ziegenstall zurück, der einem Grab glich. Dort verrotteten wir in der abgestandenen Luft, mit ekelhaften Gerüchen und Läusen. Gedanken und Gefühle wie Frustration, Erniedrigung, Resignation, Verlust der Selbstachtung und unerklärliche Schuldgefühle, weil wir als Tutsi geboren waren, plagten uns. Innerlich waren wir bereits tot. Wir verlernten das Sprechen. Wir mussten flüstern. Schamgefühle kannten wir bald nicht mehr. Abwechselnd benutzten wir alle einen kleinen Eimer als Toilette, der schnell gefüllt war und in dem engen stickigen Raum furchtbare Gerüche verbreitete.

Unser Tagesablauf bestand darin, zu Jehova zu beten, für Übungen aufzustehen, uns hinzusetzen oder miteinander zu flüstern. Von draußen kommende Geräusche und lautes Rufen verstärkten die Ungewissheit sowie unsere Unsicherheit und führten zu Todesängsten.

Vincent war so nett zu uns. Er lebte mit seinen drei Kindern in einem größeren Haus, aber er vergaß nie, uns Essen zu bringen. Er kümmerte sich einmal am Tag um unseren Eimer und brachte uns Wasser zum Trinken und zum Waschen von Gesicht und Zähnen. Nachts schlief er mit Papa auf dem Lehmboden, um uns vor unerwarteten Eindringlingen zu schützen. Außerdem hielt er uns über die Geschehnisse in der Gegend auf dem Laufenden.

Eines Tages erlaubte er uns eine „großzügige Dusche" aus einem größeren Eimer mit 20 Litern Wasser für zwei Personen, die drei oder vier Wochen lang nicht geduscht hatten. Die Unannehmlichkeiten waren jedoch nichts im Vergleich zu den hässlichen Kommentaren, die vom Hassradio ausgestrahlt wurden, oder den Geschichten über Massenmorde, von denen Vincent nach seinen „Arbeitstouren" berichtete.

Die Mörder prahlten und sagten: „Erst habe ich diese Tutsi-Frau vergewaltigt, dann habe ich sie getötet." Ein anderer sagte: „Sie gaben mir Geld, um sie auf weniger grausame Weise zu töten."

Manchmal hörten wir qualvolle Schreie von Tutsi, die im Sterben lagen oder zu den Plätzen der Massaker unweit unserer Hütte geführt wurden.

Wir verloren unser Zeitgefühl. Die Tage waren genauso dunkel wie die Nächte.

Naomi und Benjamin waren eine Zeit lang nicht mit uns im Stall. Adolphe hatte sie in sein Haus gebracht, um sie zu verstecken. In dem Moment, als ich sie wiedersah, war es für mich so, als wären sie von den Toten auferstanden.

In meiner Fantasie stellte ich mir vor, wie aus einem „zivilisierten Land" ein Militärflugzeug mit vielen Soldaten kommt. Diese würden dann die Milizionäre aufhalten und unsere Familie retten. Ich konnte es quasi über Afrika fliegen und direkt vor unserer Hütte landen sehen. Das Flugzeug trug in meiner Vorstellung eine französische Flagge, ich nehme an, weil wir in Frankreich gelebt hatten. Die Soldaten würden schnell eingreifen, und man würde uns sofort nach Paris bringen. Natürlich kam das Flugzeug nie. Im Radio hörte ich Kommentare wie: Frankreich unterstützt Hutu-Mörder und bildet sie aus.

Ich betete und hoffte, dass noch bevor die Hutu „die Arbeit beendet" hatten, das Ende käme. Diese Option gefiel mir besser, als mit Macheten in Stücke gehauen zu werden. Doch die Tage zogen sich hin, und nichts änderte sich. Wir flüsterten weiter im Dunkeln, ständig um unser Leben fürchtend, verrotteten hier in einer gefährlichen Umgebung, husteten und litten unter Asthma, Hunger, Durst und Angst, weil wir geborene Tutsi waren.

Wieso wurde ich gejagt, nur weil ich Tutsi war? Wieso durfte ich mir meinen Stamm nicht selbst auswählen? Warum wurde ich von Hutu so unfair behandelt? Warum durften böse Menschen frei auf der Erdoberfläche umherstreifen, während ich wie ein gefährliches Monster monatelang in einer dunklen Hütte gehalten wurde? Ich dachte immer wieder über diese sinnlosen Fragen nach, und schließlich sah ich ein: Ich bin ein Tutsi und bin zum Sterben verurteilt. Es bedurfte keiner weiteren Erklärung.

Gegen Ende Mai kamen viele Soldaten aus verschiedenen Teilen Ruandas nach Save, um der Bevölkerung vor Ort eine „helfende Hand" zu reichen und „die Arbeit" zu beenden. Justin und andere Zeugen Jehovas beschlossen, uns an einen abgelegeneren und sicheren Ort zu bringen. Papa, Pierre und ich gingen zuerst. Jean de Dieu versteckte uns in einem unterirdischen Raum, den wir „das Loch" oder „das Grab" nannten.

Das „Zimmer" befand sich in einem Schuppen hinter dem Hauptgebäude. Der Zugang erfolgte durch ein vertikales Loch mit zwei Stufen, die zu einem horizontalen Tunnel führten, der ungefähr eineinhalb Meter lang war. Wir mussten den Tunnel entlang rutschen, bis wir den Keller erreichten. Wir krochen zu den uns zugewiesenen Plätzen. Der Raum war ursprünglich für die Aufbewahrung der wertvollen Dinge unseres Gastgebers vorgesehen. Wir verstanden, dass wir in seinen Augen wertvoll waren, und das Versteck sicherte glücklicherweise unser Überleben!

Der unterirdische Raum beherbergte drei weitere Zeugen – Elie, Vincent und seine Verlobte –, die den Massakern in ihren Dörfern entkommen waren. Im unterirdischen Raum lag auf dem Boden eine Schaumstoffmatratze. Wir verbrachten unsere Tage und Nächte darauf sitzend. Wir wechselten uns zum Stehen, Knien und zum Hocken ab und schliefen nicht wirklich.

Endlich stießen auch Mama, Naomi, Joel und Benjamin zu uns. Es dauerte Wochen, bis sie kamen. Ich war so glücklich, sie wiederzusehen. Für eine Weile vergaß ich, dass ich mich vor einem Massaker versteckt hielt. Was mir allerdings weiter bewusst blieb, war, dass das Verstecken vor selbsternannten Feinden mich nicht vor Härten schützte. Als ich unsere langen, ungepflegten Haare und Nägel betrachtete, konnte ich nicht umhin, an Nebukadnezar zu denken, den Monarchen, der im Bibelbuch Daniel verrückt wurde. Papa sagte scherzhaft, die Läuse mögen wohl seine grauen Haare nicht besonders, weil nur er keine einzige Laus auf dem Kopf hatte.

Schließlich beschlossen wir, uns die Haare zu schneiden – außer Papa. Wir ähnelten Häftlingen am Tag ihrer Einlieferung, nur trugen wir keine Uniformen. Uns tat auch unser Gastgeber leid. Jean de Dieu war ledig und kümmerte sich um zehn Personen. Es muss eine erdrückende Aufgabe unter so schwierigen Umständen gewesen sein. Auf den Markt zu gehen, konnte manchmal zu einer Herausforderung werden. Oder er konnte einfach nicht kochen, weil Spione nach Zeichen suchten, dass ein Hutu heimlich Leute versorgte. Als er hörte, dass die Rebellenarmee den Krieg gewonnen hatte, war er erleichtert. Er sagte: „Lasst sie kommen und die wenigen, die von ihrem Volk noch übrig sind, mitnehmen.“ Manchmal schien er besorgt zu sein, weil er nicht wusste, wie die Rebellen letztendlich reagieren würden, wenn sie uns fänden.

Er brachte uns Brei zum Frühstück, den wir um vier Uhr nachmittags essen konnten. Einmal verschwand er für drei Tage. Er kam nachts zurück, während wir „schliefen“. In den drei Tagen ernährten wir uns von gerösteten Sojabohnen und Wasser.

Wenn er besonders freundlich war, brachte er uns eine natürliche, ungesüßte Mahlzeit aus Sorghum-Mehl. Diese besondere Mahlzeit wurde „Paf“

genannt, was aus dem französischen kommt und „das Geräusch eines unerwartet herabfallenden Gegenstandes“ imitiert. Wirklich, dieses besondere Gericht war eine Überraschung für uns. Man konnte es leicht zuzubereiten, aber wir hatten es ewig nicht gegessen. Als es endlich kam, waren wir in einem Zustand der Apathie. Das Essen war zu einem Luxus geworden. Unser Gesichtsausdruck wirkte, als wären wir abwesend oder betrunken. Dies waren die ersten Zeichen der Unterernährung. Jene sechs Wochen schienen wie sechs Monate. Jede einzelne Sekunde erschien uns zehnmal länger. Wir sehnten uns danach, dass das Elend und die Angst endlich vorbei sind.

Der 5. Juli 1994 wird für uns immer ein denkwürdiger Tag sein. Vincent brachte uns die Nachricht von der Befreiung, auf die wir schon so lange gewartet hatten. „Die RPF-Armee hat Kigali eingenommen und nähert sich Save“, was etwa anderthalb Stunden von Munazi entfernt liegt.

Vater schrieb an das RPF-Militär und bat darum, uns zu retten. Innerhalb von vier Stunden waren wir von einer Menge von uniformierten Soldaten umgeben. Sie wirkten ruhig und mitfühlend. Unter ihnen waren sehr junge, bis an die Zähne bewaffnete Burschen. Ich fragte mich, ob sie uns in einen Hinterhalt locken wollten. Ich war ihnen nie begegnet, und Angst war mir zur zweiten Natur geworden. Als sie uns aus dem Versteck riefen, war ich beruhigt.

Ich konnte nichts klar erkennen. Das Sonnenlicht trübte meine Sicht – eine Folge davon, dass ich zweieinhalb Monate lang im Dunkeln gewesen war. Ich war nicht in der Lage zu gehen. Als ich versuchte zu sprechen, brachte ich keinen Ton heraus. Die Menschen draußen sahen sich sehr ähnlich. Alle hatten die gleichen traurigen Gesichter.

Wir marschierten zur Gemeinde Shyanda. Jean de Dieu rief seine Eltern, Verwandten und Nachbarn zusammen. Sie hatten nichts von unserer Anwesenheit geahnt und sahen uns an, als wären wir Tiere im Zoo. Einige sagten, wir sähen aus wie Weiße oder Besucher vom Mars. Unsere Hautfarbe hatte sich verändert. Andere konnten nicht verstehen, wie es einer siebenköpfigen Familie gelungen war, den Genozid zu überleben. Ja, es war ein Wunder.

Aus dem Grab herauszukommen, bedeutete gleichzeitig auch wieder all den Hutu gegenüberzustehen. Das überstieg mein Denkvermögen. Sich dieser Realität zu stellen, war schwierig, aber absolut notwendig.

Der 5. Juli 1994 wird mir immer im Sinn bleiben. Denn an diesem Tag bin ich aus dem Grab auferstanden. Während Kinder in meinem Alter sich an hawaiianischen Stränden bräunten oder in der Schule ihre Lieblingsfächer lernten, kehrte ich aus dem Grab zurück. Ich war untröstlich, abgemagert, gedemütigt, verwundet und hatte Angst vor Feinden, die immer noch umherstreiften – erbarmungslos und bereit, das Morden wieder aufzunehmen, falls sich ihnen eine Gelegenheit dazu bot.

RPF-Soldaten begleiteten uns in die Gemeinde Shyanda. Sie beendeten unsere Rettungsaktion. „Die Sicherheit in Butare ist immer noch ein kleines Problem“, sagten sie. „Wenn Sie ohne unseren Schutz hinausgehen, kann es passieren, dass man Sie umbringt.“

Im Auffanglager von Shyanda wohnte meine Familie im Büro des Bürgermeisters. Die anderen Überlebenden bewohnten die übrigen Büros. Bei den Überlebenden handelte es sich um Tutsi, die aus Sumpfgebieten zusammengesammelt oder in Privathäusern entdeckt wurden. Unter den Überlebenden gab es aber eine noch größere Zahl von Hutu, die zu den Familien der Retter gehörten.

Unser Leben im Lager war ein absoluter Alptraum. Obwohl das Lager von hohen Eukalyptusbäumen mit starken tropischen Düften umgeben war, kam ein seltsamer Geruch aus der Ferne. Der Geruch verwesender Körper wurde stärker, als der Sonnenuntergang am Horizont aufflammte.

Ich hatte noch nie eine Leiche gesehen. Auf meinem Weg in den Wald, um Brennholz zu sammeln, sah ich genug für den Rest meines Lebens. Ich sah aufgeschlitzte Leichen, verrottende Leichen, Leichen von Erwachsenen, tote Körper von Kindern und Babys, von Frauen und Männern, von jungen und alten Menschen. Einige wurden teilweise von Hunden gefressen, andere hatten Gliedmaßen verloren, und wieder andere waren enthauptet worden. Manchmal sah ich ein Bein, das noch einen Schuh trug oder einen Schädel, der vom Rumpf entfernt lag. Ich habe mein Kontingent an Leichen für mehrere Generationen gesehen.

Wir verbrachten drei Wochen im Lager. Die Menschen haben uns in vielerlei Hinsicht verwöhnt. Einige boten uns leckeres Essen an, schenkten uns ein Lächeln oder hatten ein tröstliches Wort für uns. Die Hutu in der Gemeinschaft waren äußerst freundlich. Sie hatten das Gefühl, dass sie unsere Hilfe brauchen könnten. Es war an der Zeit, sich mit den Überlebenden anzufreunden, die für ihre Unschuld plädieren könnten, falls es zu einer Anklage vor Gericht käme.

Bei uns zu Hause waren all unsere Besitztümer geplündert oder verbrannt worden. Wir waren in einem verlassenen Haus untergebracht. Nun mussten wir ganz von vorne anfangen. Wir hatten nur schlechte Erinnerungen an die Geschehnisse, die Butare unerträglich machten.

Alle unsere Tutsi-Nachbarn und -Freunde waren weg. Unsere Tanten, Onkel, Nichten, Neffen und Schwiegereltern – einfach weg. Es war zu viel, um in Butare zu bleiben. Wir zogen in die Hauptstadt Kigali. Und das ist das Ende meiner Geschichte.

Obwohl sich diese Tragödie vor über 25 Jahren ereignete, hätte ich diesen Bericht nie geschrieben – und man würde meine Geschichte nie gelesen haben –, *wenn* nichts passiert wäre, *wenn* nicht fast eine Million unschuldiger Menschen getötet worden wären, *wenn* nicht Hunderttausende von Babys und Jugendlichen uns zu früh verlassen hätten, *wenn* der Begriff Genozid nicht in der Zeit nach dem Holocaust geprägt worden wäre, *wenn* der Genozid nicht geplant und ausgeführt worden wäre und ... *wenn* es den Menschen nicht an Menschlichkeit gefehlt hätte.

Der Zweck dieses Berichts besteht nicht darin, die Erinnerungen wach zu rufen, was manchmal herzzerreißend sein kann. Es geht nicht darum, Groll und Ressentiments zu hegen oder Hass und Rache zu fördern. Es geht einfach darum, nicht zu vergessen.

Ich würde mich schuldig fühlen, wenn ich eine solche Gräueltat vergessen würde – die sich leicht wiederholen könnte. Ich werde es nie vergessen und werde mich ein Leben lang verpflichtet fühlen, so etwas nie wieder zuzulassen.

Pierre Muhoza Seminega

Als der Genozid begann, war mein Sohn Pierre 12 Jahre alt. Er wurde in der Schule wegen seiner Tutsi-Herkunft diskriminiert.

Ich heiße Pierre und bin in einer christlichen Familie von Zeugen Jehovas groß geworden. Von klein auf wurde ich in der Bibel unterrichtet. Alle Menschen sind gleich und Geschöpfe Gottes, davon war ich überzeugt. Ob ich Hutu oder Tutsi bin, das haben meine Eltern mich nie gelehrt. Als ich zwei war, zogen wir nach Frankreich. Ich wuchs dort auf und hatte Freunde aller Ethnien. Ich kam mit allen Menschen zurecht. Als wir 1988 nach Ruanda zurückkamen, fand ich mich in einer protestantischen Schule wieder. Der Lehrer verlangte von den Schülern, jeden Morgen aufzustehen und zu verkünden, welcher ethnischen Gruppe man angehörte. Ich konnte dazu nichts sagen und bekam ordentlich Schläge. Dann schickte man mich nach Hause, um mich nach meiner Identität zu erkundigen.

Jeder Lehrer hatte eine „heilige Pflicht" zu erfüllen: Tutsi-Schüler in ihren Klassen aufzulisten. Nachdem ich meine ethnische Identität genannt hatte, sah ich, dass von 50 Schülern in meiner Klasse nur drei bis fünf Tutsi waren.

Im Jahr 1990 griffen die Tutsi-Rebellen von Uganda aus an. Sie wurden *Inkotanyi* genannt. Meine Schulkameraden begannen, sich über mich lustig zu machen und nannten mich *Inkotanyi*. Ich konnte nicht verstehen, warum sie mir den Namen von mir völlig Unbekannten aufdrückten, und ich fühlte mich schuldig, ein Tutsi zu sein. Mein Lehrer war mir da keine Hilfe. Ich fragte meine Eltern, ob ich nicht aufhören könne, Tutsi zu sein. Vater lachte darüber und sagte, aufzuhören, ein Tutsi zu sein, wäre wie aufzuhören, schwarz zu sein. Mir wurde bewusst, dass es nichts mit einer persönlichen Entscheidung zu tun hatte. Man hatte mir das Etikett Tutsi aufgedrückt.

Warum sollte irgendjemand verfolgt werden, nur weil er oder sie zum Beispiel als Schwarzer, als Tutsi oder als Jude geboren wurde? Ich mochte meine Schulkameraden wirklich gern und hoffte, irgendwann würden sie sich ändern und mich ebenfalls mögen. Mit der Zeit wurde es jedoch immer schlimmer. Sie wurden wütend auf mich, bedrohten mich und stießen mich die Treppe hinunter. Die Lage im Land wurde immer angespannter. Wir mussten fliehen. Meine Eltern und ich mussten uns elf Wochen lang versteckt halten und alle möglichen Leiden ertragen: Hunger, Durst, Schlaflosigkeit, Asthma, Todesangst und Erniedrigung.

Zu Beginn war ich mit meinem Vater, meinem Bruder Joel und meiner Schwester Marie auf der Flucht. Mama, Naomi und Benjamin ließen wir zurück. Die Sorge um ihr Überleben ließ mir keine Ruhe, würde ich sie je wiedersehen? Irgendwann kam ich zu der Überzeugung, meine ethnische Gruppe müsse etwas falsch gemacht haben, was meine Eltern mir verheimlichten. Ich hörte auf, meinen Kummer zu ernst zu nehmen. Ich erkannte, dass ich in den Augen der Mörder schuldig war, da ich überlebt hatte.

Ich konnte nicht verstehen, warum ich leben durfte, während eine Million Menschen wegen ihrer ethnischen Zugehörigkeit sterben sollten. *Wo in Ruanda sollte ich danach leben? Sollte ich auf die Leichen meines Volkes treten? Würden diejenigen, die es versäumt hatten, mich zu töten, mich wirklich mögen oder eher eine Gelegenheit suchen, ihre „heilige Arbeit" zu vollenden?* Wieder unter meinen ehemaligen Schulkameraden zu sein, war für mich unvorstellbar; würden sie doch mein Überleben nur mit viel Zähneknirschen und Zorn akzeptieren. Ich würde mich unwohl und völlig fehl am Platz fühlen. Der Meinung, dass es kaum eine Heilung von diesem unsäglichen Genozid gibt, schließe ich mich an.

In Ruanda sagt man: „Wer einem Leoparden entkommen ist, kann darüber reden." Ich aber konnte nur überleben, weil ich von meinen Glaubensbrüdern versteckt und beschützt wurde. Diese Zeugen Jehovas waren bereit, über ethnische Barrieren hinwegzusehen. Sie erkannten die Tutsi als ihre christlichen Brüder und Schwestern an, mit denen sie in starker Liebe verbunden waren, die auf biblischen Prinzipien beruht. Sie zogen geistliche Brüderlichkeit der ethnischen Knechtschaft vor. Meine Liebe zu ihnen ist ebenfalls stark. Wenn ich sie sehe, nehme ich nicht ihre Hutu-Merkmale, ihre Nasen, ihre Münder oder sonst etwas wahr. Ich sehe Menschen, die mich geliebt, mein Leben gerettet und die wahre Quelle des Lebens, Jehova Gott, geehrt haben.

In Kanada spielt es für mich keine Rolle, ob ich Tutsi oder Hutu bin. Ich komme mit allen Arten von Menschen klar, auch wenn sie anders aussehen oder anders fühlen, ob intellektuell oder auch spirituell. Hier fühle ich mich nicht verfolgt, weil ich anders bin als ein Chinese, ein Inder oder sonst jemand mit einem anderen ethnischen, sozialen oder religiösen Hintergrund. Ich wünschte, Ruander könnten von Kanadiern und anderen multikulturellen Gemeinschaften auf der ganzen Welt lernen. Ruanda als Land liebe ich, jedoch nicht seine blutige Geschichte. Wenn doch nur die Schönheit seiner Landschaften auch die Menschenherzen besiedeln könnte. Ja, nur dann würde ich mich danach sehnen, meine Heimat wiederzusehen.

Naomi Seminega

Ich wurde am 18. Mai 1983 geboren, nur drei Monate bevor mein Vater ein Stipendium für ein Studium in Nancy, Frankreich, erhielt. Mama, Marie-Providence, Pierre und ich folgten ihm sechs Monate später. Papa erzählte mir, wie ich weinte, als er mich auf den Arm nahm. Seit sechs Monaten war er weg. Wie konnte mich ein fremder Mann in seine Arme nehmen? Ich hatte mich schnell an meinen Papa gewöhnt. Jeden Morgen, wenn er zur Arbeit in sein Forschungslabor an der Universität Nancy ging und mich verließ, weinte ich.

Meine Tochter Naomi war im April 1994 fast 11 Jahre alt. Während sie sich in Adolphes Haus versteckte, kamen die Mörder, um sie in einem Massengrab zu töten. Kalisa war Mitglied der *Interahamwe*. Er hatte früher für mich gearbeitet und beschützte sie spontan.

Die nächsten fünf Jahre lebten wir in Frankreich. Ich fragte meinen Papa, wo unsere Großeltern waren. Er sagte mir, sie seien in Uganda. Ich fragte ihn, warum sie in einem fremden Land waren. Er erklärte mir, dass sie Anfang der 1960er-Jahre fliehen mussten, weil Hutu sie töten wollten. Ich dachte, sie hätten irgendetwas Falsches getan. Er sagte mir, dass sie verfolgt wurden, weil sie Tutsi waren, aber die Worte Hutu und Tutsi sagten mir nichts. Meine Großmutter interessierte mich sehr, weil Papa sagte, ich ähnele ihr. Ich sehnte mich danach, sie mal zu sehen. Es war ihr jedoch nicht erlaubt, nach Ruanda zu kommen.

Meinen ersten bewussten Kontakt mit Ruanda hatte ich 1988. Zurück aus Frankreich wurde ich in eine von Protestanten geführte Grundschule eingeschult. Hier gewann ich neue Freunde. 1990 wurden Pierre, Joel und ich von unseren Schulkameraden als „Feinde" oder „Kakerlaken" bezeichnet. Wir wurden als Tutsi aufgelistet und mussten den Lehrern über unsere ethnische Zugehörigkeit berichten, von der wir nichts wussten. Man hielt uns für schuldig, weil eine Rebellenarmee der Tutsi von Uganda aus Ruanda angegriffen hatte. Das war Politik. Papa war ein Zeuge Jehovas und beteiligte sich nicht an Politik. Ich konnte es nicht verstehen, warum man unschuldige Menschen verfolgte.

Die Lage verschlimmerte sich und es kam zu Gewaltausbrüchen im Land. Politiker wurden ermordet. Ich erinnere mich an einen aus der extremistischen Hutu-Power-Bewegung mit dem Namen Bucyana, der am Stadtrand von Butare getötet wurde. Ich sagte zu Pierre und Marie, dass wir uns den Ort, an dem er getötet wurde, ansehen sollten. Das war ein gefährliches Unterfangen, und Vater würde unsere Idee nicht unterstützen. Ohne sein Wissen sind wir von zu Hause los und zu Fuß dorthin. Das Geräusch der Schüsse und Granaten überraschte uns. Die Situation wurde immer angespannter. Nachbarn und Freunde versteckten sich bei uns zu Hause, weil sie dachten, sie könnten verschont bleiben, da Papa doch politisch neutral war. Da Mörder Granaten durch die Fenster werfen könnten, schliefen wir nachts im Flur.

Es wurde bald klar, dass alle Tutsi unabhängig von ihrem Glauben oder Verhalten abgeschlachtet werden sollten. Denn innerhalb weniger Tage änderte sich alles, Präsident Juvénal Habyarimana starb bei einem Flugzeugabsturz. Für uns bedeutete dies: keine Schule, kein Markt, kein Sport, kein Besuch bei Freunden, keine Spaziergänge. Wir waren nun Gefangene in unserem Haus. Die Wahrscheinlichkeit zu sterben, wurde immer größer. Aus Kigali wurden groß angelegte Massaker an Tutsi angekündigt. Zu fliehen war nicht möglich, weil es nun überall Straßensperren gab. Papa wurde in die Stadt Butare gebracht, um eine Aufenthaltsbewilligung für einen Tutsi-Besucher aus Kigali auszuhandeln. Er brauchte den ganzen

Tag, um die lokalen Behörden aufzusuchen. Völlig betäubt und verzweifelt kam er zurück nach Hause, denn er hatte das Morden in der Stadt gesehen.

Papa rief uns ins Wohnzimmer und betete gemeinsam mit uns zu Jehova, uns doch Adolphe oder Justin zu schicken, um uns bei der Flucht zu helfen. Innerhalb weniger Minuten kam Adolphe. Wir glaubten und glauben immer noch: Das war die Antwort auf unser Gebet.

Adolphe bot an, Benjamin und mich zu sich nach Hause zu bringen, und wir folgten ihm mit Zuversicht. Wir gingen eine staubige Straße entlang bis zu einer Brücke, die zwei gepflasterte Straßen miteinander verband. Wir stießen auf einen Soldaten, der uns zu sich rief. Adolphe tat so, als ob er ihn nicht gehört hatte, und gleichzeitigt forderte er uns auf, uns zu beeilen. Der Soldat schickte einen Kollegen, um uns aufzuhalten. Er lief uns nach und rief: „Ich werde schießen, wenn ihr nicht stehen bleibt!“ Wir hielten sofort an. Ich zitterte wie Espenlaub.

Der Soldat fragte Adolphe: „Wohin gehen Sie?“

Adolphe antwortete: „Wir gehen nach Hause zurück nach Mbazi, meinem Dorf.“ Er sagte nicht, wer wir sind. Er tat so, als seien wir seine Kinder.

Der Soldat sagte: „Zeigen Sie mir Ihren Ausweis. Können Sie mir sagen, warum diese beiden Kinder nicht in Ihrem Ausweis aufgeführt sind? Sind sie nicht in Wirklichkeit die Kinder des alten Mannes, der in dem letzten Uni-Wohngebäude im Stadtteil Taba in Butare lebt? Ist deren Vater nicht Professor an der *National University*? Wo bringen Sie sie hin?“

Adolphe erwiderte: „Ich nehme sie zu mir nach Hause, weil sie meine Kinder lieben, und ich denke, es ist sicherer für sie.“

Erstaunlicherweise meinte der Soldat, wir sollten lieber nicht die Brücke nehmen. „Die Tutsi werden dort getötet, und ihre Leichen werden in den Fluss geworfen.“ Stattdessen zeigte er uns einen kleinen Pfad, der quer durch das Tal führte.

Wir erreichten einen kleinen Fluss im Tal und mussten ihn wie ein Seiltänzer auf einem einzigen Holzbalken überqueren. Der Weg, der zu Adolphes Haus führte, war uns vertraut, und Adolphe sagte uns, wir sollten zu seinem Haus eilen. Er würde währenddessen Freunden in Save schleunigst Bescheid geben, Papa, Mama, Marie-Providence, Pierre und Joel abzuholen.

Als wir uns Adolphes Haus näherten, saßen zehn Menschen am Straßenrand. Sie starrten uns an und sagten: „Diese Kinder gehören zu dem alten *Inkotanyi*.“

Sie meinten damit, unser Vater würde zu den Rebellen der *Inkotanyi* gehören. So sah man die Tutsi im Land. Das würde heißen, dass alle Tutsi eine Verbindung mit den Tutsi-Rebellen hatten. Zu Adolphes Haus zu gehen, schien nun doch riskanter zu sein, als wir dachten, denn die Leute draußen wussten bereits, wer wir waren. Wir waren ängstlich und hatten keine Ahnung, was mit uns passieren würde.

Als Adolphe an diesem Abend nach Hause kam, waren wir erleichtert. Er sagte: „Euer Papa, eure Mama und eure Geschwister sind am Leben und an einem sicheren Ort. Sagt es bloß keinem."

Mit etwas Seelenfrieden gingen wir zu Bett und hofften, dass diese Hölle bald ein Ende haben würde.

Wir blieben die Nacht bei Adolphe, seiner Frau und seinen drei Kindern. Er hatte eine Tochter namens Dudu und zwei Söhne. Mudendezo war eineinhalb Jahre alt, Dudu war drei. Seine Kinder verstanden nicht, was vor sich ging. Adolphe war ein Hutu, aber seine Frau war Tutsi. Er verstand den inneren Aufruhr der Tutsi. Er machte sich Sorgen um das Leben seiner Frau. Am selben Tag noch musste sie aus ihrem Haus fliehen. Später erfuhren Benjamin und ich, dass sie sich mit Papa, Mama und unseren Geschwistern versteckt hatte. Sie musste in ein Dorf gehen, wo man sie nicht kannte. Am nächsten Morgen war sie nicht mehr da.

Die Nacht vom 21. April war so kurz. Wir fanden keinen Schlaf. Wir hörten Schüsse, die immer näher und näher kamen. Nach draußen zu gehen war unmöglich.

Adolphe sagte: „Zeigt euch keinem Nachbarn." Er ging hinaus, um die Lage zu überprüfen, und ließ uns mit seiner Hutu-Arbeiterin allein. Sie wollte nicht mit uns reden. Sie rief uns zwar zum Essen oder sagte uns, wann es Zeit war zum Duschen, doch irgendwie schien es ihr nicht recht zu sein.

Als mein Bruder und ich das Fenster öffneten, sahen wir eine kleine Gruppe von Männern in bunter Kleidung. Sie sangen Slogans für die beiden extremistischen Hutu-Parteien (MRND und CDR). Ihre Macheten reflektierten die Sonnenstrahlen. Sie schwangen bedrohlich Keulen und lange Eisenstangen. Einige von ihnen hatten Schrotflinten und trugen nur einen Lendenschurz. Andere waren mit Bananenblättern bekleidet und benutzten leere Metallfässer, um einen ohrenbetäubenden Lärm zu erzeugen. Auch Jagdhunde gehörten zu ihnen. Kinder riefen der Gruppe nach und folgten ihnen – wahrscheinlich aus Neugierde. Dieser schreckliche, makabre Anblick ließ uns fassungslos zurück, und wir fragten uns stundenlang, was mit uns passieren würde.

Unsere Angst nahm noch zu, als wir an diesem Tag erneut etwas Furchtbares beobachteten: Wir sahen eine Gruppe von Milizionären, die gewaltsam unentwegt stöhnende Männer hinter sich herzerrten. Sie sahen aus wie Sterbende. Schreckliches war im Gange. Wir dachten, dies geschah, weil die leidenden Männer Tutsi waren, und genauso würde man auch mit uns umgehen.

Adolphe verschwand für 16 Stunden. Als er am Abend des 23. April nach Hause zurückkehrte, hatte sich sein Gesicht verändert. Wir dachten, seiner Frau sei etwas Schlimmes passiert, fragten aber nicht nach. Wir fragten ihn nicht einmal, warum sich die Schießereien intensiviert hatten oder warum überall Schüsse, Mörserfeuer und Granaten zu hören waren.

Plötzlich kam eine weinende Hutu-Frau und vertraute sich Adolphe an. Ihr Mann war ein Tutsi und war ins Mbazi-Stadion gebracht worden, wo Tutsi mit Macheten getötet wurden. Sie bat Adolphe, sie zu begleiten, um die Leiche ihres Mannes im Massengrab zu finden. Um seine Leiche einzuwickeln und zu begraben, hatte sie saubere Laken mitgebracht. Adolphe war mit der Nachbarin den ganzen Nachmittag fort und begrub die Leiche ihres Mannes. Ich stellte mir die Szene seiner Beerdigung vor und konnte an nichts anderes denken.

Adolphe kam erst um sieben Uhr nach Hause. Wir hatten gerade zu Abend gegessen, als er hereinstürmte und sagte: „Nichts wie weg! Nichts wie weg!"

Ohne zu zögern, verschwanden wir. Die Bedienstete nahm den kleinen Sohn auf den Arm, und ich nahm die anderen Kinder bei der Hand. Wir nahmen die Hintertür und flohen unter dem Zaun hindurch in den Busch.

Adolphe rief uns zu: „Beeilt euch! Beeilt euch! Die Mörder kommen!"

Wir rannten und rannten und rannten. Vom Busch aus hörten wir die Hunde und die Metalltrommeln. Wir waren allein mit der feindseligen Bediensteten. Sie sprach kein Wort mit uns. Was für ein schrecklicher Moment! Ich hatte Angst. Ich klammerte mich an sie, im Vertrauen darauf, dass sie den Ort besser kannte als ich und mich beschützen würde. Zu meiner Überraschung jedoch beschimpfte sie mich und sagte: „Geh weg von mir!"

Ich war verwirrt, verletzt und beleidigt. Ganz verunsichert lief ich raus aus dem Busch. Die beiden Kinder folgten mir. Die Milizionäre durchsuchten Adolphes Haus. Mir war klar, dorthin konnte ich nicht zurück. Ich lief ins Tal hinein. Durch die Eukalyptusbäume rannte ich in die Mais-, Sorghum- und Bohnenfelder.

Der Lärm der Trommeln ließ nach. Wir erreichten eine Senke im Tal, und ich fiel in eine Wassergrube. Vielleicht sind wir weit genug weg, um Halt zu machen und uns auszuruhen, dachte ich. Während wir auf dem Feld saßen, fing es an zu regnen. Die beiden Kinder schliefen ein. Ich weiß nicht mehr, wie lange wir dortgeblieben sind.

Adolphe sprach mit den Milizionären in seinem Haus. Sie suchten nach uns, konnten uns aber nicht finden und vertilgten alles Essbare.

Später sagte Adolphe: „Ein Nachbar hat uns verraten. Er meldete, dass ich kleine ‚Kakerlaken verstecke, die man töten muss'."

Die Miliz suchte nach den „Kakerlaken". Wir standen auf der Liste. Adolphe und sein jüngerer Bruder kamen ins Tal, um nach uns zu suchen. Da ich aber die Stimme seines Bruders nicht erkannte, nahm ich an, er sei ein Milizionär, der uns täuschen wolle. Also antwortete ich nicht auf seinen Ruf und schwieg. Ich legte meine Handfläche auf Dudus Mund, da ich befürchtete, sie könnte einen Laut von sich geben.

Als Adolphe meinen Namen rief, antwortete ich, denn ich war mir sicher, er wollte uns helfen. Er brachte uns nach Hause. Wir gingen zu Bett. Für den Fall, dass in der Nacht ein weiterer Angriff geschehen würde, behielten wir unsere Kleider und Schuhe an.

Der 24. April 1994 war ein schöner Tag. Wir wachten früh auf und machten uns Frühstück. Bevor wir mit unserem Frühstück begannen, klopfte jemand an das Tor. Ich ging hinaus, um das Tor zu öffnen, und sah die Gruppe von Milizionären. Sie waren bis an die Zähne bewaffnet. Benjamin und ich rannten hinein und versteckten uns. Die Milizionäre stürmten ins Haus und schauten in jedem Winkel und in jede Ecke.

Sie sagten: „Wo sind sie?"

Sie fanden uns schließlich und brachten uns nach draußen. „Wo sind deine Eltern? Wo ist dein Vater?"

Ich antwortete: „Meine Eltern sind tot."

Sie wollten wissen, wo mein Vater ist.

Ich fragte: „Was hat mein Vater gemacht?"

Sie sagten: „Er hat unsere Häuser angezündet."

Ich wusste, dass es nicht wahr war. *Warum musste er getötet werden? Haben die Tutsi etwas Unrechtes getan, für das alle Tutsi verantwortlich waren? Wussten meine Eltern etwas, was sie uns nicht sagen wollten?*

Adolphe war in Verhandlungen mit den Milizionären, die entschlossen waren, meinen Bruder und mich zu töten. Sie wollten den Kühlschrank, das Radio, Geld und Adolphes Milchkuh im Tausch gegen unser Leben.

Adolphe weigerte sich, sein Hab und Gut wegzugeben.

Ich fing an zu weinen und sagte: „Sei doch nicht so egoistisch! Gib wenigstens eine der Kühe als Lösegeld für unser Überleben weg." Ich war überzeugt, dass Adolphe auf meinen Hilferuf reagieren würde.

Mit Mordgier in den Augen sah mich ein Soldat an. Er schärfte unentwegt seine Machete, klatschte in die Hände und richtete die Machete auf mich. Ich weinte, der Soldat aber schlug mich von hinten mit seinem Knüppel. Beinahe wäre ich gestürzt, aber Adolphe hielt mich fest. Der Milizionär griff nach seiner Machete und versuchte mich zu töten. Ein anderer Milizionär namens Kalisa, der als Gärtner für meinen Vater gearbeitet hatte, streckte seine Hand zwischen die Machete und meine Brust. Die Machete durchbohrte Kalisas Handfläche. Man kann immer noch die Narben auf beiden Seiten seiner Hand sehen.

Benjamin rannte davon und versteckte sich unter dem Bett. Ein weiterer Milizionär zerrte mich nach draußen und ließ meinen Bruder drinnen zurück. Er hatte vor, mich ins Stadion bringen. Dort waren innerhalb von zwei Tagen bereits über 2 000 Tutsi getötet worden. Ich rief nach meinem Bruder Benjamin. Ich wollte, dass er bei mir ist. *Warum sollte er zurückgelassen werden, falls doch unsere Eltern tot sein sollten? Warum sollte er später allein sein oder allein sterben?* Er kam nicht mit.

Wir trafen auf den Schulinspektor, und er sagte zu den Milizionären: „Die ‚Arbeit', die noch zu erledigen ist, ist kaum zu bewältigen. Konzentrieren Sie sich lieber auf erwachsene Männer, bevor Sie sich mit Kindern befassen."

Also änderten die Milizionäre ihre Meinung und brachten mich zurück zu Adolphe. Bevor sie gingen, zählten sie alle im Haus durch. Denn am nächsten Tag, wenn sie zurückkehren würden, sollte niemand fehlen.

Am Abend beurteilte Adolphe die Lage und entschied, uns zu unseren Eltern zu bringen. Von diesem Zeitpunkt an habe ich und meine Familie das gleiche erlebt.

25 Jahre sind nun vergangen. Um nach Kanada zu gelangen, habe ich zwei Kontinente überquert. Mir ist klar, wie klein Ruanda im Vergleich zu meinem neuen Land ist. Ich habe mit Menschen unterschiedlicher Herkunft und sozialer Schichten zu tun gehabt. Einen jeden zu akzeptieren, wie er ist – das zu lernen, ist wunderbar!

Wie können Ruander aus einer solchen Erfahrung profitieren? Besonders die, die immer noch in ihren engen Stammesgrenzen und in ihrem Ethnizismus gefangen sind. Müssen sie zwangsläufig in ihrem Herzen so eingeengt und vertrocknet sein wie die staubigen Trampelpfade ihres Landes? Muss der Hass in ihren Herzen und Köpfen wirklich so tiefe Wurzeln haben wie die Eukalyptusbäume im Erdreich?

Ich glaube, Hass kann entwurzelt und durch Liebe ersetzt werden. Hoffentlich werden sich Jung und Alt gemeinsam dafür einsetzen, dass dies in naher Zukunft geschieht.

Joel Seminega

Mein Sohn Joel war neun Jahre alt, als der Genozid stattfand. Er musste sich wie ein Mädchen kleiden und auch so gehen, da die Mörder es hauptsächlich auf männliche Tutsi abgesehen hatten.

Am 21. April 1994 war ich mit meinen Eltern zuhause, ich war damals neun.

Bernard kam und brachte meinen Vater nach Butare. Er sagte: „Ich komme, um Sie zu den örtlichen Behörden zu bringen, damit Sie eine Aufenthaltsbewilligung für ihren Tutsi-Gast erhalten."

Die Besucherin hatte bei uns zu Hause übernachtet. Sie war auf der Flucht von Kigali.

Mein Vater ging mit Bernard weg und war stundenlang fort. Er verließ uns morgens gegen 10:30 Uhr und kam gegen 17:30 Uhr nach Hause zurück. Was er gesehen hatte, versetzte ihn in Schrecken. Menschen wurden wegen ihrer Tutsi-Herkunft umgebracht. Ich konnte nicht verstehen warum.

Papa versuchte, uns im Haus unseres Nachbarn zu verstecken. Der Nachbar war ein Hutu-Kollege von Papa und wohnte in einer ähnlicher Universitätsresidenz wie wir. Einige Tage vor dem Genozid ging dieser Kollege in sein Heimatdorf zurück und ließ seinen Hutu-Bediensteten zurück. Dieser wohnte in einem Raum außerhalb des Hauses. Vater versuchte, ins Haus des Nachbarn zu gelangen, aber es war nicht möglich. Der Hutu-Bedienstete sah Papa und drohte unsere ganze Familie zu töten, selbst wenn er es schaffen sollte, hineinzukommen. Ich spürte die Gefahr und bekam große Angst.

An diesem Abend kam unser Freund Adolphe, ein Zeuge Jehovas und Hutu. „Ihr solltet das Haus sofort verlassen," sagte er, denn er hatte mitbekommen, wie Tutsi umgebracht wurden. Er wollte uns retten. Naomi und Benjamin nahm er mit. Papa, Mama, Pierre, Marie und ich mussten uns im Busch verstecken. Nun waren Naomi und Benjamin weg und ich dachte, wir würden sie nie wiedersehen. Als Tutsi waren sie dem Tode geweiht.

Wir durchquerten ein kleines Waldgebiet und gingen über eine winzige Brücke. Wir kamen beim Haus von Evariste an. Wir hatten ihn nie kennen gelernt, aber Mama kannte seine Frau. Ich weiß ihren Namen nicht mehr. Sie war eine Hutu, aber sie war lieb und gastfreundlich. Sie bot uns eine Mahlzeit an. Wir aßen nichts, denn wir hatten keinen Appetit. Unser Magen war leer. Zu essen erfordert Mut, wenn man das Gefühl hat, jeden Moment zu sterben.

Adolphe wies uns den Weg zu Justins Haus. Wir hörten, wie unser Haus von der Präsidentengarde beschossen wurde. Wenige Minuten später stießen wir auf eine Straßensperre. Ich zitterte.

Einer von der *Interahamwe* rief: „Zeigen Sie mir Ihren Ausweis!"

Warum hat er danach gefragt? Um sicherzugehen, dass Papa ein Tutsi war? Natürlich war er einer. Ihn wollten sie töten und uns gehen lassen. Sie behielten Papa da und ich weinte. Ich dachte, ich würde ihn nie wiedersehen. Ich würde ihn für immer vermissen, so wie ich Naomi und Benjamin vermisste. Wir erreichten das Haus von Justin. Papa kam später nach, nachdem er 2 000 Ruanda-Franc gezahlt hatte.

An diesem Abend übernachteten wir in Justins Haus. Am folgenden Tag kam ein Milizionär namens Vincent, um uns zu sagen: „Meine Freunde suchen nach euch. Sie wollen euch alle töten."

Vincent versteckte uns in einem Schilfdickicht in der Nähe von Justins Haus. Hier kannte er sich sehr gut aus. Das Dickicht war wie sein zweites Zuhause. Er wies jedem von uns einen „Raum" zu.

Wir blieben 12 Stunden lang im Dickicht. Es regnete. Obwohl wir völlig durchnässt waren, beschwerte sich keiner von uns. Wir blieben stumm – kein Niesen, Husten, Lachen oder Zähneknirschen.

Vincent, von dem wir dachten, er sei ein Spion, rief nach Papa. Zu Justin nach Hause konnten wir nicht zurück. So musste Vincent uns zu sich nach Hause bringen. Papa war einverstanden und ging mit Pierre und Marie. Ich blieb bei meiner Mutter. Als Vincent kam, um Mama und mich zu holen, rutschte ich aus und fiel hin. Mein Fuß tat so weh, ich weinte. Justin hörte mich aufschreien, und er dachte, jemand würde mich umbringen.

Vincent brachte uns in seinen Ziegenstall. Es war eine kleine Hütte, die bedeckt war mit Stroh und Bananenblättern. Es gab keine Fenster, keinen Waschraum, kein Wasser und kein Licht. Es gab nur ein kleines Bett aus Holz und eine Schaumstoffmatratze. Wir blieben dort mehr als einen Monat. Wann würde der Krieg bloß enden? Ende Mai eroberten Tutsi-Rebellen einen Teil von Kigali. Vincent und Justin brachten uns nun in das Haus eines anderen Freundes. Hier in der Gegend war die *Interahamwe* auf der Jagd nach Tutsi-Überlebenden.

Naomi und Benjamin waren nun auch bei uns. Sie mussten Adolphes Haus verlassen, weil die *Interahamwe*-Milizen kamen, um sie zu töten. Immer wieder wollten sie von ihnen wissen, wo sich denn Papa, Mama und ihre Geschwister versteckt hielten.

Wir mussten wieder woanders hin. So gingen wir in kleinen Gruppen, um nicht erwischt zu werden. Ich musste mich sogar wie ein Mädchen kleiden, weil man es auf Jungen abgesehen hatte. Ich trug ein weißes Kleid und Ohrringe dazu. Ich musste wie ein Mädchen gehen. Es war gar nicht leicht. Man musste mich dafür regelrecht trainieren.

Meine Trainerin sagte: „Joel, du bist wie ein Mädchen angezogen und siehst aus wie ein Mädchen, aber du gehst wie ein Junge."

Schließlich konnte ich mich unter eine Gruppe von Hutu-Mädchen mischen, die an einem Sonntagmorgen zum Markt ging. Naomi war auch in der Gruppe. Mama würde später zu uns stoßen. Sie konnte sich weder als Hutu-Frau noch als kleines Mädchen verkleiden. Ich war ängstlich. Würde ich sie wiedersehen? Ich war glücklich, als ich Munazi erreichte. Das Dorf sollte bis zu unserer endgültigen Befreiung aus dem Versteck unser Zuhause sein.

Munazi war anders als die Hütte von Vincent. Wir übernachteten im Haus von Jean de Dieu, einem anderen Zeugen Jehovas. Er war ledig und hatte Bienenstöcke auf seinem Grundstück. Er hatte sehr viel Honig. Er hat mir nie Honig gegeben. Ich hätte gerne welchen gegessen. Mein Vater gab mir immer Honig aus seinen eigenen Bienenstöcken.

Vaters Bienenstöcke hatte man mit Kerosin in Brand gesteckt. Wie grausam! Sie töteten alles, was den Tutsi gehörte. Es war, als hätten sie dabei die Tutsi selbst getötet.

Innerhalb weniger Tage kam Mama zu uns. Sie war erschöpft – kein Wunder. Zwei Monate hatte sie sich kaum bewegt und nun musste sie mehr als vier Stunden barfuß durch Täler laufen.

Der Lieblingsraum von Jean de Dieu war sein unterirdischer Raum, hier bewahrte er seine Wertsachen auf. Metallboxen leisteten uns dort Gesellschaft. Im Keller fanden wir weitere Freunde. Elie hatte durch den Genozid seine Frau und seine drei Kinder verloren. Er redete nicht viel. Ich konnte ihn verstehen. Ich dachte daran, wie es ohne Mama und Papa gewesen wäre. Beinahe hätte ich ja auch Naomi und Benjamin verloren.

Die anderen beiden Personen im Keller waren Vincent und seine Verlobte Immaculée. Sie hatten die Eltern und eine Reihe Verwandter verloren, sahen aber etwas glücklicher aus. Sie konnten die Gegenwart des anderen spüren und konnten sich wenigstens zuzwinkern. Ich war glücklich, Papa, Mama und meine Geschwister bei mir zu haben. Allerdings fühlte ich immer noch eine gewisse Unruhe. Was würde wohl morgen passieren?

Die *Interahamwe*-Milizen hatten ihre Jagd noch nicht aufgegeben. Papa tröstete uns und betete immer, und wir sagten „Amen". Wir stimmten seinem Gebet zu. Wir waren zuversichtlich, dass Jehova uns helfen würde, aus dem Keller herauszukommen.

In dem kleinen unterirdischen Raum war nicht genug Platz. Wir konnten nicht schlafen. Wir saßen und streckten uns. Wenn ich schlafen wollte, mussten alle anderen aufstehen und so bleiben, solange sie es aushielten. Körperlich waren wir sehr erschöpft. Wir blieben dort bis zum 5. Juli 1994.

An diesem Tag machte Vincent uns ausfindig und überzeugte Vater, eine Notiz an die RPF-Soldaten zu schreiben. Innerhalb weniger Stunden kamen 20 von ihnen in Uniform und bis an die Zähne bewaffnet. Sie wirkten ernst, aber freundlich. Sie sahen aus wie eine Mischung aus Hutu und Tutsi. Sie kümmerten sich nicht um ethnische Gruppen. Sie brachten uns in ein Auffanglager für Überlebende. Ich war glücklich. Ich mochte sie und wünschte, alle Soldaten könnten wie sie sein. Ich wünschte mir, diese Soldaten hätten nie jemanden getötet und wären immer nur zur Rettung gekommen.

Als ein Genozid-Überlebender, der jetzt über 30 Jahre alt ist, hoffe ich, dass sich diese Tragödie nicht wiederholen wird. Viele unschuldige Menschen kamen ums Leben, darunter Ärzte, Professoren, Techniker, Landwirte, Mütter, Väter und Jugendliche, die viel Nützliches für ihr Land und für ihre Familien hätten tun können. Viele Täter waren sogenannte Christen. Sie töteten ihre eigenen Glaubensbrüder, weil sie die goldene Regel aus Matthäus 7:12 nicht beachteten. „Behandelt andere deshalb immer so, wie ihr behandelt werden möchtet. Das ist die Kernaussage des Gesetzes und der Propheten."

Als junger Mann bemühe ich mich, jeden zu lieben und mit den unterschiedlichsten Menschen auszukommen. Was für ein Privileg, in einem Land wie Kanada zu leben, in dem täglich mehr als 150 Nationalitäten miteinander zu tun haben und gemeinsam daran arbeiten, die Dinge voranzubringen! Ich wünschte, mehr Ruander könnten kommen und lernen, wie man in Frieden lebt. Und erkennen, dass jeder Mensch Rechte und Pflichten hat. Alle Menschen verdienen Ehre, Würde und Respekt. Lasst uns von jenem Tag träumen, an dem Tutsi und Hutu die jahrzehntelange politische Feindschaft hinter sich lassen und als Bürger Ruandas all das Gute teilen, was die Natur in ihrem Land der tausend Hügel hervorgebracht hat.

Benjamin Seminega

Mein Sohn Benjamin war sieben Jahre alt, als sich der Genozid im April 1994 ereignete. Er versteckte sich mit Naomi bei Adolphe und fragte sich, wie er allein überleben sollte, wenn sie Naomi töten würden.

Es war eine ziemliche Herausforderung für Benjamin, sich daran zu erinnern, was 1994 geschah, aber er erklärte sich bereit, die folgenden Fragen nach bestem Wissen und Gewissen zu beantworten.

Frage 1: Benjamin, wann und wie hast du erkannt, dass du ein Tutsi und kein Hutu bist?

Antwort: Ich weiß nicht mehr genau, wann ich es herausfand. Aber ich glaube, es war, als meine Familie und ich uns in dem unterirdischen Raum im Haus von Jean de Dieu versteckten. Er spielte immer mit mir und meinem älteren Bruder Joel.

Er machte spielerische Gesten und sagte scherzhaft: „Einige Leute werden dir mit Knüppeln auf den Kopf schlagen, wie sie es bei anderen Tutsi getan haben."

Nach der Rettung vom Genozid wurde ich in ein Gemeindezentrum verlegt, und es gab viele Hutu-Männer, die verhaftet und uns vorgeführt wurden, um sie an Ort und Stelle vor Gericht zu stellen. Da fing ich an, ständig die Worte Tutsi und Hutu zu hören. Einige RPF-Soldaten sahen aus wie Hutu. Allein sie anzusehen, war für die meisten von uns dort sehr beängstigend. Jeder sprach dort schlecht über Hutu wegen ihrer Taten, die einige von ihnen begangen hatten. Nach der Rettung im Gemeindezentrum zu sein, trug viel zu meiner Vorstellung davon bei, was es bedeutet, Tutsi oder Hutu zu sein.

Frage 2: Wann wurde dir bewusst, dass du getötet werden könntest, weil du ein Tutsi warst?

Antwort: Ich kann mich nicht erinnern, wann mir klar wurde, dass man mich jagte, weil ich ein Tutsi war. Auch erinnere ich mich nicht daran, dass meine Eltern je davon sprachen. Ich war ja noch ziemlich klein. Zum ersten Mal hörte ich meinen Vater bei Jean de Dieu darüber reden. Davor war mir nicht wirklich bewusst, warum wir gejagt wurden.

Frage 3: Könntest du uns bitte so viel wie möglich über das erzählen, was du während des Genozids mitgemacht hast? Vielleicht möchtest du mit der Zeit beginnen, als du mit Adolphe das Haus verlassen hast. Dann, wie du mit deinen Eltern vereint in Jean de Dieus Raum zusammen warst, und wie ihr später ins Shyanda Community Center gebracht wurdet.

Antwort: Noch kurz vor dem Genozid spielten wir wie immer in unserem Vorgarten Fußball. Eines Tages sahen wir, wie zwei Armeeoffiziere einen Mann den Hügel herunter eskortierten. Sie schlugen auf den Mann ein, während dieser schrie. Schweigend beobachteten wir die ganze Szene.

Meine Brüder und ich hörten auch immer wieder, wie Milizionäre und Soldaten in den umliegenden Wäldern ausgebildet wurden. Wir hörten Schüsse und Explosionen. Einige Leute mochten die Geräusche sogar. Sie sagten: „Oh! Die Rebellen kommen näher."

Ich erinnere mich, wie ich einmal zu einer Straße in der Nähe des Museums ging, wo viele Proteste stattfanden. Ich sah in Lastwagen *Interahamwe*-Milizen und Waffen. Sie sangen und schrien in große Mikrofone. Alle schalteten ihre Radios ein, auch meine Eltern, unser Hirte und unsere Nachbarn. Alle wollten unbedingt wissen, wie der Krieg weitergeht.

Ich sah Militärflugzeuge über unserer Nachbarschaft fliegen.

Als uns eine Familie besuchte, mussten wir auf dem Flur schlafen. Es war dunkel und beängstigend mit all dem Lärm von draußen.

Mama war besorgt, dass Papa nicht mehr zurückkommen würde, und wir warteten mit dem Abendessen auf ihn. Papa kam und sagte ganz ruhig, wir sollten uns im Wohnzimmer zum Beten versammeln. Adolphe tauchte auf und brachte uns zu sich nach Hause. Ich hörte draußen eine Menge Lärm. Als Naomi und ich versuchten, durch das Fenster zu schauen, hinderte uns Adolphes Dienstmädchen daran.

Eines Tages erfuhren die Milizen von uns. Sie hatten Waffen. Ich erinnere mich an zwei von ihnen. Der eine war groß und hellhäutig und hatte ein kleines Schwert oder Messer. Der andere war ein kleiner, älterer, dunkelhäutiger Mann mit einer blauen Jacke und einer langen Machete. Ich glaube, ich ging zurück ins Haus, um mich zu verstecken. Ein Hutu-Milizionär ging mit seinem Messer auf meine Schwester los, aber ein anderer Hutu, der zuvor für uns gearbeitet hatte, griff ein. Die Milizionäre zogen schließlich ab, weil Adolphe ihnen gesagt hatte, es gäbe eine Kuh zu schlachten. Das wollten sie überprüfen, „versprachen" uns aber, zurückzukommen. Sie kamen tatsächlich in dieser Nacht zurück, aber Adolphe hatte uns hinter sein Haus gebracht. Dort versteckten wir uns hinter Büschen.

Im Ziegenstall waren wir dann wieder als Familie vereint. Ich bekam dort Asthmaanfälle. Einige meiner Geschwister und Papa auch. Wenn wir husteten, gingen wir mit dem Kopf unter eine Decke und legten den Mund auf die Matratze, damit wir von den Passanten nicht gehört wurden.

Ich erinnere mich, dass Papa und ich uns nachts mit einem Eimer Wasser draußen gewaschen haben. Als wir Schritte auf dem Feld hörten, sagte Papa, ich solle stillhalten, da er fürchtete, es sei die *Interahamwe*. Glücklicherweise war es Vincent. Er sagte: „Keine Angst. Ich wollte nur sicher sein, dass euch hier niemand überrascht."

Mama und ich gingen zu Damascène nach Hause. Dort hatte ich immer Hunger. Manchmal musste Mama mir ihre eigene Portion geben. Ich erinnere mich auch daran, wie ich von Mama huckepack getragen wurde und nachts mit ihr und Damascène unterwegs war. Als meine Mutter und ich zum Rest der Familie in das Haus von Jean de Dieu kamen, musste ich mit einem Mann namens Jean-Marie auf einem Fahrrad fahren. Er brachte mich zu seiner Familie, und ich sah seine Oma Bohnen pflücken. Es waren auch andere Leute dabei. Schließlich schloss ich mich dem Rest meiner Familie an. Sie waren glücklich, mich wiederzusehen. Eine meiner liebsten Erinnerungen ist, als meine älteste Schwester mich sah. Ihr Gesicht strahlte vor Freude.

Eine Zeit lang wohnten wir im Haus von Jean de Dieu. Wir zogen in einen kleinen unterirdischen Raum, den wir „das Loch" nannten. Wir mussten dorthin, weil die Nachbarn anfingen, misstrauisch zu werden. Im Loch hörten wir eine Menge Lärm von draußen. Es war beängstigend, all die Schreie zu hören: Tag und Nacht. Irgendwann hatte ich mich an den Lärm gewöhnt, und er störte mich nicht mehr. Dann kamen die Rebellen und retteten uns.

Frage 4: Hast du gesehen, wie während des Genozids jemand getötet wurde?

Antwort: Wie jemand getötet wurde, habe ich nie gesehen, da wir uns ja versteckt hielten. Als wir gerettet wurden, gingen wir in Häuser und sahen, dass es dort Leichen gab. Die Überlebenden identifizierten ihre Lieben oder ihre Nachbarn. Der Geruch war schrecklich. Das Bild, das niemals aus meinem Kopf verschwinden wird, ist die Leiche einer Mutter mit ihrem toten Baby auf dem Rücken.

Als wir in Shyanda waren, rannte ein Mann aus dem Gebüsch, während wir Wasser holten. Die Rebellen erschossen ihn auf der Stelle. In der

Gemeinde hielt man viele Männer fest. Einer soll sogar ein Kannibale gewesen sein. Er wurde allen vorgeführt, sie alle begannen vor Wut zu schreien. Die Rebellen banden ihn an einen Lastwagen und schleiften ihn am Boden liegend hinter sich her.

Ein anderer Rebellensoldat hatte einige Überlebende misshandelt. Zuständige vom Militär führten ihn vor, schlugen ihn mit Stöcken und steckten ihn in ein Loch. Das Loch hatten sie gegraben, während der Mann an einen Baum gefesselt war. Die Rebellen bereiteten den gefangenen *Interahamwe* extreme körperliche Schmerzen, um an Informationen zu gelangen. Nachts hörten wir die Gefangenen schreien. Wir hatten Angst, nachts zu den Latrinen außerhalb des Lagers zu gehen, aber die Rebellen begleiteten uns. Es war dunkel, unsicher und beängstigend.

Von links nach rechts: Pierre, Benjamin, Naomi und Joel in Kigali, etwa sechs Jahre nach dem Genozid.

Anhang 2

Zeitzeugenberichte unserer Retter: Gerechte unter den Hutu

Adolphe, Justin und ihre Freunde waren die Initiatoren unserer Rettungsaktion. Die folgenden Berichte sind ihre persönlichen Zeugnisse. Sie erzählen von den Herausforderungen, vor denen sie standen, und wie sie sich fühlten, während sie uns halfen, zu überleben.[1]

Adolphe

Als in der Gegend von Butare, wo ich lebte, die Mörder begannen, Menschen wegen ihres Tutsi-Hintergrunds zu töten, war ich todunglücklich. Sofort dachte ich an unsere Glaubensbrüder, die Zeugen Jehovas in Ruanda, und insbesondere an die Familie von Tharcisse Seminega. Ich betete zu Jehova, sie zu beschützen, und besuchte sie sofort in ihrem Wohnsitz in Taba in der Stadt Butare. Als ich ihr Haus erreichte, war Bruder Seminega gerade von seiner Tour mit Professor Bernard nach Hause gekommen. Ich war so glücklich, sie lebend vorzufinden. Er sagte mir: „Als du hereinkamst, hatte ich gerade gebetet und Gott gebeten, dich oder Justin zu schicken, um uns zu helfen, und schau! Schon bist du da!“

1 Die englische Originalversion der Berichte wurde vom Autor aus dem Kinyarwanda übersetzt.

Seine Frau Chantal rief die Kinder. Sie hatten sich unter den Betten versteckt, als sie das Klopfen an der Tür hörten. Chantal sagte: „Adolphe, was sollen wir nur tun?“ Sofort zeigte ich ihnen, auf welchem Weg sie durch das Tal zum Dorf Save gehen sollten, um an die besprochene Stelle zu gelangen. Ich für meinen Teil brachte zwei der Seminega-Kinder ohne größere Probleme zu mir nach Hause. Nachdem ich wusste, dass sie bei mir zuhause sicher sind, ging ich sofort zu Bruder Justin und Bruder Joseph. Ich informierte sie darüber, wie sie den Rest der Familie Seminega finden konnten. Diese Brüder nahmen die Sache sehr ernst und gingen los.

Am nächsten Tag ging ich zu Justin nach Hause und freute mich, dass alle anderen aus der Familie da waren. Nach etwa einer Woche bat Bruder Seminega mich, ihm seine beiden Kinder zurückzubringen, damit die Familie wieder zusammen ist. Wegen der Nachtwachen war es sehr gefährlich, mit den Kindern unterwegs zu sein, also betete ich zu Jehova deswegen. Gegen Mitternacht gelang es mir ohne Probleme, die Kinder zu dem Ort zu bringen, an dem sich der Rest der Familie versteckte. Danach beteten wir weiter für sie, wissend, dass die Zeiten schwierig waren, vor allem aufgrund der Lebensmittelknappheit. Als der Genozid von 1994 vorbei war, waren wir überglücklich zu erfahren, dass die ganze Familie überlebt hatte.

Joseph

Sobald mir mitgeteilt wurde, dass die Familie Seminega den Bach Rwabuye überquert und das Dorf auf der anderen Seite des Tals erreicht hatte, war mir klar, dass wir alles tun mussten, um sie von dort wegzubringen und ihnen bei der Flucht zu helfen.

Justin

Als ich erfuhr, dass die Familie in Sicherheit war, freute ich mich sehr. Mir wurde aber bewusst, wie viel es noch zu tun gab. Es war der Beginn einer langen Reise, die eine geraume Zeit in Anspruch nehmen würde. Kein Mensch wusste, wie lange diese Situation andauern würde. Ich betete zu Jehova und legte die Sache in seine Hand. Ich dachte über seine rettende Kraft nach und darüber, wie er sein Volk in der Vergangenheit befreit hatte und dies auch heute noch tut.

Kurz danach traf ich Bruder Joseph, und wir überlegten uns, wie wir die Familie von dem Ort auf der anderen Seite des Tals wegbringen könnten. In dem Dorf Save, in dem wir lebten, hatte der Genozid noch nicht begonnen.

Pausenlos betete ich in meinem Herzen um Gottes Führung und Schutz. Sofort dachten Joseph und ich an Josephs Hausarbeiter, der die Nachbarschaft kannte. Er begleitete uns durch ein Gebiet, in dem überall strenge Nachtwachen organisiert worden waren. Als wir uns nach unserem Ziel erkundigten, waren wir froh zu hören, dass es gleich nebenan lag. Dort fanden wir die Familie Seminega. Wir dankten der Familie, die sie einige Stunden lang beherbergt hatte und brachten sie sofort zu Fuß zu mir nach Hause.

Auf dem Heimweg trafen wir auf eine Menschengruppe, die ich relativ gut kannte. Sie fragten nach unseren Personalausweisen. Bis auf mich und Tharcisse ließen sie den Rest der Familie gehen. Da der Genozid in unserem Dorf gerade erst begonnen hatte, zögerten die Milizionäre noch, zu töten. Ich nutzte die Chance und flehte sie an, Tharcisse nicht zu töten. Sie gingen nicht nur darauf ein, sondern gingen noch einen Schritt weiter. Aus lauter Freundlichkeit liefen sie ein Stück des Weges mit uns, um uns einen Umweg zu zeigen, wie wir die Nachtwachen umgehen konnten. Wenn wir Passanten trafen, boten wir ihnen sofort Geld für Getränke an und dankten ihnen, dass sie uns nicht verrieten. Denn uns war klar, dass die meisten Dorfbewohner beim Morden mitmachten. Am Abend erreichten wir alle wohlbehalten unser Zuhause. Wir hatten erfolgreich einen Weg von fast drei Kilometern zurückgelegt. Wir dankten Jehova.

Während dieser ganzen Zeit hatten wir uns an die Hoffnung geklammert, dass am Ende alles nach Gottes Willen verlaufen möge.

Bruder Joseph sagte: „Ich habe mit eigenen Augen gesehen, wie Jehova seine Diener rettet, besonders, wenn sie sich nicht auf ihre eigene Kraft verlassen."

Ich dachte über Sprüche 18:10 nach: „Der Name Jehovas ist ein starker Turm. Der Gerechte läuft hinein und wird beschützt."

Es dauerte nicht lange, bis sich das Morden überall im Dorf ausbreitete. So verbrachte die Familie von Tharcisse die nächste Nacht in einem Schilfdickicht auf dem Hügel hinter meinem Haus, weil die Mörder begonnen hatten, nach ihnen zu suchen. Ein Mann namens Vincent, der die Bibel studiert hatte, ohne Stellung für die biblische Wahrheit zu beziehen, bot sich an, sie ganz früh am Morgen aus dem Dickicht zu holen. Die Familie begleitete ihn zu seinem Haus, und er brachte sie in einem kleinen Ziegenstall aus Lehm unter. Vincent war zu diesen Opfern bereit, weil er die Zeugen Jehovas liebte und Mitleid mit dieser Familie hatte.

Das Überleben von Tharcisses Familie zu sichern, stellte uns vor große Herausforderungen. Erstens fragten mich die Leute, wo die Familie nun abgeblieben sei, denn sie wussten, dass sie zu mir nach Hause gekommen war. Die Mörder waren gekommen und fanden niemanden. Zweitens waren die Lebensmittel knapp, weil überall die Märkte geschlossen waren und Ausgangssperre verhängt war. Dazu kam noch, dass Vincent nervös und ängstlich wurde, als er sah, was vor sich ging. Er fragte sich, was wohl aus ihm wird, wenn die Mörder herausfinden, dass er die Familie versteckt hielt.

Ich machte ihm daher jeden Tag Mut, denn aus Angst wurde er manchmal aggressiv. Wenn das der Fall war, geriet auch ich in Furcht. Also bemühte ich mich, ihm jeden erdenklichen Gefallen zu erweisen, um ihn zu beruhigen. Ich ermutigte ihn, gab ihm Versprechungen, betete für ihn und versorgte ihn mit etwas Geld, damit er sich mit seinen Nachbarn amüsieren konnte. Das tat ich die ganze Zeit über, während die Familie von Tharcisse im Ziegenstall war.

Was die Versorgung mit Nahrungsmitteln betraf, war es nicht leicht, das Nötige zu bekommen, doch die Familie war nie ohne Essen. Auch das Bargeld, das wir von Bruder Tharcisse erhielten, half uns sehr. Wahre christliche Liebe zeigte sich auch, als Bruder Gaspard Rwakabubu und Bruder Lamec Bubegwa sich in solch einer kritischen Zeit von Kigali nach Butare auf den Weg machten, um mir 15 000 Ruanda-Franc zu überreichen, damit der Familie weiterhin geholfen werden konnte. Vor ihrer

Rückreise versicherte ich ihnen, dass wir alles in unserer Macht Stehende getan hatten, um der Familie zu helfen. Der Rest lag nun in den Händen Jehovas. Sie gingen überglücklich weg, denn sie wussten, dass die ganze Familie noch am Leben war. Ich teilte mit der Familie alle Nahrungsmittel, die ich hatte.

Weitere Herausforderungen kamen hinzu. Nahrungsmittel in ihr Versteck zu bringen, wurde immer schwieriger. Warum? Essen für viele einzukaufen oder zu kochen war gefährlich. Leute, die das mitbekamen, wären nur neugierig geworden oder sogar misstrauisch, also mussten wir im Verborgenen handeln. Außerdem stand der Ziegenstall am Rande der Hauptstraße, nur 120 Meter von der Pfarrkirche und vom größten Markt der Gegend entfernt, was die Gefahr noch erhöhte. Das war für mich ein Alptraum. Manchmal konnte ich nicht schlafen, weil mir durch den Kopf ging, wie ich es vermeiden könnte, Verdacht zu erregen. Mir gingen auch diejenigen nicht aus dem Sinn, die mich immer wieder fragten, wo die Familie abgeblieben sei. Denn sie wussten genau, dass die Familie zu mir nach Hause gekommen war. Und immer wieder sagte ich ihnen, sie seien auf jeden Fall zu mir nach Hause gekommen, wie sie es immer taten, wenn sie zu den christlichen Zusammenkünften kamen. Aber dieses Mal, so fügte ich hinzu, waren sie auf dem Weg zu ihren Verwandten in Gisagara gewesen.

Ein weiteres Problem war Asthma. Fünf der Familienmitglieder hatten Asthmaanfälle. Hinzu kam die große Sorge wegen Malaria, wenn man bedenkt, wie klein der Raum war und wie viele darin lebten. Ich tat mein Bestes, um die nötigen Medikamente zu besorgen.

Irgendwann wurde es zwingend nötig, den Ort zu wechseln. Jedes einzelne Haus wurde durchsucht. Man fahndete nach geraubten Geräten und Materialien aus Schulen und Krankenhäusern. Dabei hätte man auch die Familie von Tharcisse finden können.

Das nächste Dilemma bestand darin, dass die Kämpfe immer näher zu uns heranrückten und die Menschen von überall her auf der Flucht waren. Während wir mit Bruder Tharcisse weiter Kontakt hielten, berieten wir uns, wie wir ihre Lage verbessern konnten. Wir waren uns alle einig, dass sie schnellstens den Ziegenstall verlassen und in das abgelegene Dorf Munazi gebracht werden mussten.

Natürlich brachte diese Entscheidung weitere Herausforderungen mit sich. Ich hatte sonst niemanden, mit dem ich die Angelegenheit besprechen konnte, um Rat zu erhalten. Es durfte ja niemand wissen, wo die Familie war. Sogar unseren Glaubensbrüdern und -schwestern in unserer Versammlung sagten wir, die Familie sei nicht mehr in unserer Gegend. Ich sagte immer wieder: Egal wo sie sein mögen, solange wir keine Informationen über ihren Tod haben, sind sie am Leben. Generell wusste man, wenn jemand getötet worden war, wer es war und wo es war. Das große Problem bei der Familie von Tharcisse bestand eigentlich darin, dass es nirgendwo Aufzeichnungen darüber gab, dass sie getötet worden waren. Deshalb gaben die Mörder die Suche nach ihnen nicht auf.

48 Stunden lang grübelte ich über diese schwierige Situation nach und dann beschloss ich, die Angelegenheit mit Bruder Jean-Marie zu besprechen. Wir entschieden, die Familie bei starkem Regen und Dunkelheit nach Munazi umzusiedeln. Mein leiblicher jüngerer Bruder und Glaubensbruder Jean-Damascène kannte die Gegend von Munazi sehr gut, weil er dort lebte. Ich besprach mit ihm unser Projekt. Als er erfuhr, wo sich die Familie Seminega aufhielt, war er überglücklich und ganz aufgeregt. Er war mehr als bereit, alles für sie zu tun, was er nur konnte. Jean-Damascène willigte ein, sie in sein Haus in Munazi zu bringen und den Rest in Jehovas Hand zu legen. Er informierte unverzüglich Bruder Jean de Dieu, seinen Freund in Munazi. Dieser hatte in seinem Haus eine Grube gegraben, die nützlich sein könnte, um Brüder in Schwierigkeiten zu verbergen.

Dann habe ich die Familie mit schwarzen Plastikregenmänteln versorgt. Wir waren es gewohnt, Jehova zu bitten, sie zu beschützen. Es war nur eine Frage der Zeit, doch der Regen blieb aus. Natürlich brauchten wir Regen und Dunkelheit. Bruder Jean-Damascène hatte die Aufgabe, die täglichen Wetterbedingungen zu beobachten, vor allem abends. Es dauerte nicht lange, und wir hatten Regen und Dunkelheit. Wir waren überglücklich.

Bruder Jean-Damascène informierte die Familie von Tharcisse darüber, dass sie sofort woandershin müssten, obwohl allein dieses Gespräch hätte Verdacht erregen können. Trotzdem begleitete Jean-Damascène Bruder Tharcisse und ließ es sich nicht nehmen, zwei seiner Kinder nach Munazi zu begleiten. Sie erreichten sicher sein Zuhause. Bruder Jean de Dieu wartete schon auf sie, und er brachte sie zu dem sogenannten Loch, das er in seinem Haus für sie vorbereitet hatte. Kurz darauf begab sich auch Chantal Seminega bei starkem Regen und Dunkelheit an den gleichen Ort.

Jean Damascène

Diese lange Strecke bei starkem Regen und Dunkelheit zurückzulegen, war wirklich anstrengend, wenn man bedenkt, dass unsere Gäste mehr als einen Monat lang nur gesessen hatten, ohne sich zu bewegen. Und was noch schlimmer war, sie mussten auf den felsigen Pfaden barfuß laufen. Durch den starken Regen war es auch noch rutschig. Manchmal blieb uns nichts anderes übrig, als durch dichte Büsche mit Dornen zu gehen, um so den Wachposten nicht zu begegnen. Ich glaubte nicht, dass mir dieses Wagnis gelingen würde. Also beteten wir jedes Mal, bevor wir uns weiter auf den Weg machten, zu Jehova um seinen Schutz.

Zu diesem Zeitpunkt wusste niemand, wo sie sich befanden, außer denen, die mit dem Plan vertraut waren. Das Preisgeben ihres Aufenthaltsortes hätte unsere Unternehmungen zum Scheitern verurteilt.

Auch unsere Glaubensschwestern spielten eine bemerkenswerte Rolle bei dem sieben Kilometer langen Marsch durch die Täler. Zum Beispiel Christine und Adolphine. Sie stellten sich zur Verfügung, um die beiden Jungs zu begleiten, die man als Mädchen verkleidet hatte. Männliche Personen wurden wie Tiere gejagt, aber für Frauen und Mädchen war es nun weniger gefährlich. Man hatte ihnen Amnestie gewährt. Die oben erwähnten Glaubensschwestern nahmen zuerst an der christlichen Zusammenkunft teil und begleiteten dann die verkleideten Jungs ins Haus von Jean-Damascène. Am helllichten Tag nahm dann die Glaubensschwester M. M. die Kinder mit aus dem Haus von Jean-Damascène und gab vor, dass sie die Kinder ihrer Schwester sind, aus Kigali kommen und die Verwandten in der Gegend besuchen wollen. In Munazi waren die Kinder wieder bei den Eltern und die Familie war vereint. Wir besuchten sie weiter und brachten ihnen Essen, soweit dies möglich war. Da ich vorher in dieser Gegend nicht unterwegs gewesen war, mussten wir sehr vorsichtig sein.

Kurze Zeit später mussten auch meine Freunde und ich fliehen. Um in der Nähe von unseren Brüdern zu bleiben, die in dem Loch gefangen waren, flohen wir nicht zu weit weg. In dem Loch war die Familie von Tharcisse zusammen mit drei weiteren aus der Gemeinde Ruhashya, nämlich Bruder Élie, Bruder Vincent und Schwester Immaculée.

In den darauffolgenden Tagen verließen Joseph und ich unser Versteck und besuchten sie erneut. Wir hatten gehört, dass die Armee der *Inkotanyi* die Kontrolle über die Stadt Butare übernommen hatte.

Aufmerksam verfolgten wir die Nachrichten im Radio. Als wir Bruder Tharcisse sahen, schlug er vor, dass wir uns alle gemeinsam treffen sollten. Er teilte uns mit, dass er eine schriftliche Botschaft an die Militärbehörden der *Inkotanyi* in Save geschickt habe. Die Botschaft war Vincent anvertraut worden, demjenigen, der diese Familie einen Monat lang in einem Ziegenstall beherbergt hatte. Als wir wieder gingen, dauerte es keine drei Minuten und wir sahen Soldaten, die das Haus von Bruder Jean de Dieu umzingelten. Sie brachten alle in ein Auffanglager der Überlebenden in Shyanda. Bruder Joseph und ich waren überglücklich. Wir gingen sofort zu unseren Familien zurück und kehrten mit ihnen heim.

Ich habe die Erfüllung der Worte Gottes aus Psalm 3:8 persönlich erlebt: „Rettung kommt von Jehova. Dein Segen ist auf deinem Volk."

Anhang 3

Historische Dokumente 1940er- bis 1960er-Jahre[1]

Die Dokumente in diesem Abschnitt enthalten relevante Informationen, die beim Verstehen der Hintergründe der im Buch geschilderten Ereignisse helfen sollen. Sie beleuchten die Gründe für bestimmte unmenschliche Handlungen verschiedener historischer Akteure. Es wird dem Leser empfohlen, sich diese anzusehen, um besser zu verstehen, was 1994 geschah.[1]

1 Übersetzung der englischen Version durch den Verfasser, sofern nicht anders angegeben. Die Formatierung des Originals wurde beibehalten, einschließlich der ruandischen Schreibweise, die je nach Quelle variiert.

Patronatsvertrag zwischen Herr und Diener

Agropastoraler Patronatsvertrag „ubugaragu“ in Ruandas „nyiginya“[2]

Der Rat des Mwami (König) hielt diese Statuten 1941 in Übereinstimmung mit den in Ruanda-Urundi geltenden Sitten und Gebräuchen schriftlich fest. Sie wurden ab Januar 1942 verbindlich.

Art. 1: Vertragsart

Der „ubugaragu“-Vertrag (Patronat) ist eine aus freien Stücken akzeptierte Vereinbarung zwischen zwei Personen, gemäß der die erste Person, „shebuja“ (Herr) genannt, einer zweiten Person, „umugaragu“ (Diener) genannt, eine beziehungsweise zwei Kühe übergibt.

Art. 2: Arten von Dienstverträgen („ubugaragu“)

Der Patronatsvertrag kann mündlich vereinbart werden; in diesem Fall können ein oder mehrere Zeugen jede der Vertragsparteien unterstützen. Es wird jedoch empfohlen, dass die Parteien ihren Vertrag durch das Gericht im Bezirk des Herren registrieren lassen.

Das zur Registrierung eines Patronatsvertrages berechtigte traditionelle Gericht ist dasjenige, das sich im Hauptwohnsitzgebiet des Herren befindet.

Jeder Patronatsvertrag tritt ab 1. Januar 1942 in Kraft und muss unter allen Umständen registriert werden. Ab diesem Datum sind die traditionellen Gerichte verpflichtet, das Weiterleiten von Rechtsstreitigkeiten im Zusammenhang mit einem Vertrag abzulehnen, wenn dieser nicht in Übereinstimmung mit dieser Verordnung registriert worden ist.

Die Registrierung von Verträgen erfolgt nicht durch den Registrator, sondern durch einen Richter des traditionellen Gerichts. Die Aufgabe des Richters besteht darin, die [Vertrags-]Parteien zu registrieren und zu beraten. Die Registrierung von Verträgen, die nicht mit diesem Gesetz oder dieser Gesetzesvorlage übereinstimmen, lehnt er ab.

Art. 3: Die Verpflichtung des Herren („shebuja“)

Die grundlegende Verpflichtung des Herren besteht darin, seinem Diener mindestens eine Kuh mit guten Fortpflanzungseigenschaften zu

2 *Bulletin de Jurisprudence des Territoires Indigènes du Ruanda-Urundi,* (Astrida, 1946), 134, 141. Auch in: J.N. Nkurikiyimfura, *Le gros betail et la societe rwandaise: Evolution historique des XIIè-XIVè a 1958* (Paris: L'Harmattan, 1994), 234-244.

geben. Wird diese Bedingung nicht erfüllt, so ist der Vertrag nichtig. Darüber hinaus schuldet der Herr seinem Diener Beistand und Schutz bei allen Schwierigkeiten, die außerhalb seines Einflussbereiches auftreten sollten.

Art. 4: Die Verpflichtung des Bediensteten

Je nach Brauch lassen sich die Pflichten des umugaragu in zwei Kategorien einteilen.

- Pflichtdienst
- Freiwilligendienst

Art. 5: Pflichtdienste

- Gufata igihe: eine zugewiesene Zeit mit seinem Herren verbringen, im Dienst sein.
- Kuralira: als Nachtwächter im Wohnsitz des Herren dienen.
- Kubaka inkike: den Zaun errichten oder reparieren.
- Ingishywa: eine Melkkuh für den Herren bereitstellen, wenn er auf Reisen ist.
- Umurundo: das ganze Vieh, das in seiner Obhut ist, dem Herrn vorführen.
- Indemano oder Umunani: Acht dem Vieh des Dieners entnommene Kühe werden an einen der Söhne des Herren übergeben. Dabei wird der Erstgeborene des Herren ausgelassen.

Art. 6: Dienst für eine bestimmte Zeit („Gufata igihe“, wörtlich: eine Zeit lang in Bereitschaft sein).

„Gufata igihe“ ist die Verpflichtung für den Diener, sich jedes Jahr für eine bestimmte Anzahl von Tagen im Haus seines Herren aufzuhalten. Während dieser Zeit der ständigen Anwesenheit kann der Diener je nach seinen Fähigkeiten und seinem sozialen Rang und in Übereinstimmung mit den Bräuchen der Region mit bestimmten Aufgaben, Hausarbeiten oder Aufträgen betraut werden. Im Vertrag muss die genaue Dauer seines Dienstes angegeben sein.

Art. 7: Dienst als Nachtwächter („Kuralira“)

„Kuralira“ ist die Verpflichtung des Dieners, während der Nacht das Gelände und das Haus seines Herren zu bewachen und für Sicherheit zu sorgen. Im Vertrag wird die genaue Dauer dieses Dienstes festgelegt.

Art. 8: Errichten des Zauns („Kubaka inkike")

„Kubaka inkike" ist die Verpflichtung des Dieners, beim Errichten, beim Reparieren und beim Instandhalten des Zauns oder der Einfriedung des Geländes des Herren mitzuwirken.

{…} der Bedienstete ist verpflichtet, dieser Aufgabe jedes Jahr nachzukommen. Wird jedoch die Herrenhütte durch ein unvorhergesehenes Ereignis völlig zerstört, so kann der Herr seine Bediensteten zwingen, ihre Dienste für die doppelte der vertraglich vereinbarten Zeit zu leisten. In diesem Fall sollte im folgenden Jahr keine Dienstleistung im Zusammenhang mit dem Zaunbau erbracht werden.

Da Diener für ihren Herren bauen müssen und der Mwami (König) das Oberhaupt sowohl der Häuptlinge als auch der stellvertretenden Häuptlinge ist, müssen letztere beim Bau der Krale für das Vieh des Mwami willig zusammenarbeiten. Daher liegt der Bau der Krale in der Verantwortung der Häuptlinge und der stellvertretenden Häuptlinge, je nachdem, wo sich das Vieh des Mwami befindet.

Art. 9: Die Melkkuh für den Herrn, wenn er auf Reisen geht (auch „ingishywa" genannt)

„Ingishywa" ist die Verpflichtung des Dieners, seinem Herrn eine Melkkuh zu geben, wenn er für eine längere oder kürzere Zeit von zu Hause abwesend ist.

Art. 10: Das Vorführen des Viehs (auch „umurundo" genannt)

„Umurundo" ist das Recht, dass dem Herrn alle Rinder gezeigt werden müssen, die sein Diener versorgt. Sollten aus irgendeinem Grund nicht alle Rinder vorgeführt werden können, so muss der Diener zuvor von sich aus die fehlenden Rinder bekannt geben.

Der Herr kann das Vorführen des Viehs so oft anordnen, wie es zur Inspektion der Viehhaltung des Dieners erforderlich ist. Einmal zu Lebzeiten des Herren kann er einen Teil der so vorgeführten Rinder im Anschluss selbst behalten und mitnehmen.

Diese Rinder können aus der Gesamtzahl der Rinder stammen, die unter der Obhut des Bediensteten stehen. Rinder allerdings, die der Obhut Dritter unterstehen, gehören nicht dazu. Diese werden als „ingwate" oder „inkwano" (Rinder, die Dritten anvertraut wurden bzw. Mitgift-Rinder) bezeichnet, für die beispielsweise ein anderes Rind („indongoranyo") den Schwiegereltern als fällige Rückzahlung gegeben wird, oder Ähnliches.

Das Recht, Rinder des Dieners mitzunehmen, ist auf eine von zehn Kühen beschränkt. Bei der Bewertung zählt eine Kuh mit einer Färse als ein Stück Vieh.

In einer Herde von sieben bis neun Stück Vieh nimmt der Herr eine Färse, ein weibliches Kalb, und in einer Herde von drei Rindern oder weniger nimmt er ein Stierkalb.

Art.11: Die Versorgung mit Rindern (auch „indemano" oder „umunani" genannt)

Bei „indemano" handelt es sich um die Bereitstellung von Vieh zugunsten einer der Söhne des Herren, wenn der Sohn sich außerhalb des Hauses seines Vaters niederlässt.

Die Versorgung für den Erstgeborenen stammt von den „inyarulembo" genannten Rindern seines Vaters. Des Vaters Diener sollten nur den zweiten Sohn und auch die nachfolgenden Söhne ihres Herren mit Vieh versorgen.

Für diese Versorgung mit „indemano" oder „umunani" sollte eine Herde von 20 Rindern, die in der Obhut des Dieners ist, um maximal eine ausgewachsene oder reife Kuh reduziert werden. Aus einer Herde von 14 bis 19 Rindern wird eine Färse entnommen. Aus einer Herde von acht bis 13 Rindern wird ein weibliches Kalb und aus einer Herde von sieben oder weniger Rindern wird ein junges männliches Kalb genommen.

Art. 12: Rechte des Dieners („umugaragu")

Der „umugaragu" kann das Vieh verkaufen, spenden, töten oder sonst etwas mit den Rindern tun, die der Herr seiner Obhut anvertraut hat. Die Voraussetzung ist, dass er unter allen Umständen als guter Familienvater handelt. Im Falle einer schweren Erkrankung eines oder mehrerer Rinder muss der „umugaragu" stets seinen Herren informieren.

DAS BAHUTU-MANIFEST[3]

(24. März 1957)

Anmerkung: Zu den sozialen und ethnischen Aspekten der einheimischen Ruander.[4]

Wahrscheinlich haben die Gerüchte zur aktuellen Situation der Beziehungen zwischen Muhutu und Mututsi in Ruanda bereits die Regierung durch die Presse und vielleicht auch durch Mundpropaganda erreicht. Unabhängig davon, ob diese Gerüchte begründet sind oder nicht, weisen sie auf ein Problem hin, das ernst zu sein scheint, ein Problem, das die große Arbeit, die Belgien in Ruanda leistet, herabsetzen oder vielleicht sogar zunichtemachen könnte. Die Frage der einheimischen Rassen ist zweifellos eine interne Frage, aber was kann schon in unserer heutigen Welt intern oder regional bleiben?

Wie könnte die Thematik verborgen bleiben in einer Zeit, in der sich indigene und europäische politische Kontroversen verschlimmern und aufeinander zu treffen scheinen? Zu den politischen, sozialen und wirtschaftlichen Kontroversen kommt der Faktor Rasse hinzu, dessen Schärfe immer mehr zuzunehmen scheint. Tatsächlich scheinen die Vorteile der gegenwärtigen Zivilisation nur auf eine Seite ausgerichtet zu sein – auf die Mututsi-Seite. Damit scheinen sie mehr Schwierigkeiten für die Zukunft zu schaffen als das, was wir heute gerne als „die trennenden Probleme" bezeichnen. Tatsächlich wäre es auf lange Sicht sinnlos, die tutsi-belgische Frage zu lösen, wenn wir die grundlegende Mututsi-Muhutu-Frage außer Betracht lassen.

Wir möchten zu dieser Frage einige Klarstellungen liefern. Wir finden es sinnvoll, der zuständigen Regierung, die für die gesamte Bevölkerung und nicht nur für eine *Kaste*, die kaum 14% der Bevölkerung ausmacht, verantwortlich ist, in wenigen Worten die traurigen Realitäten aufzuzeigen.

Die gegenwärtige Situation ist weitgehend auf die Zustände zurückzuführen, die durch die alte sozio-politische Struktur in Ruanda und insbesondere durch das „buhake"-System (Patronat) geschaffen

---

3 Die Begriffe „Bahutu", „Batutsi" und „Batwa" (d. h. mehrere Hutu, Tutsi und Twa) sind die Pluralformen des Singulars „Muhutu", „Mututsi" und „Mutwa" (d. h. einzelne Hutu, Tutsi und Twa).

4 Die englische Fassung wurde aus dem Französischen übersetzt. Quelle: Nkundabagenzi, F., *Le Rwanda politique* (1958-1960), (Brussels: Centre de Recherche et d'Information Socio-Politiques, 1961).

wurden, sowie auf die vollständige und allgemeine Anwendung der indirekten Verwaltung und auf die Abschaffung bestimmter alter sozialer Institutionen, die abgeschafft wurden, ohne entsprechende moderne westliche Institutionen als Ausgleich zu schaffen. Wir würden uns deshalb sehr über die rasche Gründung von Gewerkschaften freuen, um die Schaffung einer starken Mittelschicht zu fördern und zu unterstützen. Furcht, Minderwertigkeitskomplex und das „tiefsitzende" Bedürfnis nach einem Herrn, das dem Wesen des Muhutu zugeschrieben wird, sind, sofern sie der Realität entsprechen, eine Folge des Feudalsystems. Wenn man davon ausgeht, dass diese Tendenzen real sind, hätte die von den Belgiern herbeigeführte Zivilisation nichts erreicht, wenn nicht positive Anstrengungen unternommen werden, um die genannten Hindernisse für die Befreiung Ruandas als Ganzes effizient zu beseitigen.

0 – BEDENKEN – AUSREDEN ZUR BEFREIUNG DES MUHUTU

Es gibt viele Einwände, die gegen die Förderung des Muhutu vorgebracht werden. Ohne die Mängel des Muhutu leugnen zu wollen, sind wir der Meinung, dass jede Rasse ihre eigenen und jede Klasse ihre eigenen hat, und wir wünschen uns eine Korrektur der Vorgehensweise, anstatt die Bahutu systematisch in eine nicht enden wollende Lage der Unterlegenheit zu drängen. Konkrete Ausreden lauten wie folgt:

a) „Die Bahutu waren Häuptlinge im Land." – Das ist ein raffinierter alter Anachronismus, der derzeit nicht ausreichend bestätigt werden kann.

b) Die sozialen Verdienste des Mututsi, die ihn als „natus ad imperium" qualifizieren („zum Herrschen geboren"). Dieselbe Qualifikation kann für einen Italiener, einen Deutschen, einen Engländer, aber auch für einen Japaner, einen Flamen oder einen Wallonen genannt werden.

c) „Was taten die gebildeten Hutu für die Förderung ihrer ‚Hutu-Mitbürger'"? Es ist das soziale Umfeld und insbesondere *ubuhake*, welches das Ernennungssystem oft beeinflusst hat. Hinzu kommt der Mangel an ausreichender Freiheit zur Ergreifung von Initiativen in einer absolutistischen Struktur, die wirtschaftliche Unterlegenheit, die dem Muhutu durch soziale Strukturen auferlegt wird, sowie die systematisch niedrigen Funktionen, die die Bahutu erfüllen müssen. All diese Faktoren gefährden jeden Versuch des Muhutu, seine Mitbürger zu befreien.

d) „Was zum Teufel! Sollen sie doch ihre Kandidaten präsentieren oder warten, bis ihr Unterlegenheitskomplex beseitigt ist." Kandidatur setzt Demokratie voraus. Ansonsten muss man ignorieren, dass diese Ausrede als eine Tendenz verstanden werden kann, das Patronatssystem wieder einzuführen, das die Menschen bereits aufgegeben haben (ohne notwendigerweise den Respekt vor der Autorität aufzugeben). Außerdem erinnern wir uns an die Erklärung eines herausragenden Hamiten: „Die Bahutu sollten nicht vom weißen Mann erzogen werden." Wir sind der Meinung, dass der alte Prozess der Stärkung der Unterdrückten wiederbelebt und dort praktiziert werden sollte, wo Europa und Afrika aufeinandertreffen.

e) „Und die breite Masse wird ihnen folgen." Die Interaktion zwischen Elite und Masse kann nicht geleugnet werden, vorausgesetzt, die Elite ist die Masse. Das tiefsitzende Problem ist der Kolonialismus in zwei Phasen: Der Muhutu muss die Hamiten und ihre Regeln ertragen und den Europäer mit seinen Gesetzen, die durch die Mututsi weitergegeben werden, d. h. *leta mbirigi na leta ntutsi* (die Herrschaft der Belgier und die Herrschaft der Tutsi)! Der Pfad des „Muhutu" hinter dem „Weißen Mann und dem Hamiten" muss verboten werden. Beispiele haben gezeigt, dass „die Massen" nicht immer automatisch folgen.

f) „Einheit, eine Voraussetzung für eine gemeinsame und vereinte Front für die Unabhängigkeit, muss den Forderungen der Bahutu ein Ende setzen." Es ist sehr zweifelhaft, dass eine solche Einheit, d.h. eine geschlossene Partei, wirklich notwendig ist, wenn die Befreiung die Frucht reifer Überlegungen ist! Wir fügen hinzu, dass der Teil der Bevölkerung, der im Falle eines Abzugs der Europäer im Patrotatssystem auf der Seite der Verlierer stehen würde, mindestens das Recht hätte, auf eine Zusammenarbeit bei der Forderung nach Unabhängigkeit zu verzichten; vielmehr würde er übermäßig hart arbeiten oder sogar gegen die Schwächen des Systems protestieren, die sofort angegangen werden müssen.

1 – WORIN BESTEHT DIE INDIGENE RASSENFRAGE?

Viele haben sich gefragt, ob es sich um einen sozialen Konflikt oder einen Rassenkonflikt handelt. Wir halten das für eine Dichtung. In Wirklichkeit und gemäß der Meinung des Volkes ist der Konflikt sowohl sozialer als auch rassischer Natur. Wir könnten ihn jedoch genauer definieren, indem wir sagen, dass das Problem vor allem ein Problem des politischen Monopols ist, das den Menschen einer Rasse, den Batutsi, zugestanden wird. Das politische Monopol wird zu einem wirtschaftlichen und sozialen Monopol. Und angesichts aller bestehenden Strukturen wird das politische, wirtschaftliche und soziale Monopol zu einem kulturellen Monopol. Darüber hinaus werden sich die Bahutu angesichts der De-facto-Chancen im Bildungswesen in einer ausweglosen Lage befinden, weil sie dazu verdammt sind, auf ewig untergeordnete Arbeiter zu bleiben, und das sogar in einer noch schlechteren Position, nachdem sie unbeabsichtigt zur Unabhängigkeit beigetragen haben. Das Patronatssystem ist zweifellos abgeschafft worden, aber an seine Stelle ist ein schlechteres und totales Machtmonopol getreten, das oft zu Missbräuchen führt, über die sich die Bevölkerung immer wieder beklagt.

– Politisches Monopol:

Die angeblichen ehemaligen Bahutu-Häuptlinge waren nur Ausnahmen, die die Regel bestätigen! Und die Umstände, die diese Ausnahmen zuließen, sind nicht mehr gegeben. Natürlich geht es nicht darum, den alten Brauch der Veredelung der Bahutu wieder aufleben zu lassen. Was die berühmte Zucht oder die „Mutationen" der Bahutu zu Hamiten betrifft, so können Statistiken, eine etablierte Ahnenforschung oder vielleicht nur Ärzte objektive und ausreichend solide Klarstellungen geben, um diese allgemeine Auffassung zu widerlegen, auf das in so vielen anderen Bereichen Bezug genommen wird.

– Wirtschaftliches und soziales Monopol:

Privilegien ihrer Brüder, die die Hügel verwalten, haben immer dazu beigetragen, das Profil des Mututsi als Individuum zu schärfen. Einige gesellschaftliche Positionen waren sogar dem Adel vorbehalten, und die heutige Zivilisation hat dieses Privileg durch die indirekte Verwaltung nur noch verstärkt und fast verallgemeinert. Die jüngste Aufteilung des Viehs hat die Schwäche des Eigentumssystems, zumindest in Bezug auf das Vieh, gut gezeigt. Das Land auf mehr als der Hälfte der Fläche Ruandas – in den stärker hamitisierten Regionen – ist kaum wirklich der Besitz der Person, die darauf lebt. Diese prekäre Landverteilung ermutigt nicht zur Arbeit, und folglich werden Menschen benachteiligt, die nur ihre Hände haben, um reich zu werden. Wir sprechen nicht einmal über das System aller Arten von Hausarbeiten, die nur von Hutu ausgeführt werden, wodurch der Mututsi alle Freiräume und Vorzüge erhält, um die finanzielle Lage seiner Hausgemeinschaft zu stärken.

– Kulturelles Monopol:

Einmal mehr könnte man bei einer gewissen Anzahl von Menschen anfechten, dass sie echte Hamiten sind; aber die tatsächliche Auswahl (die zufällige Auswahl?) der Schüler, die gegenwärtig in den Sekundarschulen praktiziert wird, spricht eine deutliche Sprache. Dann wird die Gegenseite argumentieren, um zu zeigen, dass der Muhutu unfähig ist, dass er arm ist, dass er nicht weiß, wie er sich zu benehmen hat. Seine Unfähigkeit muss bewiesen werden; Armut ist sein Los im gegenwärtigen Sozialsystem; er müsste aufgeschlossener werden, was seine Umgangsformen betrifft. Bald werden Diplome verlangt, und das ist richtig, aber Diplome werden nur auf einer Seite vorhanden sein, und der Muhutu wird nicht einmal die Bedeutung dieses Wortes kennen. Und sollte jemals (möge Gott uns davor bewahren) eine andere Kraft in Aktion treten und sich die Masse in ihrer Wut und Verzweiflung gegen die Diplome zum Kampf erheben! Dann würde der Faktor Rasse die ganze Angelegenheit verkomplizieren, und die Frage, ob es sich um einen Rassenkonflikt oder einen sozialen Konflikt handle, hätte sich erübrigt.

Wir glauben, dass das völlige Hausarbeiten-Monopol der Hutu die Basis für alle möglichen Arten von Missbrauch ist, über die sich die Menschen beschweren.

Einige Fakten und aktuelle Trends sollen dazu beitragen, den tatsächlichen Stand der Dinge zu erkennen:

1) Die Hutu-Jugend und einige völlig verlorene Teile der Tutsi haben das gleiche Schicksal; ihr Motto lautet „*In itineribus semper*“ („immer auf Reisen“) innerhalb oder außerhalb des Landes, auf der Flucht vor der Zwangsarbeit; die Jugend passt sich nicht mehr den aktuellen Trends und der Verhaltenspsychologie an und akzeptiert nicht oder kaum noch die Erziehung und den Zwang, durch die den Missbräuchen Vorschub geleistet wird, welche die Behörden zu ignorieren scheinen.

2) Väter haben es schwer, ihre Familien zu ernähren. In der Politik wird unterschwellig Propaganda verbreitet, die sie dazu drängt, den Europäern gegenüber unfreundlich zu sein; einige von ihnen werden sicherlich denken, dass die belgische Regierung Verbindungen zum Adel hat, um sie vollständig auszubeuten.

3) Auf der anderen Seite ist eine Diskussion wie diese jedoch an der Tagesordnung: „Ohne die Anwesenheit der Europäer wären wir zu einer noch unmenschlicheren Ausbeutung als bisher, zu einer völligen Zerstörung verdammt. Es ist bedauerlich, dass der Europäer selbst nicht Häuptling, Unterhäuptling oder Richter wird", nicht weil die Hutu glauben, dass die Europäer perfekt sind, sondern weil man das kleinere von zwei Übeln wählen sollte. Der passive Widerstand gegen einige Befehle von Unterhäuptlingen ist nur die Folge dieses Ungleichgewichts und dieser sozialen Unruhe.

4) Die Hutu bedauern, dass ihre Mitbürger fast systematisch in untergeordnete Positionen gedrängt werden. Nur wenige nehmen all diese Politik nicht wahr, derer man sich bedient, um Menschen in diese untergeordneten Positionen zu drängen. Von dieser Art des Denkens ist es nur noch ein Schritt bis zum „kalten" Bürgerkrieg und zur Fremdenfeindlichkeit. Es ist auch nur noch ein Schritt von dieser Ideologie hin zur populären kommunistischen Ideologie.

2 – SOFORTIGE LÖSUNGSMÖGLICHKEITEN

Einige Lösungen sollen vorgestellt werden, aber ihre Wirksamkeit ist nur dann möglich, wenn das politische und soziale System des Landes unverzüglich und entscheidend geändert wird.

I) Die erste Lösung ist eine „Geisteshaltung". Die Vorstellung, die ruandische Elite sei nur unter den Hamiten zu finden, ist aufzugeben; in der Tat wird diese Denkweise von der Verwaltung unserer Länder hochgehalten und missbräuchlich als *„Umuco w'igihugu"* („die Achtung der Kultur und der Bräuche des Landes") bezeichnet.

II) Aus wirtschaftlicher und sozialer Sicht wollen wir, dass Institutionen geschaffen werden, die die Bemühungen des Muhutu unterstützen, der durch die traditionelle Verwaltung behindert wird, die den Muhutu anscheinend in einer bedürftigen Position belassen möchte, in der es ihm unmöglich ist, die wirksame Ausübung seiner Rechte in seinem Land einzufordern. Wir plädieren für:

1° *Die Abschaffung der Pflicht zur Hausarbeit.* Zwangsarbeit sollte durch öffentliche oder halbstaatliche Einrichtung ersetzt werden, die echte Freiwillige für die Arbeiten einbindet. Letztere sollten durch soziale Gesetze unterstützt werden, deren stetiger Fortschritt von großer Wichtigkeit ist. Soweit wir wissen, könnte dieser Dienst wie REGIDESO konzipiert und in die Praxis umgesetzt werden. Die Abschaffung der Pflicht zur Hausarbeit würde der Bevölkerung ein Mindestmaß an Freiheit geben, um nützliche Initiativen zu ergreifen. Faule Personen – solche gibt es sogar unter den Elitekasten – würden durch ein humaneres System überwacht werden.

2° *Die rechtliche Anerkennung des individuellen Grundbesitzes* im Sinne der westlichen Welt, wobei jeder sein eigenes Vieh zu züchten und zu versorgen hat. Die *bikingi* (Weiden) für die Mittelschicht würden abgeschafft, zumindest in der Form, wie der Brauch sie definiert und beschützt. Für die gegenwärtige Gesetzgebung werden kompetente Dienststellen erforderlich sein, um zu entscheiden, welche Fläche für eine Familie mit 6 bis 8 Kindern ausreicht, wobei die Ertragsfähigkeit des Bodens in Ruanda-Urundi zu berücksichtigen ist. Diejenigen, die zu jenem Zeitpunkt tatsächlich über diese Fläche verfügen, würden von der Gemeinschaft der Unterhäuplinge als wahre Eigentümer nach dem westlichen Konzept registriert werden; der Rest würde nach und nach erfolgen, je nachdem, wie die Menschen von einer Region in eine andere ziehen, wie es in einigen Regionen des Landes bereits begonnen hat.

Was den Grundbesitz betrifft, sollten Maßnahmen nicht zu schnell ergriffen werden, auch nicht auf Empfehlung des Nationalrats, deren zahlreiche Mitglieder versucht wären, das Problem einseitig zu betrachten beziehungsweise die tatsächlichen Schwierigkeiten und Bestrebungen des einfachen Volkes nicht zu berücksichtigen.

3° *Ländlicher Kreditfonds.* Zweck dieses Fonds wäre die Förderung ländlicher Initiativen: überlegte Landwirtschaft und unterschiedliche handwerkliche Gewerbe. Dieser Fonds würde der ländlichen Bevölkerung Kredite gewähren, wenn sich jemand als Landwirt oder Handwerker niederlassen möchte. Die Konditionen für den Erhalt von Krediten sollten jedoch so definiert sein, dass der gewöhnliche Muhutu einen Zugang dazu hat.

4° *Die Wirtschaftsunion zwischen Belgien, Afrika und der Metropole.* Diese Union sollte nach festgelegten Standards gestaltet werden, die vor ihrer Ratifizierung zunächst der Öffentlichkeit und den Verantwortlichen vorgestellt werden sollten.

5° *Redefreiheit.* Man hat über die erodierenden Auswirkungen einer bestimmten Art lokaler einheimischer, europäischer oder großstädtischer Presse gesprochen, die dazu neigt, Rassen zu spalten. Was uns betrifft, so sind wir der Meinung, dass gewisse Übertreibungen stattgefunden haben könnten, wie es in allen Medien üblich ist, vor allem in dem Stadium, das von den betrachteten Ländern erreicht worden ist. Auch glauben wir, dass einige Äußerungen gewisse Personen verletzt haben mögen, die nicht gewohnt sind, dass man ihnen widerspricht oder sie daran hindert, im Dunkeln mit den Kleinen und Schwachen zu handeln, wie sie wollen. Es mag ein System verletzt haben, das gerade dabei war, den Weg des Feudalismus zu verlassen. Da die Redefreiheit in Belgisch-Afrika und die Freiheit, sich mit wirklichen Problemen der Bevölkerung auseinanderzusetzen, erst seit drei Jahren besteht, glauben wir auch, dass sich einige Behördenvertreter noch nicht damit abgefunden haben. Denn sie sind nicht mit der Demokratie vertraut und wollen sie wahrscheinlich auch nicht. Wir denken aber auch, dass man „unter dem Vorwand, nicht zu spalten", bestehende Situationen nicht verschweigen sollte, die zum Nachteil einer großen Zahl bestehen und faktisch aufgrund des missbräuchlichen Monopols einer Minderheit bestehen. Wir sind davon überzeugt, dass weder die belgische Justiz noch die belgische Regierung eine Union akzeptieren würde, die auf Kosten der Bevölkerung vereinbart wird, die ein Umfeld haben will, das für bessere Arbeit und mehr Selbstentfaltung nötig ist. Sollte man nicht erst von den traditionellen Gerichten und dem Verwaltungsapparat – welche weitaus wichtiger sind und der Presse nicht selten Anlass zur Kritik geben – Perfektion erwarten, bevor man diese von der Presse selbst erwartet? Ist die wohlverstandene Redefreiheit nicht eine der Grundlagen einer echten Demokratisierung?

Der politische Gesichtspunkt. Wenn wir uns jedoch darin einig sind, dass die derzeitige Mututsi-Verwaltung mehr und mehr an der Regierung des Landes beteiligt ist, sollten wir vor einer Methode warnen, die zwar auf die Abschaffung des Schwarz-Weiß-Kolonialismus abzielt, aber einen schlimmeren Kolonialismus des Hamiten gegenüber den Muhutu hinterlassen würde. Wir sollten Schwierigkeiten ausmerzen, die sich aus der Vormachtstellung der Hamiten gegenüber anderen Rassen ergeben könnten, die viel zahlreicher sind und schon länger im Land leben. In dieser Hinsicht wollen wir:

1° Festgeschriebene Gesetze und Gebräuche. Sicherlich gibt es einige Bräuche, die sich nicht einfach so im Handumdrehen abschaffen lassen, aber wir glauben, dass ein abergläubischer Respekt vor fetischisierten „Bräuchen" ein Handicap für eine ganzheitliche und solide Entwicklung der Bevölkerung darstellt. Deshalb fordern wir zur Schaffung von mehr Klarheit, Gleichheit vor dem Gesetz, weniger Verwirrung und weniger Missbrauch, dass die Gesetze, welche von den Belgiern eingebracht wurden, und die Bräuche, die nach wie vor nützlich und vernünftig sind und nicht im Widerspruch zur Demokratisierung des Landes stehen, in einem Kodex zusammengefasst werden, der regelmäßig revidiert sowie dem entsprechenden Stand des Fortschritts angepasst werden könnte. Die Arbeit, die bereits von Experten und Gesetzgebern in jedem dieser Bereiche geleistet wurde, wird diese dringend benötigte Arbeit erleichtern. Ein solcher Leitfaden ist nötig für die Gerichte der traditionellen und europäischen Verwaltungen, sowie für den Fortschritt privater Initiativen in jedem Bereich. Das Schwert des Landesbrauchtums für monopolistische Zwecke zu schwingen, wird sich ungünstig auf die geforderte oder hergestellte Gerechtigkeit und ein friedliches Miteinander als Antwort auf gegenwärtige Bestrebungen der Bevölkerung auswirken. Es ist notwendig, eine Bestandsaufnahme zu machen und die Dinge aufzuschreiben, um sich der wirklichen Mängel bewusst zu werden und sie zu korrigieren, damit private Initiativen besser gefördert werden, die oft durch den Absolutismus und lokale und sinnlose gesellschaftliche Interpretationen ausgehebelt werden.

2° Beförderungen der Bahutu in öffentliche Ämter und Funktionen (zum Beispiel: Häuptlingsämter, Unterhäuptlingsämter, Richter). Und aus praktischer Sicht ist es unserer Meinung nach jetzt an der Zeit, dass die jeweiligen Räte und die Steuerzahler ihre Unterhäuptlinge, Häuptlinge und Richter durch Wahlen bestimmen. An Orten, die noch als zu rückständig angesehen werden, könnte die Regierung zwei oder drei Kandidaten vorgeben und die Wähler sich für einen entscheiden lassen.

3° Einheimischen öffentlichen Amtspersonen soll eine Amtszeit eingeräumt werden, nach deren Ablauf man für einen anderen Kandidaten stimmen oder den Amtsinhaber wiederwählen kann, wenn dieser zufriedenstellend gearbeitet hat. Ein solches System, das weit davon entfernt ist, rassistisch zu sein, würde dem Muhutu mehr Chancen geben und dem lebenslangen Machtmonopolmissbrauch ein Ende setzten.

4° Die Provinzhäuptlinge sollen aus den Häuptlingsräten entfernt werden.

5° Die Zusammensetzung des Nationalen Hohen Rates durch die Abgeordneten der Häuptlingsschaften: Jede Häuptlingsschaft stellt Abgeordnete proportional zur Zahl der Steuerzahler, wobei Europäer, die sich in der Häuptlingsschaft sesshaft niedergelassen haben, mitgezählt werden. Wir glauben nicht, dass es naiv ist, wehrpflichtige Europäer willkommen zu heißen. Durch ihre Niederlassung haben sie berechtigte Interessen zu verteidigen; das bedeutet, dass die Gesetzgebung immer offener und weniger diskriminierend werden muss und dass die Europäer mindestens genauso hilfreich sind wie ein Mututsi, der in der Region ansässig ist.

Maßnahmen wie die, die wir vorschlagen, scheinen unerlässlich zu sein, wenn die Regierung die Grundlagen für die auf sie zukommende Arbeit legen will, und zwar ohne Günstlingswirtschaft. Wir können verstehen, dass man zur Vorsicht mahnt, aber wir glauben, dass die Erfahrungen aus den bekannten 900 Jahren Tutsi-Herrschaft und 56 Jahren europäischer Treuhandschaft bei weitem ausreichen und dass ein längeres Warten die Gefahr birgt, dass das, was auf diesen Fundamenten aufgebaut wird, gefährdet wird.

Der pädagogische Gesichtspunkt. – Bald werden Diplome verlangt, und das ist richtig.

Aber bisher ist die Auswahl von Kandidaten auf der Ebene der Sekundarschule und der Hochschuleinrichtungen ganz offensichtlich. Natürlich gibt es viele Ausreden, und einige Ausreden sind durchaus sinnvoll: Sie profitieren von einem System, das den wirtschaftlichen und politischen Fortschritt der Hamiten systematisch fördert.

1° Wir wollen, dass die Bildung besonders überwacht wird. Man sollte realistischer und auf dem Stand der Zeit sein und das bekannte Auswahlverfahren, das in den Sekundarschulen üblich ist, aufheben. Dies sollte uns schon für die frühen Jahrgänge ein Anliegen sein, damit man nicht gezwungen ist, Schulkandidaten aus einem Kreis auszuwählen, der fast ausschließlich aus Batutsi besteht. Verursacht durch die Spuren, die das Netzwerk der Hamiten hinterlassen hat, worüber wir schon oben sprachen, gibt es wahrscheinlich keine Bereitschaft für solche Schülerauswahlen, die aber sehr wichtig wären. Um die faktische Selektion zu vermeiden, sollte man, wenn in den weiterführenden Schulen nicht genügend Platz ist, um möglichst viele qualifizierte Schüler aus den Grundschulen aufzunehmen, die Markierungen der Rassen auf den Personalausweisen beachten, damit eine Ausgewogenheit gewahrt wird. Man sollte nicht in den umgekehrten Fehler verfallen und Bantu-Kandidaten gegenüber den Hamiten bevorzugen. Die Auswahl der Schüler für Schulen darf keinesfalls durch die soziale Stellung beeinflusst werden.

2° Es gilt, die Vergabe von Stipendien (die zum Teil aus Steuern stammen, die größtenteils von der Hutu-Bevölkerung gezahlt werden) von der Treuhandregierung überwachen zu lassen, und zwar so, dass die Bahutu in dieser Hinsicht nicht als Sprungbrett für ein Monopol benutzt werden, das sie für immer in einer unerträglichen sozialen und politischen Unterlegenheit halten wird.

3° Was die Hochschulbildung betrifft, sind wir der Meinung, dass die Schuleinrichtungen, die sich in Belgisch-Afrika befinden, ausreichend sind. Jedoch sollten so viele Schüler wie möglich in der Lage sein, diese zu nutzen, ohne einigen sehr guten Schülern die Chance zu nehmen, die Universitäten der Metropolen zu besuchen.

Was die Universitätsinstitution in Ruanda betrifft, von der es heißt, dass sie ein Budget-Defizit aufweist, so sollte man dieses Budget nicht vergeuden, sondern vielmehr eine berufliche und technische Ausbildung ermöglichen, etwas, was dem Land völlig fehlt, wobei diese Art von Ausbildung die Grundlage für die wirtschaftliche Gleichstellung wäre. Wir sollten uns nicht systematisch gegen handverlesene Schüler stellen, die beabsichtigen, Fachrichtungen zu studieren, die für das Land von unmittelbarem Nutzen sind.

4° Es gilt, das Budget für die kommende Periode in erster Linie dem handwerklichen Können sowie der beruflichen und technischen Ausbildung zukommen zu lassen. Diese Art der Ausbildung sollte, so bald wie möglich, der Allgemeinheit zugänglich gemacht werden. Sie sollte jedoch so günstig wie möglich sein, um Kindern aus dem einfachen Volk den Zugang zu ermöglichen. In der Tat stellen wir fest, dass einige Versuche, handwerkliche Einrichtungen zu schaffen, anscheinend darauf abzielen, mehr Mututsi-Jugendliche aufzunehmen, da die Aufnahmekapazitäten der weiterführenden Schulen begrenzt sind, beziehungsweise die Jugendlichen die Aufnahmebedingungen nicht erfüllen.

Wir wünschen, dass jeder Häuptlingsschaft, während die Vorbereitungen für den Beginn der beruflichen und technischen Programme laufen, umgehend ein ländliches Elementarbildungszentrum mit einem mindestens zweijährigen Lehrplan zur Verfügung gestellt wird, in dem die Primarschulbildung (auf das praktische Leben) ausgeweitet werden kann und wo vor allem Schüler, die keinen Zugang zu weiterführenden Schulen haben, eine Ausbildung in einem handwerklichen Beruf erhalten. Das ist für uns, aus pädagogischer Sicht, das unmittelbare Hauptziel, das wir dem C.A.C. zuweisen werden, der sich schließlich durch die Steuern finanziert, die hauptsächlich von den Bahutu gezahlt werden. Die Kredite, die den Biru (Hoftrommlern) und den Tänzerinnen und Tänzern gewährt werden, die normalerweise aus dem Adel rekrutiert werden, sind ein Beweis dafür, dass „es an Geld nicht mangelt".

5° Es gilt, in ländlichen Gebieten immer mehr soziale Gemeindezentren für Mädchen und junge Frauen einzurichten, die aufgrund beschränkter finanzieller Mittel keinen Zugang zu aristokratischen Schulen für Hauswirtschaft oder Schulen für Ausbilderinnen haben. Eine ausgewogene Familienentwicklung im Land erfordert die Generalisierung der Grundausbildung.

Zusammenfassend wollen wir die ganzheitliche und kollektive Förderung des Muhutu; die Betroffenen arbeiten bereits daran, innerhalb der Möglichkeiten, die sie innerhalb ihrer verschiedene Pflichtaufgaben haben. Aber wir fordern ein positives und entschlosseneres Vorgehen von oben. Belgien hat in dieser Hinsicht viel getan, das müssen wir anerkennen, aber der humanitäre Geist darf nicht auf halbem Wege stehen bleiben. Wir wollen sicherlich nicht, dass es quasi zu einem Stillstand kommt: Wir sind uns einig, dass der Oberste Rat der Tutsi sich zunehmend effizienter für die Angelegenheiten des Landes einbringt; doch wir fordern noch entschiedener, dass die Treuhandregierung und die Tutsi-Verwaltung unverzüglich positivere Maßnahmen für die wirtschaftliche und politische Befreiung des Muhutu von dem traditionellen Pfad, den das Netzwerk der Hamiten hinterlassen hat, ergreift.

Grundsätzlich fordern wir Belgien auf, nicht länger zu verlangen, dass der Muhutu immer als Anhängsel hinter dem Mututsi hergehen muss. Zum Beispiel gilt es, damit aufzuhören, in sozialen Beziehungen vom Muhutu zu verlangen (natürlich implizit), dass er sich an dem Verhalten der Mututsi orientieren muss, um „akzeptiert" zu werden. Da wir davon sprechen, Kulturen zu respektieren, darf man kulturelle Unterschiede in der ruandischen Kultur nicht unberücksichtigt lassen. Die Hamiten mögen eine Kultur pflegen, die die eine oder andere wichtige Person lieben mag, aber wir haben noch nicht davon gehört, dass all die anderen Schwarzen einen Hamitisierungsprozess durchlaufen müssen, um von der westlichen

Welt das zu erhalten, was sie für den Zugang zur Zivilisation benötigen. Es ist schwierig, einen Grund für die Notwendigkeit aufzuzeigen, warum der Pfad der Muhutu stets hinter dem des Hamiten zu verlaufen hat, warum eine nie endende Diskussion über den politischen, sozialen, wirtschaftlichen und kulturellen Pfad hinter dem Mututsi vonnöten ist.

Die Menschen ignorieren nicht, dass die indirekte Verwaltung das Mututsi-Monopol unterstützt. Um dieses Rassenmonopol besser zu überwachen, wenden wir uns daher, zumindest vorläufig, entschieden gegen die Abschaffung der Bezeichnungen „Muhutu", „Mututsi" und „Mutwa" auf dem offiziellen oder privaten Personalausweis. Ihre Abschaffung birgt die Gefahr, die geheime Selektion einiger Personen weiter zu fördern und das Gesetz daran zu hindern, Statistiken auf der Grundlage von Fakten korrekt zu ermitteln. Außerdem hat niemand gesagt, dass der Muhutu über den Namen schockiert ist; er ist schockiert über die Privilegien eines begünstigten Monopols, das die Gefahr birgt, die Mehrheit der Bevölkerung auf eine systematische Unterlegenheit und ein Leben unter unverdient unmenschlichen Bedingungen zu reduzieren.

Es ist ein konstruktiver Wille und ein gesunder Wunsch zur Zusammenarbeit, der uns dazu gebracht hat, mehr Licht in eine so ernste Angelegenheit für jeden, der dieses Land wirklich liebt, zu bringen; es ist eine Angelegenheit, in die die Verantwortung der belgischen Treuhandschaft involviert ist. Nicht als Revolutionäre (im schlechten Sinne des Wortes), sondern als Mitarbeiter, die sich unserer sozialen Verpflichtungen bewusst sind, wollten wir die Obrigkeit vor der Gefahr warnen, früher oder später tatsächlich auf negative Art und Weise ein rassisches Machtmonopol über Ruanda aufrechtzuerhalten. Zu dieser Abnormalität sind bereits Stimmen aus dem Volk zu hören: passiver Widerstand, während man auf das Eingreifen des betreuenden weißen Mannes wartet, birgt tiefe Gefahren angesichts des Missbrauchs des Machtmonopols, das nicht mehr akzeptiert wird. Dies sollte bereits als Warnzeichen dienen.

Die Obrigkeit sollte in diesen Erläuterungen einen gewissen systematischen Überblick über die gegenwärtigen Ideologien und konkreten Wünsche der Menschen sehen, zu denen wir gehören, mit denen wir das Leben und die Frustrationen teilen, die durch ein Umfeld geschaffen werden, das dazu neigt, den Weg zu einer echten Demokratisierung des Landes zu versperren; diese Demokratisierung wird von Belgien sehr großzügig erwogen und von der Bevölkerung sehnsüchtig erwartet, die sich nach einem nachhaltigen politischen und sozialen Umfeld sehnt, welches zukunftsfähig ist und in dem Initiative und Arbeit für die soziale Wohlfahrt sowie die umfassende und kollektive Förderung des Volkes begünstigt wird.

(Sé) Maximilien NIYONZIMA
Godefroid SENTAMA
Grégoire KAYIBANDA
Silvestre MUNYAMBONERA
Claver NDAHAYO
Joseph SIBOMANA
Isidore NZEYIMANA
Joseph HABYARIMANA
Calliopé MULINDAHABI.

Dieses Manifest wurde dem stellvertretenden Generalgouverneur übergeben und von einem an ihn gerichteten Schreiben begleitet, das Unterschriften enthielt, die die Aufmerksamkeit der zuständigen Behörde auf die Ernsthaftigkeit des Problems lenken sollten.

Die Kirche fordert zu Recht mehr Gerechtigkeit[5]

Aloys Bigirumwami, 15. April 1958[6]

Vor seiner Abreise besuchte der Monsignore alle Missionsstationen des Vikariats Nyundo. Er verabschiedete sich von Lehrern, Gemeindehäuptlingen der Hügel, Häuptlingen und von den Christen.

Was er zu Lehrern und Gemeindehäuptlingen der Hügel sagte, hatte er in *Kurerera Imana* veröffentlicht. Hier sind jedoch einige Punkte, die er an die Häuptlinge richtete:

„Auf Wiedersehen, Friede sei mit Ihnen. Tun Sie während meiner Abwesenheit in meinem Namen das Richtige. Ich hoffe, dass einige von Ihnen nach Rom, Lourdes oder Brüssel reisen werden und wir uns dort treffen. Das wäre ein angenehmes Ereignis. Ich bin mir bewusst, dass Sie die rasanten Entwicklungen in Ruanda zur Kenntnis genommen haben.

Einige Institutionen der traditionellen Obrigkeit existieren noch immer, aber die koloniale Macht hat sich Jahr für Jahr auf die traditionelle Macht gestützt, und manchmal wurde es verwirrend.

In früheren Zeiten war die Zahl der Häuptlinge, die den König vertraten, gering; in Ruanda waren es nicht mehr als 20. Sie waren keine *ibisonga* (Untergebenen); der Häuptling ging über die Familienoberhäupter, um die Befehle des königlichen Hofes und seine eigenen ausführen zu lassen.

In früheren Zeiten waren die Häuptlinge bei ihren Untertanen und beschützten sie, sodass diese wiederum ihre Häuptlinge beschützten. Wenn jemand nicht von seinen Untertanen beschützt wurde, hörte der königliche Hof nicht auf sie.

Es ist schon lange her, dass sich die Führer auf die Seite der Weißen gestellt haben, und sie sind von ihren Untertanen abgeschnitten worden, was deren Führung und Lenkung angeht. Ob es gut ist oder nicht, die Leute sagen einfach ‚Ja, mein Herr, Ja, mein Herr', weil das Kommando von den Weißen kommt. Es stimmt, dass die Weißen, als sie kamen, sich auf die Häuptlinge im Land verließen, die frei agieren konnten und die

5 Die englische Fassung wurde aus dem in Kinyarwanda verfassten Original übersetzt. Aloys Migirumwami, *Mgr. A. Bigirumwami en Europe*, L'Église a raison d'exiger plus de justice, C.I.E.R., 15. April 1958.

6 Monsignore Aloys Bigirumwami (1904–1986) war der erste afrikanische Bischof, der von den belgischen Kolonialbehörden ernannt wurde. Bigirumwami, ein Tutsi, diente als Bischof von Nyundo (1959–1973).

bei der Zwangsarbeit und den Gerichten alle Freiheiten hatten; das hatte zur Folge, dass das Volk es satt bekam und sich dagegen erhob.

Ein Kind, das mit den Peitschenhieben der Nilpferdpeitsche aufwächst, wird sich, wenn es größer wird, verteidigen, sobald jemand das Kind schlagen will; sollte jener darauf beharren, würde das Kind sogar selbst einen Stock schwingen.

Die Untertanen wollen, dass ihre Führer Gerechtigkeit ausüben; sie unterstützen nicht mehr den Zwang, noch unterstützen sie die Unterdrückung. Sie wollen den Dialog, sie wollen, dass ihre Stimme von der Obrigkeit gehört wird. Die Obrigkeit sollte es vermeiden, die Früchte des Fortschritts zu monopolisieren. Vor einiger Zeit noch riss die Nilpferdpeitsche das Fleisch auseinander, korrumpierte Vorgesetzte änderten aber später ihre Meinung. Nachdem die Peitsche abgeschafft worden war, kamen die Geldstrafen. Das letztgenannte Unheil wird zu Unglück führen, wenn diejenigen, die Geldstrafen verhängen, ihre Bürde nicht erleichtern; in aller Wahrheit und in aller Gerechtigkeit ist der Grund für diese Bußgelder nicht die gegenseitige Nächstenliebe.

Gegenwärtig wäre es angebracht, wenn Weiße und Häuptlinge anfingen, die Interessen ihrer Untertanen zu berücksichtigen, sie zu unterrichten und vor allem sie zu konsultieren. Wenn nicht, werden sich ihre Untertanen langweilen, verbittert werden und rebellieren.

Das Kind muss heranwachsen. Wenn es erwachsen ist, blickt es zurück, um sich bei denen zu bedanken, die es großgezogen haben, oder um sie zu verurteilen. Genauso ist es mit den Untertanen: Werden sie nett behandelt, sind sie dankbar; werden sie misshandelt, zeigen sie ihre Missbilligung. Es liegt im Interesse der Häuptlinge, eine Selbsteinschätzung ihres Verhaltens gegenüber ihren Untertanen vorzunehmen, ihrer Art, auf Hügeln und in Gerichten Recht zu sprechen; sie sollten sich auch fragen, woher ihr Besitz und ihr Vieh kommen.

Als ausgezeichnet, sehr gut, gut, ausreichend oder ungenügend bewertet zu werden, würde das Unbehagen im Land noch verstärken. Die Vorgesetzten werden beurteilt, während ein Nicht-Häuptling oder ein Weißer die Dörfer besucht, oder der Vorgesetzte wird wegen etwas Unwichtigem, das fehlt, schlecht beurteilt ... Diejenigen, die als ausgezeichnet oder als sehr gut beurteilt werden, sind oft diejenigen, die ihre Untertanen in Zwangsarbeit misshandeln, um die Straßen in gutem Zustand zu erhalten, diejenigen, die auf den Straßen Furchen ziehen, diejenigen, die Gehöfte und Dörfer in Gruppen bauen, sowie diejenigen, die Kohl und Blumen anbauen, die den Eigentümern keinen Nutzen bringen. Übrigens, wer wird sich von Kohl ernähren? Welche Familien werden Blumen verwenden? (Man sollte eigentlich davon ausgehen, dass diejenigen, die all diese Dinge durchsetzen, in einem guten Verhältnis zu ihren Untergebenen stehen, die diese Arbeiten erledigen, während diejenigen Vorgesetzten, die ihnen nicht zustimmen oder die sich weigern, ihren Befehlen zu gehorchen, als ausreichend oder ungenügend bewertet werden).

Häuptlinge und Vorgesetzte sollten von ihren Untergebenen beurteilt werden. Es ist nicht richtig, von den Weißen als ausgezeichnet bewertet zu werden, während die Untertanen frustriert sind; es ist ein Fehlverhalten des Verantwortlichen, das nach hinten losgeht.

Aktuell wird über eine Sache in Ruanda und vielleicht auch anderswo diskutiert, nämlich, dass Missionare maßlos sind und sich alles nehmen, dass der Bischof und die Priester sich in die Politik einmischen, obwohl dies nicht ihre Angelegenheit ist, und dass die Presse aufrührerisch ist.

Was geredet wird, ist wahr und wird aus gutem Grund gesagt: Die Missionare in Ruanda leisten seit 57 Jahren gute Arbeit; ob man dem zustimmt oder nicht, ihre Taten kann man nicht ignorieren, verspotten oder aufhalten. In den Missionsstationen begegnet man guten Menschen, die mit Jugendlichen, Erwachsenen und Senioren arbeiten. Wenn wir die Wahrheit sagen (die Wahrheit kann nicht vom Feuer verzehrt werden; sie kann nicht verbrennen), wenn wir sagen sollten, dass niemand das Recht hat, sich um das Eigentum eines anderen zu sorgen (Gerechtigkeit, wenn sie sagen, dass die Menschen einander lieben) (Wohltätigkeit); wenn dies der Fall ist, haben sie nicht aufgehört, Aufruhr zu predigen; sie haben nicht aufgehört, für Wahrheit, Gerechtigkeit und Liebe einzutreten.

Missionen, die diese Sichtweise ablehnen, verdienen Vernichtung. Wenn die aufrührerische Haltung der Missionen bedeutet, junge Menschen auszubilden, die Mathematik und Analysis und andere Fächer lernen, damit diese jungen Menschen in Zukunft erwachsen werden und ihre Familien und ihr Eigentum verteidigen können, dann sollen die Missionen weiterhin ohne irgendwelche Gewissensbisse den Aufstand predigen.

Diejenigen, die die Aktionen der Missionen schätzen, gratulieren ihnen, und diejenigen, die nicht wertschätzen, was die Missionen für sie getan haben, werden einen anderen Grund haben ...

Lüge kann nicht siegen ... Der Dieb wird schließlich gefasst ... Man erntet am Ende die Früchte seiner eigenen Bosheit ... Wer Rat nicht annehmen will, wird Lehrgeld zahlen müssen ...

Der heilige Augustinus sprach sehr schön über die Beziehung zwischen den Häuptlingen und ihren Untertanen. Er sagte: ‚Mögen die Führer, die Könige und die Häuptlinge sowie diejenigen, die die Autorität über die Länder haben, ihren Untertanen Frieden geben, das gegenseitige Kennenlernen fördern und sie lehren, mit ihren Besitztümern zu leben. Auf der anderen Seite sollen die Untertanen die Könige und die Häuptlinge respektieren, sollen ihnen gehorchen: Sie sollen nicht nur zusammenleben, weil es von der Autorität und durch Zwang aufgedrückt wird, sondern weil sie sich lieben und damit jeder leben kann und gegenüber Privateigentum Respekt zeigen kann.‘

Noch einmal sage ich Ihnen auf Wiedersehen, Friede sei mit Ihnen. Möge Gott Sie beschützen und Jungfrau Maria Ihre Mutter sein.“

Das Problem der Batutsi, Bahutu und Batwa[7]

Aloys Bigirumwami, 5. September 1958

Der Hauptgrund, warum ich diesen Brief schreibe, besteht darin, die Problematik der ethnischen Zugehörigkeit von Batutsi, Bahutu und Batwa klar zu beschreiben. Ich tue dies bewusst, objektiv und konstruktiv, indem ich mich auf die Lösung dieses Problems konzentriere, da wir nichts dazu gewinnen, wenn wir es ignorieren. Das Vorgehen meinerseits wird so aussehen, dass ich einige Fragen stelle, die dem Leser und vor allem den für unsere Zukunft Verantwortlichen helfen werden, genaue Informationen zu diesem Problem zu finden.

1° Der erste Punkt, der in dieser Kontroverse geklärt werden muss, ist offenbar die Erklärung bestimmter Konzepte, welche die Angelegenheit der Fachleute für Ethnologie sind:

Was ist ein „Muhutu"? Was ist ein „Mututsi"? Was ist ein „Mutwa"? Auf welche Kriterien werden sich diese Definitionen stützen?

Werden diese Kriterien physischer, rassischer, sozialer oder wirtschaftlicher Natur sein? Als Hinweis dafür kann ich das Beispiel einer völlig durch Eheschließungen gemischten Bevölkerung in den Gebieten oder Regionen Nyanza-Nduga, Kigali-Buganza, Kibuye und Kinyaga anführen. Ich würde gerne wissen, was die Bewohner dieser Regionen darüber denken. Es würde ihnen zumindest schwerfallen, diejenigen zu erkennen, die Bahutu, Batutsi oder Batwa sind, wenn man hauptsächlich nur ihre körperlichen und rassischen Merkmale sieht. Dass beispielsweiße die Batwa von Kabagali (Territorium Nyanza) keine Batutsi, sondern in Wirklichkeit Batwa sind, konnte ich erst nach einiger Überzeugungsarbeit akzeptieren!

Ich erlaube mir, über meinen eigenen Fall zu sprechen, und in diesem Zusammenhang nur, um die Nutzlosigkeit der physischen Kriterien und vielfach auch der sozialen und wirtschaftlichen Kriterien zu veranschaulichen. Vor nicht allzu langer Zeit noch stand für mich fest, wenn auch unter Vorbehalten, dass ich ein Mututsi bin, doch das war ein Fehlurteil. Ich änderte meine Meinung, als ich das Buch von R. P. Delmas las: *Noblesse au Ruanda* (Adel in Ruanda). Der Autor weist deutlich darauf hin, dass der Clan (mein Clan) oder die Familie der Bagesera nicht aus Batutsi besteht, sondern dass ihre Mitglieder Bahutu sind.

7 Die englische Fassung wurde aus dem Französischen übersetzt. *Mgr. Bigirumwami en Europa.*

Ich möchte also klar definiert haben, wer Bahutu, wer Batutsi und wer Batwa sind, damit jede Ursache von Konflikten und sogenannter Diskriminierung ausgelöscht werden kann.

2° Dies ist meine zweite Frage: Es geht um „Manifeste", die populär sind.

Die Bahutu haben eines geschrieben, und die Batutsi taten dasselbe. Es scheint, dass die Batwa ihr eigenes haben. Ich habe nicht die Ehre, es zu kennen. Ich frage mich selbst und frage auch Sie:

Wie sind die Manifeste entstanden und warum?

Was ist ihr Zweck? An wen sind sie gerichtet? Gegen wen, wogegen erheben sie sich?

Die Bahutu wenden sich an die Batutsi, nicht wahr? Aber wenden sie sich an all jene, die als Batutsi bezeichnet werden? Sprechen sie eine kleine Gruppe an? Sprechen sie speziell die Provinzhäuptlinge an, in Ruanda gerade einmal 52 Personen? Sprechen sie die Häuptlinge und ihre Helfer an, die kaum tausend Personen umfassen?

Ist das Manifest der Batutsi eine Antwort auf das Bahutu-Manifest? Auch hier ist es wichtig, den Sinn und Zweck bzw. die Zielsetzungen des Manifests richtig zu definieren. Was wollen die Batutsi in ihrem Manifest in Wirklichkeit sagen? Was ist mit den Batwa, und was wollen sie?

a) Während wir auf die Definitionen dessen warten, was Batutsi, Bahutu und Batwa sind, halte ich es für sinnlos, Wortklaubereien über physiologische Kriterien oder andere Dinge zu betreiben, die selbst unsere Eltern nicht ausreichend begründen könnten.

b) Was die Kontroverse über die Faktoren anbelangt, die das soziale oder wirtschaftliche Leben des Landes bestimmen, wie z. B. Rinder, Ziegen, Land, Arbeit („akazi") (mehr oder weniger Zwangsarbeit zum Wohle der Gemeinschaft), so gibt es zuständige Behörden zur Beilegung damit zusammenhängender Differenzen. Jeder kann Berufung einlegen, entweder vor Gericht oder bei dem Mwami, dem Residenten (Anmerkung: Vertreters der Kolonialverwaltung beim Herrscher eines kolonialen Gebietes) und sogar beim Gouverneur von Ruanda-Urundi.

c) Das Manifest der Bahutu – ich werde mehr darüber sprechen, weil es gewisse Vorzüge hat: es ist in mancher Hinsicht klarer als das der Batutsi! Dennoch ist es meiner Meinung nach nicht unbedingt erbauender – und es richtet sich offenbar an die Batutsi. Ich werde die gleiche Frage stellen wie zuvor: Spricht es alle Batutsi an? Spricht es eine Gruppe von Batutsi an? Warum und zu welchem Zweck wurde es geschrieben? Von welchem Nutzen ist ein solches Manifest für die Interessen des Landes?

Im Manifest wird behauptet, die Batutsi hätten nur sich allein die gesamte Verwaltung des Landes überlassen!

Auch hier scheint es mir, dass wir uns vor Vorurteilen oder Voreingenommenheit hüten müssen. Über Batutsi im Plural zu sprechen, entbehrt jeder elementaren Objektivität. Wie viele von ihnen sind denn an der Macht? Und wie viele Batutsi sehnen sich noch mehr nach der Macht als die Bahutu?

Lassen Sie uns realistisch und aufbauend in unseren Behauptungen sein. Lassen Sie uns objektiv nach den Ursachen für potenzielle Spannungen im sozialen, politischen und wirtschaftlichen Leben unseres Landes suchen. Tatsächlich scheint es, dass weder Bahutu noch Batutsi noch Batwa es wagen, sich den Schwierigkeiten zu stellen, auf die sie stoßen. Sind es die Batutsi, die sich irren, oder sind es die Batwa oder die Bahutu, oder schließlich die indigene und die europäische Verwaltung? Wir sollten ganz klar Stellung beziehen und Verantwortlichkeiten festlegen und gemeinsam nach angemessenen Lösungen suchen, ohne Zeit mit Spitzfindigkeiten zu verschwenden, solange auf allen Seiten ein williger Geist herrscht.

Das Kernproblem scheint zu sein, dass angesichts der gegenwärtigen Entwicklung in Ruanda viele Menschen, darunter Bahutu, Batutsi und wohl auch Batwa, eine aktive und wirksame Rolle in den politischen, sozialen und wirtschaftlichen Angelegenheiten des Landes spielen möchten.

Warum sollten Sie sich dann nicht direkt an diejenigen wenden, die für das Schicksal unseres Landes verantwortlich sind, nämlich an den Mwami, den Residenten, den Gouverneur von Ruanda-Urundi oder an die belgische Regierung?

Die Problematik „Kazi“ (Arbeit)

d) Ein weiteres Thema, das durch das oben erwähnte Manifest aufgeworfen wurde, ist die „Kazi“-Problematik (mehr oder weniger Zwangsarbeit zum Wohle der Gemeinschaft).

Kann man, bei aller Objektivität, irgendeine Batutsi-Gemeinschaft für diese Situation verantwortlich machen? Sind letztere davon ausgenommen? Leiden sie nicht noch mehr unter dieser Situation als die Bahutu? Man sollte sich dessen bewusst sein, wenn man die Ursachen für die vielen Auswanderungen nach Uganda, Tanganjika und in den Kongo betrachtet. Welche Gruppe ist eher davon betroffen? …

Daher ist es nicht angebracht, eine Lösung wie diese vorzuschlagen: „Die erste Lösung ist eine ‚Geisteshaltung'. Die Vorstellung, die ruandische Elite sei nur unter den Hamiten zu finden, ist aufzugeben" (Anmerkung: Zitat aus dem Bahutu-Manifest).

Meiner Meinung nach sollten wir Fakten berücksichtigen und auf der Grundlage dieser Fakten Lösungen anbieten, die nicht leidenschaftlich sind oder verachtenswerte Interessen implizieren. Wer ist für diese umstrittene Situation verantwortlich? Auf wen sollten wir mit dem Finger zeigen, wenn sich unsere Gedanken nur darum drehen, ob jemand zur ruandischen Elite von Hamiten gehört? Was haben die Bahutu getan, um gezielt gegen diese Denkweise zu arbeiten?

Die Schulproblematik

e) Schließlich spricht das Bahutu-Manifest über die Schulproblematik und gibt unter anderem folgende Erklärung ab „Aber bisher ist die Auswahl von Kandidaten auf der Ebene der Sekundarschule und der Hochschuleinrichtungen ganz offensichtlich."

Gemäß dem Manifest scheinen die Entscheidungen zugunsten der Tutsi-Kinder getroffen zu werden. Es ist relativ einfach, dieses Problem auf folgende Weise anzugehen:

Ich werde zunächst eine Frage stellen: Wer kann mit klaren Belegen bestätigen, dass in unseren Sekundarschulen und Hochschuleinrichtungen die Schüler hauptsächlich aus Kindern echter Batutsi-Familien bestehen?

Weder Batutsi noch Bahutu, sondern nur Kinder aus der Mittelschicht besuchen die höheren Bildungseinrichtungen. Kinder echter Batutsi und aus dem einfachen Volk studieren selten in höheren Bildungseinrichtungen.

Noch einmal: Auf wen sollen wir mit dem Finger zeigen? Sollten wir mit dem Finger auf Batutsi zeigen? Auf die Eltern? Auf die Regierung? Auf die Missionen? In dieser Frage geht es vielmehr darum, Verantwortungsbewusstsein und Chancen für jedermann zu schaffen: die Verantwortung auf Seiten der Eltern, die mehr oder weniger anspruchsvoll sind in Bezug auf ihre Kinder. Das bedeutet, dass die Eltern mehr oder weniger Interesse an der Ausbildung ihrer Kinder, an der Verantwortung und an den Fähigkeiten in Bezug auf die Schulverwaltung zeigen.

Außerdem sollten Sie wissen, dass in Sekundarschulen aufgrund des Platz- und Lehrermangels – ich weiß, wovon ich spreche – nur das Alter und die Schulzeugnisse der Kandidaten berücksichtigt werden, unabhängig von allen anderen rassischen, sozialen oder wirtschaftlichen Erwägungen.

Nur diejenigen unter den Schülern, die auf der Primarstufe – bis zu einem gewissen Grad dank der Hilfe ihrer Eltern – sehr gute Noten zeigen, haben Anspruch auf Zugang zu weiterführenden Schulen und Hochschulen.

Es würde von gesundem Menschenverstand zeugen, wenn diejenigen, die diese Anforderungen erfüllen, aber nicht zufrieden sind, sich bei dem Mwami, dem Residenten oder dem Gouverneur beschweren würden. Es ist nicht effizient, sich an eine dritte Person zu wenden, geschweige denn an eine Gemeinschaft!

Sehr geehrte Landsleute, ich entschuldige mich dafür, dass ich Sie in all diese Diskussionen, die mir in meiner Eigenschaft als Ruander und als ruandischer Bischof ein Anliegen sind, verwickelt habe.

Jedoch bin ich der Meinung, dass wir ein für alle Mal einen Schlussstrich ziehen und in diesem Land und in unseren Beziehungen zu unseren Nachbarn jede Art von Meinungsverschiedenheit, Spannung oder auch Hass vermeiden müssen. Der rasante Fortschritt, den unser Land macht, darf uns nicht so weit blenden, dass wir die Realitäten solcher sozialen und wirtschaftlichen Unterschiede ignorieren. Es sollte für uns darum gehen, diese Unterschiede in Wahrheit, Gerechtigkeit und Nächstenliebe anzuerkennen.

Noch einmal: „Wo Wohltätigkeit und Liebe ist, da ist Gott."

Mgr. Al. BIGIRUMWAMI
Apostolischer Vikar von Nyundo-Kiseyi, Ruanda

Auszüge aus dem Bericht der UNAR über die Unruhen in Ruanda[8]

(10. November 1959)

Mit der Gründung der *Ruandischen Nationalen Union* (*Union Nationale Ruandaise,* UNAR) erlebten diejenigen, die Parteigründungen basierend auf ethnischer Zugehörigkeit vornehmen wollten, um Spannungen zwischen verschiedenen ethnischen Gruppenhervorzurufen, das Scheitern ihres machiavellistischen Plans. Tatsächlich verlagerten sich die Ziele der politischen Parteien auf edlere Ideologien als Zugehörigkeit zu einer Rasse und zu einem Clan. Deshalb wollten sie ihre letzte Karte ausspielen, indem sie Ereignisse in Gang setzten, durch die es zu einem unerbittlichen Kampf gegen die *Ruandische Nationale Union* kam, die es gewagt hatte, zu früh von Unabhängigkeit zu sprechen (1962, zumindest aus ihrer Sicht) und gegen die Monarchie, die die einzige aktuelle Garantie für die nationale Einheit war ...

In dieser Atmosphäre politischer Spannung hat die *Partei zur Emanzipation der Hutu* (*Parti pour l'Emancipation des Hutu,* PARMEHUTU, ein Flügel von APROSOMA) in Gitarama, in der Nähe von Kabgayi, dem Bistum des gleichnamigen Vikariats, Massaker an den traditionellen Amtspersonen und an Mitgliedern oder Sympathisanten der *Ruandischen Nationalen Union* verübt. Unter den gleichgültigen Augen der Lokalverwaltung und trotz Polizeipräsenz wurden diese Massaker von organisierten Banden verübt.

Blutige Unruhen in Ruanda: Darlegung der Fakten

Am Montag, dem 2. November 1959, gab es am Nachmittag Gerüchte, dass die Mitglieder der *Partei zur Emanzipation der Hutu*, ein Flügel der APROSOMA (Verband zur sozialen Förderung der Massen), beschlossen, das arabische Viertel von Gitarama anzugreifen. Daraufhin begab sich der Ortsvorsteher, Herr Haguma, zum Territorialverwaltungsassistenten, um ihn über die Pläne und die möglichen künftigen Zwischenfälle zu informieren. Der Beamte antwortete, dass er darüber informiert sei und Truppen der Gendarmerie angefordert habe. Dennoch

8 Englische Fassung: übersetzt aus dem in Kinyarwanda verfassten Originaltext. F. *Rwanda Politique 1958-1960,* "Extraits du rapport de l'UNAR sur les émeutes au Rwanda 10 novembre 1959," (Brussels: Centre de Recherche et d'Information Socio-Politiques, 1961), 143-146.

rechnete er damit, dass die Angriffe wahrscheinlich erst am nächsten Tag starten würden, in welchem Fall das Militär vor Ort sein würde.

Gegen Abend desselben Tages drängten sich die Leute in das arabische Viertel, provozierten und bedrohten Menschen, griffen gezielt eine Gruppe von Passanten an und verletzten zwei Personen, indem sie sie mit Stöcken schlugen und mit Steinen bewarfen. Am Montag waren die ganze Nacht hindurch Trommelschläge und Hörner zu hören als Zeichen der Kundgebung.

Am Morgen des 3. November 1959 meldeten sich die Verletzten beim Territorialamt, wo sich das Gendarmerie-Corps befand. Der Leiter der Territorialverwaltung, Herr Rheinhard, begab sich zu einem Ort, an dem sich die Randalierer versammelt hatten; sobald er von dort kam, begab er sich in das arabische Viertel und sagte den Leuten, sie sollten ihm Bescheid geben, falls sie angegriffen würden. Der Häuptling suchte den Territorialverwaltungsassistenten auf und teilte ihm mit, dass die Krawallmacher gerade das arabische Viertel angegriffen hätten. Der Territorialverwaltungsassistent antwortete, dass er mit dem Führer der *Partei zur Emanzipation der Hutu*, G. Kayibanda, sprechen werde, damit dieser sein Volk beruhigen könne, da er die Macht über sein Volk habe.

Nachdem der Territorialverwaltungsassistent fort war, bildeten die Randalierer, die einige Leute mit Stöcken verletzt hatten, eine Bande und griffen zu Messern, Speeren, Stöcken usw. ... Diese Bande begab sich zum Haus des Häuptlings, sie liefen die Straße Gitarama-Kigali entlang und kamen am Territorialbüro vorbei. Der Häuptling informierte sofort den Territorialverwaltungsassistenten, aber dieser nahm die Angelegenheit nicht ernst, obwohl er sah, wie bewaffnete Banden auf der Hauptstraße vorbeizogen, wobei die Polizei tatenlos dastand.

Einige Stunden später waren die Kaffee- und Bananenplantagen des Häuptlings zerstört, und die beiden Verwaltungsbeamten, die in die Gegend geschickt wurden, sagten, sie hätten nichts gesehen. Die bewaffneten Banden gingen an andere Orte und verletzten Menschen. Die Polizei griff nicht ein; die Obrigkeit unternahm nichts, um die üblen Banden zu stoppen.

Am Nachmittag erfuhren wir, dass ähnliche Unruhen in der Häuptlingsschaft von Ndiza durch eine Bande von Angreifern unter der Führung von Unterhäuptling Mbonyumutwa Dominique, einem Mitglied des Lenkungsgremiums der Hutu-Sozialbewegung, begonnen hatten. In der Häuptlingsschaft von Ndiza töteten die Krawallmacher weiter und massakrierten Unterhäuptling Katarabirwa, den ehemaligen Unterhäuptling

Matsiko und den ehemaligen Richter Butwatwa. APROSOMA-Banden verübten Gewalttaten in Marangara. Bei diesem Massaker kam es zu keinem Eingriff der zuständigen Behörden. Am Abend war klar, dass das Ausmaß der Ausschreitungen in beiden Häuptlingsschaften erschütternd war. Die Menschen waren verängstigt, ihre Hütten brannten und viele flohen.

Am Mittwoch, dem 4. November 1959, erreichten die Unruhen dramatische Ausmaße: In Marangara töteten ähnlich bewaffnete Banden den Unterhäuptling Ruhinguka und seinen Sohn sowie ein Mitglied im Rat der Unterhäuptlinge, Herr P. Mututsi, ganz zu schweigen von den Schwerverletzten und Sachbeschädigungen.

Es ist erwähnenswert, dass all diese Massaker bei vollem Tageslicht verübt wurden und dass der Herr Resident den Ort des Massakers besuchte und mit den Aufständischen sprach.

Am 4. November 1959 wurde tagsüber auch der Häuptling in Ndiza angegriffen und seiner Kleidung beraubt. Sein Haus wurde geplündert, er floh, wurde dann aber getötet; Unterhäuptling Mbonyumutwa ernannte sich selbst zum Häuptling des Gebiets, um das es ging, ohne dass die europäischen Behörden eingriffen, obwohl ein Polizeiaufgebot vor Ort war.

Am Donnerstag ging die Gewalt weiter. Es brannten Hütten, hier und dort, und mehrere Personen wurden schwer verletzt.

Am Donnerstag, dem 5. November 1959, besuchten der Herr Vize-Generalgouverneur, J.-P. Harroy, und der Herr Resident von Ruanda, Preud'homme, das Gebiet von Gitarama, wo es zu einem Treffen mit dem Führer der *Partei zur Emanzipation der Hutu*, G. Kayibanda, kam, und sie trafen sich mit ihm im Territorialamt.

Danach fuhren sie nach Nyanza, wo sie sich mit dem Mwami und der Delegation der *Ruandischen Nationalen Union* trafen, die sich um eine Audienz beim Vize-Generalgouverneur bemüht hatte.

Sie versprachen ein sofortiges und wirksames Eingreifen. Dieses Versprechen wurde der Delegation der *Ruandischen Nationalen Union* und der Bevölkerung gegeben, die sich im Nationalen Verwaltungszentrum versammelt hatte, um die Abgesandten des Gouverneurs zu bitten, die Situation zu klären und das Blutvergießen zu beenden.

Es war an diesem Tag, dass der Herr Resident, während der Vize-Generalgouverneur sich den aufdringlichen Fragen der Bevölkerung stellte, auf eine Frage mit: „Ist mir doch egal!" reagierte.

Am Samstag, dem 7. November 1959, setzten sich die Unruhen in den Regionen fort, in denen APROSOMA Angriffe gestartet hatte, aber die Bevölkerung war sensibilisiert worden und glaubte, dass diese Mörder Feinde der Monarchie seien.

Noch am selben Abend nahm die Bevölkerung ihre defensive Haltung ein und startete schreckliche Vergeltungsmaßnahmen gegen die Mitglieder von APROSOMA.

Ohne unter irgendeiner Führung zu stehen, war sich die gesamte Bevölkerung einig, diejenigen zu bestrafen, die sie als Feinde der Monarchie bezeichnete.

Es gab daher viele Todesopfer und Verletzte. Man kann von mehr als hundert Toten und Hunderten von Verletzten ausgehen. An diesem Abend feuerte Herr De Weerde, der Territorialverwaltungsassistent von Nyanza, Schüsse auf eine Gruppe von Männern ab, die sich auf der Straße versammelten und, alarmiert durch die Unruhen in Gitarama, bereit zur Verteidigung waren. Der oben erwähnte Schütze tötete einen Mann und verletzte sechs. Zu diesem Zeitpunkt war im Land noch keine Militäraktion beschlossen worden. Wir erinnern auch daran, dass die oben genannten Männer nicht versucht hatten, die Polizei anzugreifen.

Am 8. November 1959 wurden Sicherheitskräfte angefordert, und die zuständige Behörde hatte einen Sicherheitsdienst organisiert, damit die Lage nicht weiter außer Kontrolle geriet. Der Vize-Generalgouverneur und der Gouverneur von Ruanda-Urundi mussten auf die Militärbehörden in Belgisch-Kongo zurückgreifen, um genügend Truppen zu haben.

Am 9. November 1959 begann eine ruhige Periode, die sich jedoch aufgrund der Vorfälle in Bufundu, Marangara, und der Massaker in Kibuye, die APROSOMA etwa 50 Menschenleben kostete, als die blutigste Periode von allen herausstellte. Hütten gingen in Flammen auf und es gab eine hohe Anzahl an Verletzten.

Jener Tag war der tragischste von allen; die Unruhen hatten bereits acht Tage lang angedauert. Der Mwami ließ nicht locker und bat den Herrn Residenten von Ruanda und den Vize-Generalgouverneur, eine Entscheidung zu treffen, um einen Aufruhr zu verhindern, erhielt aber keine Antwort. Am selben Abend schickte der Mwami ein Telegramm an Herrn Vize-Generalgouverneur und lud ihn ein, sich nach Nyanza zu begeben, um gemeinsam strenge Maßnahmen zur Verhinderung einer Katastrophe zu ergreifen. Der Vize-Generalgouverneur würde diese Einladung annehmen, vorausgesetzt, dass durch militärische Maßnahmen seine Sicherheit gewährleistet werde.

Am nächsten Tag führte der Vize-Generalgouverneur ein Gespräch mit dem Mwami und einem Mitglied der Ständigen Delegation, um nach geeigneten Lösungen zur Beendigung des Blutvergießens zu suchen. Die erste geeignete Maßnahme zur sofortigen Wiederherstellung bestand darin, das Land unter Militärherrschaft zu stellen, was bedeutete, dass alle militärischen und zivilen Behörden, ob europäisch oder lokal, einem einzigen Befehl gehorchen mussten.

Die Delegation des Nationalen Hohen Rates würde dauerhaft beim Mwami bleiben, um eine Verbindung zwischen ihm und dem Militärkommando herzustellen.

Eine gemeinsam von dem Mwami und dem Vize-Generalgouverneur unterzeichnete Erklärung wurde verschickt, um die Bevölkerung zur Ruhe aufzurufen und sie über die zur Wiederherstellung der Ordnung ergriffenen Maßnahmen zu informieren. Das herausragendste Ereignis dieses Tages war die Verhaftung von Kimonyo Ubald, dem Häuptling der Häuptlingsschaft von Mayaga, und Semafara Léonidas, dem amtierenden Präsidenten des Nationalen Gerichtshofs. Es wurde auch berichtet, dass die Polizei auf eine Gruppe von Personen geschossen habe, die versuchten, das Haus einer gebildeten Person anzugreifen.

Darüber hinaus erhielten wir die neuesten Informationen, dass der Herr Verwalter im Gebiet von Kisenyi Schüsse auf eine Menschenmenge abgegeben und sechs Personen verletzt habe. In Musambira, Territorium Gitarama, verletzte die Polizei mehrere Personen und tötete mehr als ein Dutzend. Die Situation war verwirrend, und das Morden ging weiter.

Daher ist es unmöglich, die Zahl der Opfer und den materiellen Schaden, der durch diese internen Kämpfe entstanden ist, sowie die politischen, sozialen und wirtschaftlichen Folgen festzustellen.

Was denkt die Bevölkerung über den Ursprung und die Ursachen dieser blutigen Ausschreitungen?

Die breite Masse hält es für den Versuch eines kleinen Teils der Bevölkerung, der nach dem Tod von König Mutara III. versucht hat, eine republikanische Regierung zu etablieren, den neuen König mit Gewalt zu entmachten oder zu eliminieren, um die Macht zu übernehmen und dieses gefürchtete Herrschaftssystem zu installieren. Sie beschuldigt Belgier und Missionare (die *Weißen Väter*), daran beteiligt zu sein. Sie wirft ihnen vor, die Feinde der Monarchie offen zu unterstützen. Das Eingreifen einflussreicher Personen war notwendig, um die Massen daran zu hindern, die Weißen anzugreifen ...

Die meisten der ruandischen Elite denken, dass diese bedauerlichen blutigen Unruhen ihren Ursprung in der kolonialen „Teile-und-Herrsche"-Politik haben. Sie sind davon überzeugt, dass die Unruhen schon vor langer Zeit von der lokalen Verwaltung gut vorbereitet worden waren, um sicherzustellen, dass alles gut organisiert ist, wenn die ruandische Elite die nationale Unabhängigkeit beantragt. Diese Elite misstraut bereits der Regierungserklärung zur Hutu-Tutsi-Problematik und betrachtet diese Unruhen als ein Manöver des Kolonialismus, um die nationale Unabhängigkeit des Treuhandgebietes aufzuschieben. Sie wissen, dass es sich nicht um einen Konflikt zwischen Hutu und Tutsi handelt, sondern um einen Meinungskonflikt zwischen den Partisanen der Abschaffung der belgischen Treuhandschaft, also der nationalen Unabhängigkeit, und denen, die diese Treuhandschaft beibehalten wollen.

In der Tat erhoben sich die Volksmassen geschlossen zu Vergeltungsschlägen, nachdem sie erfahren hatten, dass die Verwaltung es zuließ, dass Amtspersonen und Unabhängigkeitsbefürworter massakriert wurden, was den Verlust von Menschenleben zur Folge hatte und die Verwaltung des Treuhandgebietes zum Eingreifen zwang.

Die Elite stellt fest, dass die Treuhandmacht ihre Absichten bezüglich des Aufschiebens der Selbstbestimmung des Landes nicht mehr verbirgt, da sie alles daransetzt, dass es zu einem internationalen Meinungsumschwung zur tatsächlichen politischen Lage im Land kommt. Sie zögert nicht, falsche Berichte an die UNO zu schicken, politische Parteien mit mehreren Dutzend Mitgliedern zu gründen, die sie der internationalen Meinung als wichtige politische Gruppen darstellt, unwahre Medienberichte zu verbreiten, usw. ...

Um eine Lösung für das Problem des bestehenden Konflikts zu finden, gibt es nur einen effizienten Weg, nämlich die Vereinten Nationen, die den obersten Auftrag zum Schutz der Bevölkerung der unter ihrem Protektorat stehenden Nationen haben, sollten sich um die Angelegenheit kümmern und dringend ein internationales Komitee entsenden, das Unparteilichkeit garantieren und eine gründliche Untersuchung der politischen Situation in Ruanda durchführen kann.

Nur dieser Ausschuss würde der verzweifelten Bevölkerung Vertrauen einflößen. Er sollte in seinem Untersuchungsauftrag völlig unabhängig sein. Er sollte während der Ermittlungen kein Mitglied der Verwaltungsmacht aufnehmen. Wir möchten auch, dass ein Gremium des

Protektoratgerichts ständig anwesend ist, um die bevorstehenden Wahlen in Ruanda zu überwachen. In Anbetracht der gegenwärtigen Unruhen und des verspäteten und harten Eingreifens der Polizei, wodurch das Land einer Militäraktion unterstellt war, und in Anbetracht der Tatsache, dass allein der Polizeieinsatz noch ungezählte Opfer gefordert hat, fordern wir außerdem das Eingreifen der Internationalen Streitkräfte während der unruhigen Periode, gemäß dem Telegramm, das die *Ruandische Nationale Union* Ihnen heute zugesandt hat.

Das ruandische Volk hat Vertrauen in die UNO und bittet um ihre wohlwollende Unterstützung bei der Wiedererlangung seiner Rechte und Freiheiten.

Nyanza, Ruanda, 10. November 1959
Ruandische Nationale Union

Präsident:	(sé) RUKEBA François
Sekretär:	(sé) RWAGASANA Michel
Sekretär:	(sé) NTARUGERA Védaste
Vizepräsident:	(sé) REBERO Cosma
Leiter:	(sé) KAYIHURA Michel
	(sé) RWANGOMBWA Chrisostome
	(sé) MUNGARURIRE Pierre

Botschaft von Präsident Grégoire Kayibanda an Tutsi-Flüchtlinge

Die englische Fassung wurde aus dem französischen Original übersetzt: *Message du Président Grégoire Kayibanda aux réfugiés tutsi.*
Quelle: *Ruanda Carrefour D'Afrique*, Nr. 31, März 1964.

Sehr geehrte Damen und Herren, ruandische Flüchtlinge,

über die Sorgen hinausblickend, die mir das wahnsinnige Verhalten einiger von Ihnen bereitet, die vom Ausland aus Aktivitäten von Terroristen organisieren und damit ihre Brüder beunruhigen, die in unserem demokratischen und unabhängigen Ruanda leben;

über das Leid hinausblickend, das die Unehrlichkeit einiger von Ihnen für uns mit sich brachte, als sie uns als völkermörderisch bezeichneten;

jenseits des Schmerzes, den wir erlebten, als Ihnen wahrscheinlich wohlmeinende Menschen die modernsten Kommunikationsmittel für ihre Verleumdungstaktik zur Verfügung stellten;

hielten wir es trotz alledem für angebracht, Ihnen brüderliche Grüße zu übermitteln, in der Hoffnung, dass viele von Ihnen diese entgegennehmen.

Wie sehen wir Ihre Haltung in Ruanda als Ganzes? Wie beurteilt Ruanda Ihr Verhalten? Und vor allem: Wie ist unsere Haltung Ihnen gegenüber? Hier sind drei Punkte, zu denen ich Ihnen die Ansicht der Republik [Ruanda] darlegen möchte.

1. Viele von Ihnen wollen in einem neuen Land im Ausland einfach nur Frieden finden; für sie gilt es, sich niederzulassen und nach Mitteln und Wegen zu suchen, um ihren Familien einen angemessenen Lebensunterhalt zu sichern. Diese Menschen sind vernünftig, und wir haben nicht aufgehört, sie einzuladen, in ihr Land zurückzukehren, wenn sie das möchten.

Einige von Ihnen gewöhnen sich nicht an das Leben im Ausland und würden gerne zurückkommen, wenn die Lebensumstände für sie günstig wären. Wir stehen ihnen zur Verfügung, um ihre Rückkehr zu erleichtern, solange das, was sie tun, nicht im Zusammenhang mit subversiven und terroristischen Aktivitäten wie im vergangenen Dezember steht.

Wir sind uns bewusst, dass viele Mitglieder der beiden oben genannten Gruppen in Panik aus ihrem Land geflohen sind. Andere taten dies jedoch, weil sie unter Druck standen oder dazu verlockt wurden und sich nicht bewusst waren, wie unmenschlich und betrügerisch diejenigen waren, die sie dazu überredet hatten.

Wir sind uns auch bewusst, dass das Regionale Hochkommissariat für Flüchtlinge bereit ist, Ihnen zu helfen, indem es uns praktische Informationen zukommen lässt, um unseren Dienststellen bei der Anpassung unserer Siedlungseinrichtungen zu helfen.

2. Nicht wenige unter Ihnen sind Fanatiker und können die großen Fortschritte, die Ruanda und Afrika in den letzten drei Jahren gemacht haben, nicht verstehen.

Solche reuelosen Feudalherren fördern Propaganda, die die Menschen davon überzeugen soll, dass die „mwami"-Herrschaft wiederhergestellt wird; das ist ernst und schwerwiegend, nicht nur weil die „mwami"-Herrschaft für immer verurteilt dasteht, sondern auch weil diejenigen, die weiterhin in beispielloser und blinder Weise für den „mwami" kämpfen, zugrunde gehen müssen.

Solche reuelosen Feudalherren verbreiten Lügen, um an große Geldsummen heranzukommen, die angeblich zur Förderung ihrer angeblich nationalistischen und humanitären Ziele verwendet werden. Anstatt für den Lebensunterhalt der Flüchtlinge werden diese Gelder für den Kauf von automatischen Waffen verwendet, durch die die reguläre Armee, die sich für den Fortschritt und das Gemeinwohl der Republik einsetzt, niemals geschlagen werden kann.

Solche Führer, deren Gerissenheit und mangelnde Höflichkeit Sie besser kennen als ich, lassen Sie an Aktivitäten teilnehmen, die Sie in einem demokratischen Umfeld verurteilen würden und denen sie sich definitiv entgegenstellen würden; sie machen Sie zu Werkzeugen des Neokolonialismus, der angeblich den Platz einnehmen wird, den die Kolonialherrschaft von gestern hinterlassen hat. Ihr Einsatz bei Terroraktionen dient in Wirklichkeit einem Neokolonialismus, den Afrika verurteilt. Den Menschen, deren Leben trotz unserer Wachsamkeit durch Terror zerstört wurde, bringt es nichts, wenn Sie die republikanische Regierung öffentlich verleumden.

Wer genau ist ein Völkermörder? Stellen Sie sich diese Frage und beantworten Sie sie aus tiefstem Herzen [des Gewissens]. Sind die Tutsi, die noch im Land sind, glücklich über Ihr Verhalten? Sie fürchten die Wut der Menschen, die durch Ihre Übergriffe geschürt wird.

Wer genau ist ein Völkermörder? Erinnern diejenigen, die Sie unterstützen und Ihre terroristischen und brudermörderischen Aktivitäten finanzieren, Sie auch daran, dass die „Bahutu" sich niemals misshandeln lassen werden und auf Ihre Angriffe nicht mit fragwürdigem Heldenmut reagieren sollen?

Wer genau ist ein Völkermörder? Woher kommen die Waffen, mit denen Sie Ihre Brüder terrorisieren? Zu welchem Zweck werden sie Ihnen gegeben? Welche seriöse und konstruktive Afrikanische Konferenz hat jemals einen bewaffneten Konflikt als Mittel zur Beilegung von Differenzen empfohlen, sofern es welche gibt? Sind die Schwierigkeiten, die durch Ihre Aktionen in Burundi und in anderen Ländern, in denen Sie Gast sind, verursacht werden, im Sinne der Förderung der afrikanischen Einheit? Ganz im Gegenteil, tragen diese Aktivitäten nicht dazu bei, Afrika wieder zu unterwerfen?

Es kommt vor, dass Sie untereinander Streitigkeiten haben. Warum denken Sie nicht über die Gründe für diese Missverständnisse nach? Es ist ein Gefühl der Menschlichkeit, das bei vielen von Ihnen immer noch vorhanden ist, nicht wahr? Vielleicht ist es der Zorn der fanatischsten unter Ihnen, der es nicht duldet, dass Geld gesammelt wird, um eine Mutter mit Nahrung und Kleidung zu versorgen, anstatt Waffen zu kaufen?

Was bedeutet das Wort „Tutsi“? Bedeutet es „Adel“, wie es vor langer Zeit einmal der Fall war? Bedeutet es „Herr“, wie es im Feudalsystem der Fall war? Ihr seid eine „nomadische und terroristische ethnische Gruppe“ gemäß dem, was ihr zu tun pflegt. Oder, wie es aktuell der Fall ist, ihr seid fanatisch ergebene „Handlanger antiafrikanischer Kräfte“! Wenn gute Menschen die Augen vor der Schlechtigkeit Ihrer Aktivitäten nicht verschließen, wird das Wort „Tutsi“ ausschließlich für „fanatisch ergebene Gefolgsleute“ oder eine „nomadische und terroristische ethnische Gruppe“ stehen.

Lassen Sie uns nun über Ihre Zukunft und die Ihrer Kinder nachdenken. Wir bitten Sie, an diese unschuldigen Wesen zu denken, denen das Schicksal, zu dem Sie Ihre ethnische Gruppe führen, noch erspart bleiben kann. Wir wenden uns erneut an Sie, an die Tutsi: Sie haben Verpflichtungen gegenüber Ihrer Familie, die nichts mit den Taten zu tun haben, mit denen Sie Ihre Zeit verschwenden; Sie verraten Afrika, indem Sie Ihr Heimatland terrorisieren. Glauben Sie nicht, dass Sie Ihren staatsbürgerlichen Pflichten nachkommen, indem Sie Ihre 15-jährigen Kinder für den Dienst in den Reihen der Terroristen einschreiben!

Noch einmal: Wer ist ein Völkermörder? Nehmen wir an, Sie schaffen es wie durch ein Wunder, Kigali im Sturm zu erobern. Wie lässt sich das Chaos ermessen, dessen erste Opfer Sie wären? Ich werde mich damit nicht aufhalten, aber es lässt sich leicht erraten. Ansonsten würden Sie sich nicht wie fanatisch ergebene Gefolgsleute und verzweifelte Menschen verhalten! Untereinander sagen sie sich: „Es wäre die totale und hastige Vernichtung der Tutsi-Rasse."

Wer ist ein Völkermörder? Einige unter Ihnen – wie zynisch! – zählen für die Zukunft auf Tutsi-Studenten und Tutsi-Mädchen. Welche Zukunftsaussichten haben diese jungen Männer Dank ihrer Terroraktionen? Wie sieht die Zukunft dieser unglücklichen Huren aus, deren lächerliche Mission nur darin besteht, die Bars zu infiltrieren?

Was die Spionage betrifft, müssen Sie noch viel lernen. Sie richten einen Schaden an, der Ihre Niederlage noch unglücklicher machen und die Zukunft Ihrer Tutsi-Studenten noch düsterer machen wird. Und diese Aussicht, ob es nun rasch oder weniger rasch eintreten wird, sollte diejenigen von Ihnen, die noch einen Sinn für Menschlichkeit haben, zum Nachdenken bringen.

Was mich als Afrikaner und als Ihren Präsidenten betrifft, sofern Sie sich selbst Ruander nennen, habe ich Ihnen die realistischste Lösung präsentiert. Die Lösung für Ihr Problem lässt sich in diesen wenigen Punkten zusammenfassen:

1. Legen Sie Ihre Waffen nieder; geben Sie sie den Neokolonialisten zurück, die Sie zum Narren halten, und wecken Sie wieder friedfertige Gefühle.

2. Diejenigen, die in ihr Heimatland zurückkehren wollen, sind eingeladen, dies zu tun. Lassen Sie sie direkt mit den Sozialdiensten unserer Regierung oder mit dem Regionalbüro des Hochkommissariats für Flüchtlinge sprechen. Wir haben ihnen die Daten mitgeteilt, die unsere Dienste für die Ansiedlungseinrichtungen benötigen.

3. Diejenigen, die in den Gastländern bleiben und sich dort niederlassen wollen, sollen sich dort niederlassen und sich an die Gesetze dieser Länder halten, insbesondere was die öffentliche Sicherheit anbelangt. Unsere diplomatischen Vertretungen sind bereit, jede erdenkliche Hilfe zu leisten, indem sie Schritte unternehmen und Anträge an die Behörden in diesen Ländern stellen.

4. Ihre Kinder, die mit staatlichen Zuschüssen oder gesponserten Stipendien an Hochschulen und Universitäten studieren, wurden ermutigt, nach Abschluss ihres Studiums zurückzukommen und für die Republik zu arbeiten. Wir richteten unsere Ermutigung an den Wohltäter, der, bewegt von der Armut Ihrer Kinder, mit Unterstützung der Behörden eines Nachbarlandes eine höhere Schule für sie einrichtete. Wir legen Ihnen nahe, den Dienst, der Ihren Nachkommen erwiesen wird, nicht zu behindern.

Wir haben uns in unserer Politik nicht geirrt, als wir gleich zu Beginn der Übergangsregierung, im Oktober 1960, unsere Regierung und alle Länder und alle internationalen Organisationen aufforderten, Ihr Flüchtlingsproblem zu entpolitisieren. Die Revolution fand wegen Ihrer damaligen Führer im November 1959 in einem gewaltsamen Umfeld statt: Ihre Gruppe verlor die Schlacht. Das Referendum fand unter den Augen von UN-Beobachtern statt, und Ihre Gruppe wurde besiegt. Während meine Regierung gegenüber dem im Land verbliebenen gegnerischen Flügel tolerant war, planten Sie, auf bewaffneten Konflikt zu setzen. Sie sind jedes Mal besiegt worden, und gleichzeitig haben Sie den Verlust vieler Menschenleben verursacht. Sie setzen Verleumdung als Waffe ein, aber das wird nach hinten losgehen, wenn die Leiter der Agenturen und Zeitungsredakteure erkennen, dass sie unwissentlich Terrorismus und Subversion fördern.

Seit dem 1. Juli 1962 ist die Ruandische Republik unabhängig. Sie verfügt über demokratische Institutionen, die auf demokratische Weise durch den Willen des Volkes geschaffen wurden und die dem Volk und allen Bürgern ohne Ausnahme oder Diskriminierung verpflichtet sind. Die öffentliche Sicherheit bestand so lange, bis Ihre Angriffe/Interventionen sie im südlichen Teil des Territoriums/Staates gestört haben. Dem Land steht freundlicherweise technische Hilfe aus mehreren Ländern Europas zur Verfügung, die hingebungsvoll und verständnisvoll sind. Die Entwicklung in allen Bereichen des nationalen Lebens geht voran. Was wollen Sie also mit Ihren terroristischen Übergriffen? Was haben Sie vor, wenn Sie sich unter der Führung rücksichtsloser Menschen von der Unabhängigkeit und Entwicklung der Republik fernhalten? Was werden Sie erreichen, wenn Ihre nutzlosen Aktivitäten indirekt eine Ursache für Meinungsverschiedenheiten zwischen Ruanda und Burundi sind? Auf welche Weise lösen Ihre Übergriffe Ihr Flüchtlingsproblem?

Wenn Sie Ruanda lieben, folgen Sie der Politik, die seine Regierung im Zusammenhang mit der Flüchtlingsfrage fördert, und diese Politik ist Ihnen in den oben aufgeführten Punkten zur Kenntnis gebracht worden.

Gesunder Menschenverstand und afrikanische Brüderlichkeit sagt Ihnen, dass Sie der Richtung folgen, die wir Ihnen zeigen: Kommen Sie in Frieden zurück oder lassen Sie sich in Ruhe in Ihren Gastländern nieder.

Wir hielten es für vernünftig, Sie als Flüchtlinge direkt anzusprechen und uns insbesondere an diejenigen unter Ihnen zu wenden, die noch einen echten Sinn für Menschlichkeit haben. Es ist Ihr Recht zu wissen, was wir über Ihre Haltung denken. In dem Augenblick, in dem gute Menschen glauben, Ihnen helfen zu können, werden die zusätzlichen Informationen, die wir Ihnen hier zur Verfügung stellen, sich als ein herausragender Beitrag zu den Bemühungen erweisen, Ihren Familien und Parteimitgliedern zu besseren Lebensbedingungen zu verhelfen, davon sind wir überzeugt.

Diejenigen, die Ihnen helfen, sind in zwei Gruppen eingeteilt: Meidet diejenigen, die Sie Guerillakrieg oder Kriegsführung lehren und Ihnen Waffen für den Terrorismus geben; hören Sie auf diejenigen, die Sie wie wir dazu einladen, ruhig und friedlich zu bleiben. Wählen Sie eine der beiden konstruktiven Optionen der ruandischen Regierung. Als Ihr Präsident habe ich Ihnen diese Optionen aufgezeigt.

Hoffen wir, dass es nicht zu spät ist und dass Sie im Einklang mit dem Frieden handeln, der auch die einzige Option Afrikas und der heutigen zivilisierten Welt ist.

Was die im Land lebenden Tutsi betrifft, so genießen sie offensichtlich nicht den Titel eines „Herren" mit einem Sonderstatus, sondern genießen alle Rechte, die den Bürgern in jedem demokratischen Land gewährt werden. Führen Sie sie nicht mehr in die Irre.

Darüber hinaus wissen Sie vielleicht, dass unsere Toleranz gegenüber den Gegnern Ihrem Terrorismus Raum gegeben hat, sodass sie Komplizen haben, entweder beim Schüren von Unruhe oder beim Sammeln von Verleumdungen gegen uns, die leider von einer bestimmten Nachrichtenagentur aufgegriffen werden. Wenn diese Komplizen bestraft werden, ist das normal, aber es wäre besser, wenn Sie sie nicht mehr täuschen würden, auch nicht mit unmenschlichen Strategien. Welchen Gewinn werden Sie erzielen, wenn Sie sie in die Irre führen? Was werden Sie noch bekommen, außer Not oder Unglück und anhaltende Sorgen, die durch die terroristischen *Inyenzi* (Kakerlaken) verursacht werden?

Ihre Übergriffe an festgelegten Terminen jeweils am 15. und 25. eines jeden Monats durchzuführen, ist für einige Ihrer Art eine fast endlose Qual. Das lässt sich mit Ihrem persönlichen, familiären oder stammesbedingten Hass in Verbindung bringen, wie zwischen Bega und Bahindiro. Übrigens, wie ist die Situation unter Ihnen heute? Bitte lassen Sie niemanden weiterhin trennende Faktoren betonen. Das würde der echten Demokratie und dem Fortschritt für die Bürger der Republik nur schaden. Die ganze Welt arbeitet auf Einheit hin; Vielfalt und Minderheiten werden respektiert; Toleranz ist das Gesetz; es ist realistischer und konstruktiver.

Das, woran Ihr Präsident Sie hier erinnert, ist real. Selbst diejenigen, die Sie zu ihrem Werkzeug des Neokolonialismus gemacht haben, sollten auf mich hören und ihre strategischen Pläne korrigieren. Das, woran ich Sie hier erinnere, ist finanziellen Mitteln und automatischen Waffen weit überlegen.

Ich habe offen mit Ihnen gesprochen. Sie wissen, dass ich das normalerweise so tue, und diese Offenheit bin ich Ihnen in Ihrer jetzigen Situation schuldig.

Die Zehn Gebote der Hutu[9]

1. Jeder Hutu sollte wissen, dass jede Tutsi-Frau für die Interessen ihrer ethnischen Gruppe der Tutsi arbeitet. Folglich betrachten wir jeden Hutu als Verräter, der
   - eine Tutsi-Frau heiratet,
   - sich mit einer Tutsi-Frau anfreundet,
   - eine Tutsi-Frau als Sekretärin oder Konkubine hat.

2. Jeder Hutu sollte wissen, dass unsere Hutu-Töchter in ihrer Rolle als Frau, Ehefrau und Mutter der Familie besser geeignet und gewissenhafter sind. Sind sie nicht hübsch, gute Sekretärinnen und ehrlicher?

3. Hutu-Frauen, seid wachsam und versucht eure Ehemänner, Brüder und Söhne wieder zur Vernunft zu bringen.

4. Jeder Hutu sollte wissen, dass jeder Tutsi im Geschäftsleben unehrlich ist. Sein einziges Ziel ist die Vormachtstellung seiner ethnischen Gruppe. Infolgedessen ist jeder Hutu ein Verräter, der
   - eine geschäftliche Partnerschaft mit den Tutsi eingeht,
   - sein Geld oder das Geld der Regierung in ein Tutsi-Unternehmen investiert,
   - sich Geld von einem Tutsi leiht oder es ihm verleiht,
   - Tutsi im Geschäftsleben Gefälligkeiten erweist (beim Organisieren von Importlizenzen, Bankdarlehen, Baustellen, öffentlichen Märkten usw.).

5. Alle strategischen Positionen, politische, administrative, wirtschaftliche, militärische und sicherheitspolitische, sollten nur Hutu anvertraut werden.

6. Der Bildungssektor (Schüler, Studenten, Lehrer) muss mehrheitlich aus Hutu bestehen.

7. Die ruandischen Streitkräfte sollten ausschließlich aus Hutu bestehen. Die Erfahrung des Krieges vom Oktober 1990 hat uns eine Lektion erteilt. Kein Angehöriger des Militärs darf eine Tutsi heiraten.

---

9 Quelle der englischen Fassung: *Wikipedia*, "Hutu 10 Commandments", https://en.wikipedia.org/wiki/ Hutu_Ten_Commandments (Zugriff am 20. November 2018). Ursprünglich veröffentlicht im Dezember 1990 in der Hutu-Power-Zeitung *Kangura* in Kinyarwanda.

8. Von nun an sollten Hutu den Tutsi gegenüber gnadenlos sein.

9. Hutu an allen Orten müssen Einheit und Solidarität zeigen und sich um das Schicksal ihrer Hutu-Brüder kümmern.

- Hutu innerhalb und außerhalb Ruandas müssen ständig nach Freunden und Verbündeten für das Anliegen der Hutu suchen, angefangen bei ihren Hutu-Brüdern.
- Sie müssen der Tutsi-Propaganda ständig entgegenwirken.
- Hutu müssen gegenüber ihrem gemeinsamen Feind, den Tutsi, hart und wachsam sein.

10. Die Sozialrevolution von 1959, das Referendum von 1961 und die Hutu-Ideologie müssen jeder Gesellschaftsschicht der Hutu vermittelt werden. Jeder Hutu muss diese Ideologie weit verbreiten. Jeder Hutu, der seinen Hutu-Bruder verfolgt, weil jener diese Ideologie gelesen, verbreitet und gelehrt hat, ist ein Verräter.

Anhang 4

Zeittafel der Schlüsselereignisse ruandischer Geschichte bis 1994

Diese Zeittafel zur Geschichte Ruandas soll dem Leser einen Überblick über die Ereignisse verschaffen, die Ruanda geprägt haben, und einen Einblick in die tragischen Ereignisse geben, die das Land geprägt haben.

2000 bis 500 v. Chr.: Ungefährer Zeitraum in dem sich die Twa, ein waldbewohnendes Pygmäen-Volk von Jägern und Sammlern ansiedeln. Neben der Jagd stellen sie Töpferwaren her und sind geschickt in der Korbflechterei.

Um 1000 n. Chr.: Ein Volk von Ackerbauern, die Hutu, immigrieren aus Westafrika in die Region der Großen Seen und siedeln sich in Teilen Ruandas an. Nach und nach organisieren sie sich in kleinen Staatengebilden, die von dominanten Clans kontrolliert werden, welche im Laufe der Zeit zu Monarchien werden.

Zwischen 1000 und 1400 n. Chr.: Die Tutsi, ein Hirtenvolk, wandern aus dem Norden ein und siedeln sich in der Region der Großen Seen an. Sie besetzen den zentralen Teil Ruandas. Sie übernehmen die lokale Sprache und die einheimischen Bräuche. Bis zu einem gewissen Umfang verheiraten sie sich sogar mit den Hutu. In den bestehenden Staatengebilden nimmt die Zahl der viehzüchtenden Hirten zu.

Von 1500 bis 1885: Unter der Tutsi-Dynastie der Nyiginya kommt es zu einer zunehmenden Vereinigung des Königreichs Ruanda. Hutu, Tutsi und Twa leben in Harmonie; sie identifizieren sich als „Banyarwanda“

(Ruander) oder durch ihre 19 Clans, die die gesamte ruandische Gesellschaft umfassen. Hutu, Tutsi und Twa kämpfen gemeinsam für die Ausdehnung ihres Territoriums und die militärische und administrative Stärkung des Königreichs Ruanda. In diesem Stadium kann die ruandische Gesellschaft mit dem europäischen Feudalsystem verglichen werden, mit einer Hierarchie aus Patronen und ihren Untergebenen, die auf allen Ebenen der Bevölkerung weitgehend akzeptiert und praktiziert wird.

1885: Die Berliner Kongokonferenz teilt Afrika unter den europäischen Mächten auf, und Ruanda fällt dem Deutschen Reich zu. Ruanda steht unter der Herrschaft von Kigeri IV. Rwabugiri.

1885–1916: Die Deutschen kommen nach Ruanda und etablieren die Kolonialherrschaft.

1894: Gustav Adolf Graf von Götzen trifft in Ruanda ein. Beginn der geschriebenen Geschichte Ruandas.

1895: In Runcunshu kommt es zu blutigen Kämpfen um die Thronfolge zwischen Rutalindwa, dem Adoptivsohn, und Musinga, dem legitimen Sohn von König Kigeli IV. Rwabugiri.

1895/1896: Kurze Regierungsperiode von König Mibambwe IV. Rutalindwa. Während Ruanda wegen der Nachfolge in Aufruhr ist, rücken die Deutschen von Tanganjika aus ein, um die Königreiche Ruanda und Burundi für den Kaiser zu beanspruchen.

1896: Beginn der Herrschaft von Yuhi V. Musinga. Seine Regierungszeit ist geprägt von seinen angespannten, fast feindseligen Beziehungen zur neuen Kolonialmacht. Er wird 1931 seine Macht zugunsten seines Sohnes aufgeben müssen.

1900: Kardinal Lavigeries Afrikamissionare, auch bekannt als die *Weißen Väter*, kommen in Ruanda an und gründen die erste katholische Mission in Save im Süden des Landes.

1906: Die Deutschen errichten eine Vertretung der Kolonialverwaltung in Kigali, und ein bekannter Forscher, Richard Kandt, wird zum ersten Residenten ernannt.

1910: Auf einer Kolonialkonferenz in Brüssel werden die Grenzen Deutsch-Ostafrikas festgelegt, einschließlich Tanganjika, Sansibar und Ruanda-Urundi.

1911: Die deutsche Schutztruppe, unterstützt von Tutsi-Häuptlingen und Hutu aus dem Süden, besiegt einen Hutu-Aufstand in der nördlichen Region Ruandas, hinterlässt jedoch sowohl bei den Tutsi als auch bei den Hutu aus dem Süden, die sie unterstützen, große Verbitterung.

1913–1914: Die Deutschen führen den Export landwirtschaftlicher Produkte (z. B. Kaffee) und die Kopfsteuer ein.

1916: Belgische Truppen greifen Shangi an, einen Ort in Ruanda an der Grenze zum Kongo. Sie vertreiben die Deutschen und besetzen sowohl Ruanda als auch Urundi.

1916–1962: Zeitraum der belgischen Kolonialherrschaft (46 Jahre).

1918: Der Vertrag von Versailles macht Ruanda zu einem belgischen Protektorat.

1923/1924: Ruanda-Urundi wird ein Treuhandgebiet unter dem Mandat des Völkerbundes.

1926: Ruanda-Urundi wird fester Bestandteil der Kolonie Belgisch-Kongo.

1926–1960: Die Belgier regieren Ruanda-Urundi getrennt voneinander durch traditionelle Tutsi-Monarchen, die *Abami* genannt werden. Sie reformieren die traditionelle Verwaltung, entfernen Hutu-Häuptlinge, die nun als regierungsuntauglich gelten, und stellen die Tutsi als Klasse in den Vordergrund. Sie führen Zwangsarbeit ein, die von den Hutu geleistet, aber von Tutsi-Häuptlingen und Unterhäuptlingen überwacht wird. Die Tutsi werden im Allgemeinen in Schulen, Verwaltung und in der Gesellschaft bevorzugt.

1931: König Yuhi V. Musinga wird gezwungen, auf seine Macht zu verzichten und wird nach Kamembe und später nach Belgisch-Kongo verbannt. Sein Sohn Rudahigwa wird als König Mutara III. Rudahigwa inthronisiert.

1933: Die Belgier organisieren eine Volkszählung, bei der die Ruander in Kategorien wie Hutu, Tutsi und Twa eingeteilt werden, zum Teil auf der Grundlage der Anzahl der Rinder, die sie besitzen. Diejenigen mit zehn oder mehr Kühen werden als Tutsi bezeichnet, während diejenigen mit weniger als zehn Kühen als Hutu bezeichnet werden.

1933: Die *Weißen Väter* gründen die erste katholische Zeitung, *Kinyamateka* (wörtlich übersetzt heißt das „Zeitung"), die eine große Rolle beim Verbreiten neuer Ideen der Demokratie, Mehrheit, Gleichheit und Revolution spielen wird. Der Chefredakteur von *Kinyamateka*, Grégoire Kayibanda, wird später der erste Präsident Ruandas nach der Unabhängigkeit.

1945/1946: Ruanda-Urundi wird ein UN-Treuhandgebiet unter belgischer Verwaltung. Die erste Besuchsmission des UN-Treuhandrats geht nach Ruanda-Urundi und Tanganjika.

1950–1959: Neun Jahre entscheidender Veränderungen. Die an der Macht befindlichen Tutsi setzen sich für die Unabhängigkeit ein und folgen damit dem politischen Trend in den meisten afrikanischen Ländern. Die belgischen Kolonialbehörden verlagern ihre Unterstützung in Richtung der Hutu und fördern den Gedanken, dass die Hutu seit langem von den Tutsi unterdrückt werden.

1957: Veröffentlichung eines Dokuments, das später als „Bahutu-Manifest" bekannt wurde. Zum ersten Mal werden die Tutsi öffentlich als „eine ausländische Minderheitsrasse" beschrieben, die aus Abessinien oder Äthiopien stammt und die „einheimischen ruandischen Hutu" ausbeutet. Dies ist der Beginn der Hassideologie gegen die Tutsi als ethnische Gruppe.

1959: Tod von König Charles Mutara III. Rudahigwa in Bujumbura, Burundi. Tutsi, Hutu und der traditionellen Monarchie treue Twa versuchen, ihn durch seinen Bruder Ndahindurwa Jean zu ersetzen, der den Namen König Kigeli V. Ndahindurwa annimmt. Belgische Fallschirmtruppen aus dem benachbarten Kongo, die von kongolesischen Soldaten unterstützt werden, organisieren und verwirklichen die Abschaffung der Monarchie und unterstützen die Hutu-Revolution. Tausende von Tutsi werden getötet, ihr Vieh geschlachtet, ihre Häuser niedergebrannt und ihre Güter geplündert. Die Überlebenden flüchten in Kirchen und werden verschont.

Sie werden schließlich in die Nachbarländer (Uganda, Tansania, Burundi und Kongo) ins Exil geschickt. Einige Tutsi dürfen in Ruanda bleiben, werden aber gruppenweise in karge unfruchtbare Gebiete umgesiedelt (Gikongoro, Bugesera, Gashora, Rukumberi).

1960: Die Monarchie wird abgeschafft und Ruanda wird eine Republik. König Kigeli V. Ndahindurwa wird in den Kongo verbannt, flieht dann nach Uganda, Kenia und schließlich in die Vereinigten Staaten.

1961–1965: Beginn des Mehrparteiensystems in Ruanda. PARMEHUTU, die Partei der Hutu-Mehrheit, gewinnt die Wahlen. Tutsi-Rebellen (mit dem Spitznamen *Inyenzi* oder „Kakerlaken") aus Burundi, Kongo und Uganda versuchen, die Hutu-Regierung zu destabilisieren, was zu mehreren Ermordungswellen an Tutsi innerhalb Ruandas führt. Neue Flüchtlinge verlassen das Land und schließen sich dem Leben in der Diaspora an, wodurch die Zahl der Tutsi außerhalb Ruandas auf mehr als die Hälfte der Gesamtbevölkerung der Tutsi ansteigt. Der Autor Bertrand Russell vergleicht dieses Morden mit der systematischen Ausrottung der Juden durch die Nationalsozialisten.

1962: Ruanda wird unabhängig.

1962–1994: Nach der Unabhängigkeit wird Ruanda von Hutu regiert. Die Erste und die Zweite Republik stärken die Hutu-Power-Bewegung und entfernen Tutsi systematisch aus dem politischen, militärischen, administrativen und bildungspolitischen Bereich. Das Quotensystem wird in den Schulen eingeführt. Die von den Belgiern eingeführten Ausweise, die die ethnische Zugehörigkeit angeben, werden beibehalten. Die Hutu-Regierung bewahrt auch den Eindruck der feudalistischen Strukturen der ruandischen Gesellschaft. Die Tutsi gelten als eine Kaste von Menschen, die arbeitsunfähig und immer auf politische Macht aus sind. Es gilt, ihre erneute Machtübernahme mit allen Mitteln zu verhindern. Anstrengungen werden unternommen, um die Menschen innerhalb des Landes von der Diaspora isoliert zu halten und zu verhindern, dass die Exilanten in ihre Heimat zurückkehren.

1973–1990: Präsident Juvénal Habyarimana übernimmt die Macht von Grégoire Kayibanda, einem Hutu aus dem Süden. Eine neue Flüchtlingswelle von Tutsi erreicht die Nachbarländer. Präsident Habyarimana verlagert die militärische und wirtschaftliche Zusammenarbeit Ruandas von Belgien nach Frankreich, ändert die Verfassung und sorgt für ein Einparteien-Regierungssystem (MRND, *Mouvement National Révolutionnaire pour le Développement*). 1980 verweigert er 80 000 Flüchtlingen aus Uganda den Zugang zu ihrem Heimatland. Yoweri Museveni rekrutiert einen Teil dieser Flüchtlinge in seiner als NRA (*National Resistance Army*) bekannten Armee.

1986: In Uganda übernimmt Yoweri Museveni die Macht mit erheblicher Unterstützung ruandischer Soldaten in seiner Armee.

1987: Die Tutsi-Diaspora gründet eine Partei namens RPF (*Rwandan Patriotic Front* bzw. *Front Patriotique Rwandais*) und 1988 wird eine Armee (RPA, *Rwandese Patriotic Army*) rekrutiert.

1989: Die Opposition gegen Präsident Juvénal Habyarimana kommt innerhalb Ruandas ins Visier, und ein Abgeordneter, mehrere Journalisten und der Herausgeber von *Kinyamateka* werden von der Nationalen Sicherheitsgarde ermordet.

1990–1994: Die Vorboten des Genozids. Die als *Inkotanyi* bekannte Tutsi-Rebellenarmee greift von Uganda aus die Regierung in Kigali an und besetzt einen kleinen Teil ihres Gebietes. Die Armee besteht vor allem aus Familien und Sympathisanten aus der Diaspora, also aus Tutsi, die vor den Massakern und Umwälzungen zwischen 1959 und 1973 hatten fliehen müssen. Die Tutsi, die innerhalb von Ruanda leben, trifft das völlig unerwartet, sie werden aber als Komplizen der Tutsi-Rebellen ins Visier genommen. Etwa 5 000 Tutsi werden landesweit verhaftet und ins Gefängnis gesteckt. Einige von ihnen sterben im Gefängnis aufgrund der schlechten Bedingungen. Die Hutu-Regierung in Kigali führt über die Medien (Nationaler Radiosender und die Privatzeitschriften *Kangura/Kanguka*) eine Hasspropagandakampagne gegen die ethnische Gruppe der Tutsi durch. Die Rebellenarmee rekrutiert Tutsi-Jugendliche innerhalb des Landes und organisiert in ihrem Hauptquartier in Mulindi Fundraising- und Sensibilisierungstreffen. Von nun an wird die Mischung aus ethnischem Hass und Stammesdenken stärker und breitet sich aus, während sich auf ethnischen Grundlagen politische Fraktionen bilden.

1990: Französische Truppen aus der Zentralafrikanischen Republik, die von belgischen und kongolesischen Soldaten unterstützt werden, greifen in den Konflikt ein, ergreifen Partei für die Regierung in Kigali und versuchen, die Rebellion zu zerschlagen. Die Rebellen ziehen sich auf Guerillataktiken zurück und intensivieren ihre Angriffe, wobei sie der Regierungsarmee drastische Verluste zufügen und die französischen Truppen in Bedrängnis bringen. Als Vergeltung werden in der Region Mutara 1 000 Tutsi der Bahima-Gruppe getötet. Die Regierung erkennt das als „ehrenvolle Gemeinschaftsarbeit“ an.

1991–1993: Zu den wichtigsten Ereignissen dieser Zeit gehören die anhaltenden Vergeltungsmaßnahmen und die Ermordung von Tutsi in verschiedenen Regionen Ruandas (Gisenyi, Kibilira, Ruhengeri, Kibuye und Bugesera). Friedensverhandlungen zwischen den Rebellen und der Regierung in Arusha, Tansania. Gründung der Hardliner-Hutu-Partei CDR (*Coalition for the Defense of the Republic*). Diskurs von Professor Leon Mugesera, einem Mitglied der MRND, der sich für die Ausrottung der Tutsi auf effektivstem Weg einsetzt: sie mit Macheten zu töten und in den Akagera-Fluss zu werfen, der sie in ihre Heimat Äthiopien bringen wird.

1993: Die Rebellenarmee startet einen schweren Angriff aus dem Norden, diesmal kommen sie bin in die Nähe von Kigali. *Radio Télévision Libre des Mille Collines* beginnt mit der Rassenpropaganda. Tutsi-Extremisten in Burundi töten Präsident Ndadaye, einen Hutu, und in Nordburundi finden Rachemorde an Tutsi statt. Die Tutsi-Armee in Burundi schlägt zurück, und viele Hutu müssen nach Ruanda fliehen. Diese Flüchtlinge verbreiten die Idee: „Wenn du die Tutsi nicht tötest, werden sie dich töten, wie sie es mit dem Präsidenten von Burundi getan haben“.

Oktober 1993: Französische Truppen verlassen Ruanda und werden durch UN-Friedenstruppen ersetzt (rund 1 260 Soldaten). Im Dezember 1993 werden 600 Soldaten der Rebellenarmee in den Räumlichkeiten des Parlaments in Kigali stationiert, um das Friedensabkommen von Arusha umzusetzen.

21. Januar 1994: Die Hilfsmission der Vereinten Nationen für Ruanda (UNAMIR) nimmt einen außerplanmäßigen Flug eines DC-8-Frachtflugzeugs nach Kigali ins Visier und findet bei der Durchsuchung Tonnen von Artillerie- und Mörsermunition. In den Unterlagen über das Flugzeug

(Registrierung, Eigentumsnachweise, Versicherung und Ladungsverzeichnis) werden Unternehmen in Frankreich, Großbritannien, Belgien, Ägypten und Ghana erwähnt. Die meisten der auf der Liste aufgeführten Nationen haben Truppen in der UNAMIR.

Das Abkommen von Arusha kommt zum Stillstand, weil die CDR (Hardliner-Hutu-Partei) die auf einer breiten Basis stehende Übergangsregierung ablehnt, zu welcher auch die RPF der Rebellen und die Oppositionsparteien gehören.

Die Ermordung von Tutsi geschieht in Kigali vor den Augen von Friedenstruppen. Die UNO entsendet wegen der Verschärfung der Gewalt 1 000 weitere Soldaten. Der belgische Botschafter, Johan Swinnen, warnt Brüssel, dass das neue Hassradio RTLM Ruanda destabilisiert. Die CIA berichtet, dass bei einer Wiederaufnahme der Feindseligkeiten in Ruanda bis zu einer halben Million Menschen sterben werden. General Romeo Dallaire schreibt an Kofi Annan, der von New York aus die UNO-Friedenstruppen leitet, dass laut Jean Pierre, einem anonymen Informanten aus der obersten Ebene der inneren Kreise der ruandischen Regierungsmiliz *Interahamwe*, die Hutu-Extremisten angewiesen wurden, alle Tutsi in Kigali aufzulisten. Jean Pierre vermutet, dass die Registrierung der Tutsi ihrer Ausrottung dient, und bietet an, im Tausch gegen Asyl für ihn und seine Familie alle Waffenlager aufzudecken. Sein Personal sei in der Lage, in 20 Minuten bis zu 10 000 Tutsi zu töten, sagt er. Dallaire versucht, das UN-Hauptquartier in New York davon zu überzeugen, ihm die Beschlagnahme von Waffen zu gestatten, doch dieses Recht wird ihm verweigert.

Februar 1994: Mitglieder von MDR Power, einem Hardliner-Flügel der Hutu-Partei MDR, greifen bei einem Treffen Führer der Partei an und töten acht von ihnen. Felicien Gatabazi, der Führer der gemäßigten Hutu-Partei PSD, wird in Kigali am Eingang seines Hauses ermordet. Elf französische Militärberater in Zivilkleidung werden in Kigali identifiziert.

Martin Bucyana, der Führer der extremistischen Hutu-Partei CDR, wird in Butare, der Region von Felicien Gatabazi, getötet. Dutzende von Menschen werden als Vergeltung für seinen Tod umgebracht. Dallaire warnt das UN-Hauptquartier in New York vor der sich verschlechternden Situation. Er berichtet von der Verteilung der Waffen und den Namenslisten der Mordkommandos und plädiert für eine militärische Verstärkung der UNAMIR. Das US-Außenministerium bewertet die Sicherheit in Ruanda und gibt einen Reisehinweis (Warnung) für Ruanda heraus. Das *Internationale Komitee vom Roten Kreuz* (IKRK) und *Ärzte ohne Grenzen* lagern Medikamente für eine große Zahl von möglichen Opfern ein.

März 1994: Eine Truppe von 800 UN-Soldaten aus Ghana schließen sich UNAMIR an.

Die CDR ändert ihre Strategien und akzeptiert die Bildung einer Übergangsregierung, doch die anderen Parteien lehnen ihre Einbindung ab. Die Regierungstruppen (FAR) organisieren ein Treffen, bei dem sie planen, wie die „Infiltrierten", das heißt die Tutsi und ihre Hutu-Sympathisanten, ausgerottet werden können.

Viele ruandische Menschenrechtsaktivisten evakuieren ihre Familien aus Kigali, da sie glauben, dass Massaker unmittelbar bevorstehen. Die Diplomaten in Kigali veröffentlichen eine gemeinsame Erklärung, in dem sie um die Akzeptanz der CDR bitten. Der UN-Generalsekretär Boutros-Ghali schreibt an den UN-Sicherheitsrat und fordert eine Verlängerung des UNAMIR-Mandats um sechs Monate.

2. April 1994: Der extremistische Hutu-Sender RTLM meldet: „Am 3., 4. und 5. April werden die Gemüter erhitzt sein, und am 6. April wird es eine Atempause geben, doch es könnte noch eine Kleinigkeit passieren. Dann am 7. und 8. April und an den anderen Tagen im April werdet ihr bestimmt etwas zu sehen bekommen." Bei einer von der UNAMIR organisierten Veranstaltung erklärt General Bagosora, Mitglied des MRND, dass „das Abkommen von Arusha keine Garantie bietet" und nennt die Ausrottung der Tutsi als mögliches Ergebnis. Booh-Booh, der UN-Vertreter in Ruanda, droht damit, dass die UN-Truppen abziehen werden, wenn das Friedensabkommen von Arusha nicht umgesetzt wird.

6. April 1994: Der endgültige Auslöser: Zwei Boden-Luft-Raketen treffen das Flugzeug des Präsidenten bei seiner Rückkehr aus Tansania. Alle Passagiere, einschließlich des ruandischen Präsidenten Habyarimana und des Präsidenten von Burundi, sterben bei dem Absturz, der sich in der Nähe der Startbahn des internationalen Flughafens von Kigali ereignet. Nur eine Stunde nach dem Absturz des Präsidentenflugzeugs beginnt in Kigali die Ermordung von Tutsi und gemäßigten Hutu-Politikern der Oppositionsparteien. In der ganzen Stadt Kigali werden systematisch Straßensperren errichtet.

7. April 1994: In Kigali beginnen von Haus zu Haus Massenmorde an Tutsi, während eine nationale Radiosendung alle Ruander anweist, ihre Häuser bis auf Weiteres nicht zu verlassen. Auf dem gesamten ruandischen Territorium werden im Abstand von etwa 500 Metern Straßensperren errichtet.

UN-Truppen schauen zu, während Tausende von Tutsi abgeschlachtet werden, weil ein Eingreifen „ihr Überwachungsmandat verletzen könnte". Die Präsidentengarde übernimmt die Führung bei den Morden und ermordet Premierministerin Agathe Uwilingiyimana und zehn belgische UN-Blauhelme. Das Hassradio RTLM verbreitet Gerüchte, dass die belgischen Truppen Präsident Juvénal Habyarimana getötet haben. Listen von Zielpersonen werden an die Milizen verteilt, und der Genozid beginnt im großen Stil. RTLM behauptet, dass sowohl die Belgier als auch die RPF für den Tod von Präsident Habyarimana verantwortlich sind.

8. April 1994: Die RPF startet eine Großoffensive und erklärt, dass sie gegen jeden kämpfen wird, der ihrem Vorhaben im Weg steht. Die Telefonleitungen werden im ganzen Land gekappt. Immer mehr Tutsi werden getötet. Der ehemalige Parlamentspräsident Theodore Sindikubwabo von der MRND kündigt die Bildung der ruandischen Übergangsregierung (RIG) an und erklärt sich zum Präsidenten der Republik.

9. April 1994: *Interahamwe*-Milizen und die Präsidentengarde führen Massaker an Tutsi in Kigali-Gikondo durch. Die Evakuierung ausländischer Beamter beginnt. Die RPF verlässt ihre Stützpunkte im Norden und greift Byumba und Ruhengeri an. Frankreich entsendet unter dem Namen Operation Amaryllis Truppen nach Ruanda. Belgien entsendet weitere Truppen unter dem Namen Operation Silverback.

10. und 11. April 1994: Die Evakuierung von Ausländern geht weiter. Ruandischen Staatsangehörigen wird das Recht verweigert, mit Ausländern, die das Land verlassen, zu fliehen. Gefangene müssen mit Müllkarren arbeiten, um Leichen in den Straßen von Kigali aufzusammeln. US-Botschafter Rawson schließt die US-Botschaft in Kigali. Die RPF startet den Angriff auf die Stadt Kigali. Dallaire erreicht einen Waffenstillstand mit der RPF. Die belgischen Friedenstruppen lassen mehr als 2 000 Menschen in der Technischen Schule in Kicukiro im Stich und machen sie so zur leichten Beute für die Miliz *Interahamwe*. Alle werden innerhalb weniger Minuten nach dem Abzug der Friedenstruppen mit Macheten und anderen tödlichen Waffen massakriert.

12. April 1994: Die französische Botschaft schließt ihre Türen. RPF-Truppen greifen Kigali an. Die RIG flieht nach Gitarama. Innocent und Canisius, Freunde aus Butare, sagen Seminega, dass alle Tutsi aufgrund ihrer Volksgruppe und ungeachtet ihrer politischen oder religiösen Überzeugung getötet werden.

13.–16. April 1994: Belgien zieht seine Truppen aus der UNAMIR ab. Verwundete Tutsi-Opfer werden aus Krankenwagen des Roten Kreuzes verschleppt und getötet. Ende der Operation Amaryllis am 16. April 1994. Der Genozid breitet sich auf dem gesamten ruandischen Territorium aus, mit Ausnahme von Butare, der Heimatregion des Präsidenten der Übergangsregierung Theodore Sindikibwabo.

18. und 19. April 1994: Präsident Sindikubwabo besucht Butare und entlässt Dr. Jean Baptiste Habyarimana, Präfekt von Butare, der ein Tutsi ist und sich geweigert hat, Morde in seinem Gebiet zu organisieren.

Das nationale Radio gibt die Entlassung des Präfekten Jean Baptiste Habyarimana bekannt. Präsident Sindikubwabo ernennt Sylvain Nsabimana an seiner Stelle und hält eine Rede, in der er die örtliche Hutu-Bevölkerung einlädt, „nicht länger Zuschauer zu sein und sich an die Arbeit zu machen".

20. April 1994: Einige Hutu in Kigali beginnen, in die Demokratische Republik Kongo zu fliehen.

Zwei Hercules-Truppentransporter landen auf dem Flughafen Butare. Die Stadt ist umgeben von der Präsidentengarde, Straßensperren sind errichtet worden. Die Stadt wird Tag und Nacht strengstens überwacht.

21.–30. April 1994: In der Stadt Butare beginnt der Genozid. Der ehemalige Präfekt Jean Baptiste Habyarimana, Professor Pierre Claver Karenzi und Königin Rosalie Gicanda werden ermordet. Tutsi werden getötet und ihre Häuser in den Gemeinden Huye, Matyazo, Shyanda, Cyarwa, Ndora, Mpare sowie in den abgelegenen Gemeinden Malaba, Muganza, Nyakizu und Runyinya niedergebrannt.

Ein Überlebender des Völkermords von Butare wird Zeuge, wie die Obrigkeit von Butare vor einem Hotel in Butare steht und emotionslos zusieht, wie Tutsi verhaftet, auf Lastwagen und Pickups verfrachtet und mit Knüppeln und Macheten umgebracht werden. Zu den Schlüsselfiguren gehören ein neu ernannter Behördenvertreter von Butare, das Regierungsoberhaupt der Stadt, ein hoher Amtsträger an der Nationalen Universität Ruandas, ein bekannter Händler aus Butare und hohe Beamte der Gemeinden Huye, Shyanda, Mbazi, Ndora und Muganza.

Der UN-Sicherheitsrat reduziert als Reaktion auf die Ermordung der 10 belgischen UN-Blauhelme die Zahl der UNAMIR-Truppen von 2 500 auf 270.

Die *Interahamwe* betrachtet die UNO-Entscheidung als „grünes Licht" für ihre Tutsi-Mordtaten.

Die Tutsi-Bevölkerung ist verzweifelt und fühlt sich verraten und verkauft.

RTLM fordert, dass die belgischen Truppen durch französische Truppen ersetzt werden.

Noch nie zuvor habe man „eine menschliche Tragödie mit solchem Ausmaß an Massakern" gesehen, erklärt das Rote Kreuz und macht deutlich, dass Bürgerkrieg und Genozid zweierlei sind.

Die *Ärzte ohne Grenzen* ziehen ihr medizinisches Personal aus Butare zurück.

OXFAM Katastrophenfall-Beauftragter Maurice Herson telefoniert mit dem OXFAM-Hauptquartier, um mitzuteilen, dass in Ruanda ein Völkermord an den Tutsi begangen wird. Er gibt später eine Pressemitteilung heraus, die besagt, dass das Morden in Ruanda einem „Genozid" gleichkommt. Die französische Zeitung *Le Monde* veröffentlicht Aussagen eines Augenzeugen von *Ärzte ohne Grenzen*, wonach „jeder, der verdächtigt wird, ein Tutsi zu sein, getötet wird". Boutros-Ghali erklärt, dass seiner Meinung nach in Ruanda Hutu Tutsi töten und Tutsi Hutu töten, aber er verwendet den Begriff „Genozid" und befürwortet die Idee einer neuen bewaffneten UN-Intervention. Bei einer UN-Tagung lehnt die US-Außenministerin Madeleine Albright die Verwendung des Begriffs „Genozid" ab. Sowohl der Premierminister als auch der Staatspräsident Frankreichs empfangen den Außenminister der ruandischen Übergangsregierung und den Vorsitzenden der Hutu-Extremistenpartei CDR, Belgien jedoch verweigert ihnen Einreisevisa.

Die RPF nimmt die tansanische Grenzstadt Rusumo ein.

1.–31. Mai 1994: Die ruandischen Regierungsstreitkräfte werden von der RPF besiegt und fliehen zusammen mit Hunderttausenden von Menschen aus Ruanda in die Demokratische Republik Kongo. Die Vereinigten Staaten unterstützen den Vorschlag Boutros-Ghalis für eine neue Intervention der UNO, erklären aber, dass diese zu lange dauern wird, um umgesetzt zu werden, und nichts an den Geschehnissen ändern wird. Boutros-Ghali schlägt vor, dem ursprünglichen Plan von General Dallaire zu folgen und 5 500 Soldaten nach Kigali einzufliegen, um den Genozid zu stoppen. Der Vertreter der ruandischen Übergangsregierung bei der UNO erklärt, dass Hunderttausende Hutu von der RPF getötet werden, nur weil sie Hutu sind, und fügt hinzu, dass die RPF-Soldaten die Herzen ihrer Opfer essen.

In der Zwischenzeit sendet RTLM Nachrichten wie „Bekämpft die Kakerlaken (die Tutsi)". „Zerquetscht sie lebendig." „Benutzt Speere, Keulen, Macheten und Steine." „Schlitzt diese Feinde der Demokratie auf mit allem, was ihr zu Hand habt." „Zeigt ihnen, dass ihr wisst, wie ihr euch verteidigen könnt." „Ermutigt eure Soldaten."

Die RPF übernimmt die Kontrolle über den internationalen Flughafen von Kigali und das Militärlager Kanombe und dehnt die Kontrolle über die nördlichen und östlichen Teile des Landes aus. Die Regierungsarmee flieht weiterhin vor einem RPF-Vorstoß nach Süden. Die RPF stürmt den Präsidentenpalast.

1. Juni–30. Juni: Der Flugbetrieb kanadischer Hilfsflüge wird gezwungenermaßen eingestellt. Die ruandische Armee startet ihren letzten Angriff gegen RPF-Truppen im Süden Ruandas (Kabyayi), aber die RPF nimmt Kabyayi ein. Das UNAMIR-Mandat wird durch die Resolution Nr. 925 bis Dezember 1994 verlängert. Der amerikanische Außenminister Christopher Warren spricht von „Genozid" in Ruanda. Nelson Mandela erklärt: „Die Situation in Ruanda ist eine echte Schande für ganz Afrika. All das muss sich ändern, und wir müssen handeln."

Die Interimsregierung zieht nach Gitarama, die RPF nimmt Gitarama ein. Die Interimsregierung flieht nach Gisenyi. Präsident Francois Mitterrand kündigt eine französische Intervention in Ruanda an.

Die RPF erklärt, dass „nach dem Tod von Hunderttausenden Unschuldigen die verantwortliche französische Regierung nun vorgibt, ihre Truppen zu entsenden, um die Massaker zu stoppen. Ihre Absicht ist klar: Die französischen Truppen kommen, um die Mörder zu schützen".

Frankreich schlägt die sogenannte humanitäre „Zone Turquoise" in der kongolesisch-ruandischen Grenzregion von Bukavu und Goma vor. Der UN-Sicherheitsrat billigt den französischen Vorschlag mit Resolution Nummer 929. Der Sonderberichterstatter der UN-Menschenrechtskommission veröffentlicht in Genf einen Bericht, in dem es heißt, dass „die Massaker in ganz Ruanda eine systematische und geplante Völkermord-Kampagne waren".

1.–19. Juli 1994: Der UN-Sicherheitsrat setzt eine Kommission zur Untersuchung des Völkermords in Ruanda ein.

RTLM sendet diesen Aufruf: „Wir müssen weiterkämpfen, denn wenn wir die Schlacht verlieren, werden wir tatsächlich gerichtet werden. Wenn wir jedoch siegen, wird niemand über uns urteilen."

3. Juli 1994: RTLM stellt die Ausstrahlung aus Kigali ein. Die RPF nimmt die Stadt Butare im Süden Ruandas in der Nähe der französischen „Zone Turquoise" ein.

4. Juli 1994: Die RPF gewinnt die Kontrolle über ganz Kigali.

5. Juli 1994: Frankreich richtet die „Zone Turquoise" in der südwestlichen Ecke des Landes ein. Die Seminega-Familie wird von einer Einheit der RPF-Soldaten in Munazi, Butare, aus ihrem Versteck gerettet und in das Auffanglager von Mbazi gebracht.

6. Juli 1994: Wiederaufnahme der kanadischen Hilfsflüge.

7. Juli 1994: Der internationale Flughafen von Kigali wird wieder eröffnet.

9. Juli 1994: Die RPF entdeckt Massengräber in Butare und ermordet zur Vergeltung Hunderte von Menschen.

13.–14. Juli 1994: Die Stadt Ruhengeri wird von der RPF eingenommen und schätzungsweise eine Million Menschen überqueren die Grenze nach Goma in Zaire (heute Demokratische Republik Kongo).
Die Clinton-Regierung erkennt die Übergangsregierung nicht mehr an.

16. Juli 1994: Dreizehn Minister der Übergangsregierung nehmen in der „Zone Turquoise" Zuflucht. Die RPF nimmt Gisenyi ein, die letzte Hochburg der Hutu-Power.

18. Juli 1994: Der Krieg geht mit dem Sieg der RPF über die letzten Teile der ruandischen Regierungstruppen im Land zu Ende.
Der Ehemaliger Generalstabschef der ruandischen Regierung sagt: „Die RPF wird über eine Wüste herrschen."

19. Juli 1994: Pasteur Bizimungu wird der erste Präsident im Rahmen des Abkommens von Arusha zur nationalen Einheit. Die Regierung der nationalen Einheit kündigt die Abschaffung der Ausweise mit der Erwähnung der ethnischen Gruppen an.

Verzeichnis der Abkürzungen, Schlüsselfiguren und -orte

Abkürzungsverzeichnis

APROSOMA: *Association pour la Promotion des Masses* (Verband zur sozialen Förderung der Masse)

CARAES: Neuropsychiatrisches Krankenhaus in der Stadt Butare

CDR: *Coalition pour la Défense de la République* (Koalition zur Verteidigung der Republik)

FAR: *Forces Armées Rwandaises* (Ruandische Streitkräfte)

IKRK: *Internationales Komitee vom Roten Kreuz*

MDR: *Mouvement Démocratique Républicain* (Bewegung Demokratischer Republikaner)

MRND: *Mouvement Révolutionnaire National pour le Développement* (Republikanische Nationale Bewegung für Demokratie und Entwicklung)

NRA: *National Resistance Army* (Nationale Widerstandsarmee)

NUR: *Université National du Rwanda* (Nationale Universität von Ruanda)

PARMEHUTU: *Parti pour l'Emancipation des Hutu* (Partei zur Emanzipation der Hutu)

PSD: *Parti Social Démocrate* (Sozialdemokratische Partei)

RIG: R*wandan Interim Government* (Ruandische Übergangsregierung)

RPA: *Rwandese Patriotic Army* (Ruandische Patriotische Armee)

RPF: *Front Patriotique Rwandais* (Ruandische Patriotische Front)

RTLM: *Radio Télévision Libre des Mille Collines* (Freies Radio und Fernsehen der tausend Hügel)

UN: Vereinte Nationen

UNAMIR: *United Nations Assistance Mission for Rwanda* (Hilfsmission der Vereinten Nationen für Ruanda)

UNAR: *Union Nationale Ruandaise* (Ruandische Nationale Union)

UNHCR: *United Nation High Commissioner for Refugees* (Hoher Flüchtlingskommissar der Vereinten Nationen)

Verzeichnis der Schlüsselfiguren und -orte

- Adolphe Rwamuhizi: ein Freund und Zeuge Jehovas, der am Abend des 21. April 1994 zu uns nach Hause kam und uns zur Flucht aufforderte, kurz bevor unser Haus vom Militär angegriffen wurde
- Alexandre Kimenyi: Professor an der *California State University in Sacramento*
- André Perraudin: Schweizer Priester der *Weißen Väter*, der die Hutu-Revolution offen unterstützte, lenkte und leitete
- Benjamin Seminega: unser Sohn
- Bernard: Professor an der *Université nationale du Rwanda*
- Bertrand Rugirimbiraho: der Bruder meiner Frau
- Butare: Stadt in der Südprovinz Ruandas nahe der burundischen Grenze
- Callixte Kerega: mein Onkel väterlicherseits
- Canisius: der Zeuge Jehovas, der versucht hat, uns bei der Flucht nach Burundi zu helfen
- Cecilia Mukarutanga: meine Tante väterlicherseits
- Chantal Seminega: meine Frau
- Claver Sebudandi: der Vater meiner Frau
- Damascène: der Zeuge Jehovas, der uns geholfen hat, in der Dunkelheit und bei heftigem Regen Save zu verlassen und an den abgelegenen Ort Munazi zu gelangen; Justins Bruder

- Denise Kayitesi: meine Nichte (Tochter meiner Schwester Agnes Mukanyangezi) und seit 1994 unsere Adoptivtochter
- Deogratias Sandrart: der Bruder meiner Frau
- Élie Baganizi: der Zeuge Jehovas, der mit uns im Keller war, nachdem seine Familie (Frau und zwei Kinder) zu Opfern des Genozids geworden war
- Emiliana Nyiramakwikwi: meine Mutter
- Eric Seminega: mein Neffe (Sohn meiner Schwester Agnes Mukanyangezi) und seit 1994 unser Adoptivsohn
- Félicité: die Zeugin Jehovas, die uns eine Woche lang versteckte, während die *Interahamwe*-Miliz nach Tutsi-Überlebenden in Save suchte
- Grégoire Kayibanda: einer der Verfasser des Bahutu-Manifestes und erster Präsident der Republik Ruanda
- Hermann Rurangirwa: der Bruder meiner Frau
- Ilka Hartmann: ehemalige Dozentin am *Center for the Study of the Holocaust & Genocide* an der *Sonoma State University* in Rohnert Park, Kalifornien
- Illuminée: Adolphe Rwamuhizi's Frau, eine Tutsi, die sich mit uns für kurze Zeit in dem Ziegenstall versteckt hielt
- Immaculée: die Verlobte von Bruder Vincent, die mit uns im Keller war
- Innocent: der Zeuge Jehovas, der versuchte, uns bei der Flucht nach Burundi zu helfen, nachdem er von seinem Kollegen erfahren hatte, dass alle Tutsi systematisch getötet werden würden
- Jean-Baptiste Karoro: mein Vater
- Jean Baptiste Kigeli V. Ndahindurwa: letzter König von Ruanda
- Jean de Dieu Sibomana: der Zeuge Jehovas, der uns in seinem Keller versteckt hielt
- Jean Marie: der Zeuge Jehovas, der unseren Sohn Benjamin mit dem Fahrrad zu einem Versteck in Munazi gefahren hat
- Joel Seminega: unser Sohn
- Joseph: der Zeuge Jehovas, der Justin half, uns am ersten Abend unserer Flucht zu Justins Haus zu führen

- Justin Rwagatore: der Initiator unserer Rettungsaktion, ein Zeuge Jehovas aus Save
- Juvénal Habyarimana: Hutu-General, der Präsident Grégoire Kayibanda stürzte und zum zweiten Präsidenten der Republik Ruanda wurde
- Kabilizi: mein Heimatdorf
- Kagabo: der Sohn von Vincent Kabandana
- Kayondo: Häuptling, der meinem Großvater viele Rinder zum Beaufsichtigen gab
- Kigali: Hauptstadt von Ruanda
- Kigeli: einer der Namen des Königs in der traditionellen ruandischen Dynastie
- Louis Ruzibiza: der Bruder meiner Frau
- Marie-Providence Seminega: unsere Tochter
- Marie Thérèse Mutwewingabo: Bernards Ehefrau und Professorin an der *Université nationale du Rwanda*
- Mathilde Mukantabana: Ehefrau von Professor Kimenyi und Botschafterin der Republik Ruanda in den Vereinigten Staaten von Amerika und nichtansässige Botschafterin in Argentinien, Brasilien und Mexiko
- Mbonaliba: der Sohn von Vincent Kabandana
- Mugesera: See in der Nähe meines Heimatdorfes
- Muhazi: See in der Nähe meiner Sekundarschule *Petit Séminaire de Rwesero*
- Mukamusoni: die Tochter von Vincent Kabandana
- Munazi: der Ort, an dem wir uns sechs Wochen lang in einem Lehmkeller versteckt haben
- Mutara III. Rudahigwa: vorletzter König von Ruanda und älterer Halbbruder von Kigeli V. Ndahindurwa
- Mutara: einer der Namen des Königs in der traditionellen ruandischen Dynastie

- Naomi Seminega: unsere Tochter
- Odile Mulikanwa: die Nichte meiner Frau (Tochter ihres Bruders Hermann Rurangirwa) und seit 1994 unsere Adoptivtochter
- Petero Ndekezi: mein Großvater
- Pierre Seminega: unser Sohn
- Save: Justins Dorf, in dem wir uns vom 21. April bis zum 25. Mai 1994 versteckt hielten
- Tereziya Nyirabazayire: meine Großmutter
- Veronica Kamondo: die Mutter meiner Frau
- Vincent Kabandana: ein ehemaliger Bibelschüler Justins, der uns einen Monat lang in einem Ziegenstall versteckt hatte
- Vincent: der Zeuge Jehovas, der mit uns im Keller war

Bibliografie

Anonym. *Rwanda: La révolution sociale de 1959 face à la terreur du Régent.* Brussels. March 23, 1999.

Association Survie. *15 ans après, 15 questions pour comprendre. La complicité de la France dans le génocide des Tutsi au Rwanda.* Paris: L'Harmattan, 2009.

Barnett, Michael. *Eyewitness to Genocide: The United Nations and Rwanda.* Ithaca, New York: Cornell University Press, 2002.

Bazambanza, Rupert. *Smile Through the Tears.* English translation by Lesley McCubbin. Montreal: Les Editions Images, 2005.

Bigirumwami, Aloys. *Mgr. Bigirumwami en Europe.* "L'Église a raison d'exiger plus de justice, Bigirumwami," April 15, 1958. C.I.E.R.

Bigirumwami, A. *Le problème des Batutsi, Bahutu et Batwa,* September 5, 1958, C.I.E.R.

Boubacar, Boris Diop. *Murambi: Das Buch der Gebeine.* Übersetzt von Sahbi Thabet. Leipzig: Edition Hamouda, 2010.

Bulletin de jurisprudence des Territoires Indigènes du Rwanda Urundi. "Du contrat d'ubugaragu ou de servage agro-pastoral dans le Rwanda 'nyiginya.'" Astrida, 1946.

Carney, J. J. *Rwanda Before the Genocide: Catholic Politics and Ethnic Discourse in the Late Colonial Era.* Oxford: Oxford University Press, 2014.

Court, Anthony. "The Christian Churches, the State, and Genocide in Rwanda." In *Missionalia* 2016, 44, no. 8 (2016): 50-67.

Dallaire, Lieutenant-General Roméo mit Major Brent Beardsley. *Handschlag mit dem Teufel: Die Mitschuld der Weltgemeinschaft am Völkermord in Ruanda*. Springe: Zu Klampen Verlag, 2008.

Dallaire, Lieutenant-Général Roméo. *J'ai serré la main au diable: La faillite de l'humanité au Rwanda.* Outremont, Quebec: Libre Expression, 2003.

Davranche, Guillaume. "Il y a dix ans. Le génocide Rwandais." 2004.

Des Forges, Alison. *Kein Zeuge darf überleben. Der Genozid in Ruanda.* Hamburg: Edition Hamburg, 2008.

Fujii, Lee Ann. *Origins of Power and Identity in Rwanda. Paper prepared for presentation at the Annual Conference of the International Studies Association.* San Francisco: San Francisco State University, 2001.

Gatwa, Tharcisse. *The Churches and Ethnic Ideology in the Rwandan Crises 1900-1994.* Eugene, Oregon: Wipf & Stock, 2005.

Glucksmann, Raphaël, David Hazan, and Pierre Mezerette. *"Tuez-les tous!" Rwanda: histoire d'un genocide "sans importance"* ("Kill Them All" Rwanda: Story of an "Insignificant" Genocide). Documentaire, France 3. France Télévisions, 2004.

Gourevitch, Philip. *Wir möchten Ihnen mitteilen, daß wir morgen mit unseren Familien umgebracht werden. Berichte aus Ruanda.* Berlin: Berlin-Verlag, 1999.

Gouteux, Jean-Paul. *Un génocide sans importance. La Françafrique au Rwanda.* Lyon: Éditions Tain Party, 2007.

Hatzfeld, Jean. "Le grand entretien: Le "griot" du génocide rwandais." (The Big Interview: The "Sorcerer" of the Rwandan Genocide). *Le Monde,* No. 10, March 21-27, 2004.

Hatzfeld, Jean. *Zeit der Macheten. Gespräche mit den Tätern des Völkermordes in Ruanda.* Gießen: Psychosozial-Verlag, 2004.

Jamet, Constance and Pellegrin/Magnum Paolo. *Rwanda, dix ans après, la page n'est pas tournée* (Rwanda, Ten Years Later: The Page Has Not Been Turned). Le Figaro, August 28, 2004.

Katongole, Emmanuel. *Mirror to the Church: Resurrecting Faith After Genocide in Rwanda,* Grand Rapids, Michigan: Zondervan, 2009.

Kayibanda, Grégoire. *Message du Président Grégoire Kayibanda aux réfugiés tutsi. Rwanda. Carrefour D'afrique,* No. 31, March 1964.

Kayitesi, Annick. *Wie Phönix aus der Asche. Ich überlebte das Massaker in Ruanda.* München: Heyne, 2005.

Khan, Shaharyar. *The Shallow Graves of Rwanda.* London: I. B. Tauris Publishers, 2000.

Kimenyi Alexandre. "Trivialization of genocide: the case of Rwanda." *In Anatomy of Genocide: State-Sponsored Mass-Killings in the Twentieth Century,* Alexandre Kimenyi and Otis L. Scott, eds. New York: The Edwin Mellen Press, 2002.

L'arche, le mensuel du judaïsme français. "Frères arméniens, frères tutsis, frères humains." No. 554, April 2004.

Le Manifeste des Bahutu, Note sur l'aspect social du problème racial indigène au Ruanda, March 24, 1957.

Le Monde. 1994: "Fureur meurtrière au Rwanda: Un million de Tutsis sont massacré." December 8, 2004.

Le Monde Diplomatique. "Les extrémistes de la "Radio Machette." March 1995.

Libération. "Crimes et survivants: Rwanda. L'aveu, paroles et visages de génocidaires: Dix ans après, vivre avec ses bourreaux." April 6, 2004.

Liebster, Max. *Hoffnungsstrahl im Nazisturm. Eine Geschichte über das Überleben während des Nazi-Terrors.* Schouweiler: Editions Schortgen, 2003.

Liebster, Simone Arnold. *Allein vor dem Löwen. Ein kleines Mädchen widersteht dem NS-Regime.* Schouweiler: Editions Schortgen, 1999.

Longman, Timothy. *Christianity and Genocide in Rwanda.* Cambridge: Cambridge University Press, 2010.

Marchal, Colonel Luc. *Rwanda: la descente aux enfers: Témoignage d'un peacekeeper Décembre 1993–Avril 1994.* Brussels: Editions Labor, 2004.

Melvern, Linda. *Ruanda. Der Völkermord und die Beteiligung der westlichen Welt.* Kreuzingen: Diederichs Verlag, 2004.

Melvern, Linda. *Conspiracy to Murder: The Rwandan Genocide.* London and New York: Verso, 2004.

Monenembo, Tierno. *The Oldest Orphan.* Translated by Monique Fleury Nagem. Lincoln, Nebraska: University of Nebraska Press, 2004.

Mvuyekure, Jean-Damien. "Philip Gourevitch's Platonic and Conradian Eyes on the Genocide in Rwanda." *Ismael Reed Konch Magazine,* 2005.

Mvuyekure, Jean-Damien. "The Rwandan Tragedy: Why Hutu and Tutsi Cannot Get Along—A Reading of UBWIRU, Rwandan Oral Poetry From the Royal Court." *Ismael Reed Konch Magazine,* 2005.

Nduwayezu, Emmanuel. *De la Monarchie Tutsi Nyiginya à la République: Aperçu sur le processus révolutionnaire et contre-révolutionnaire au Rwanda comme fondement de la crise rwandaise actuelle.* Geneva, January 2001.

Nkundabagenzi, F. *Rwanda Politique,* 1958-1960. "Extraits du rapport de l'UNAR sur les émeutes au Rwanda 10 novembre 1959." Brussels: Centre de Recherche et d'Information Socio-Politiques, 1961.

Nkurikiyimfura, J. N. *Le gros betail et la societe rwandaise: Evolution historique des XIIè-XIVè a 1958.* Paris: L'Harmattan, 1994.

Organization of African Unity. *Rapport de l'Organisation de l'unité africaine (OUA) sur le génocide au Rwanda.* Addis-Ababa, 2000.

Power, Samantha. *"A Problem From Hell": America and the Age of Genocide.* New York: Harper Perennial, 2003.

Prunier, Gérard. *The Rwanda Crisis: History of a Genocide.* New York: Columbia University Press, 1995.

Réseau, Voltaire. *La route vers le génocide:* la presse Réseau Voltaire, 1990–1993. Voltairenet.org. http://www.voltairenet.org/article8029.html (Zugriff: 4. August 2017).

Rittner, Carol et al. *Genocide in Rwanda: Complicity of the Churches.* St. Paul, Minnesota: Paragon House, 2004.

Sebarenzi, Joseph with Mullane Laura Ann. *God Sleeps in Rwanda, A Journey of Transformation.* New York, London, Toronto, Sydney: Atria Books, 2009.

Sehene, Benjamin. *Le piège de l'ethnisme.* Paris: Dagorno, 2005.

Télérama. Le Documentaire "Tuez-les tous"! Retour sur le génocide de 1994. Le Rwanda en questions, No. 2863, November 24, 2004.

Temple-Raston, Dina. *Justice on the Grass: Three Rwandan Journalists, Their Trial for War Crimes, and a Nation's Quest for Redemption.* New York, London, Toronto, Sydney: Free Press, 2005.

Vereinte Nationen. *Bericht der Unabhängigen Untersuchungskommission vom 15. Dezember 1999 zum Verhalten der Vereinten Nationen während des Völkermordes in Ruanda 1994.* 15. Dezember 1999.

Verwimp, Philip. "Death and survival during the 1994 genocide in Rwanda." In *Population Studies,* 58, no. 2 (2004): 233-245.

Watch Tower Bible and Tract Society of Pennsylvania. *Jahrbuch der Zeugen Jehovas 2012,* „Ruanda". Selters/Taunus: Wachtturm Bibel- und Traktat-Gesellschaft der Zeugen Jehovas, e. V. , 2011.

Dr. Tharcisse Seminega wurde 1941 in Kabirizi, Ruanda, in eine fromme katholische Familie geboren. Er wuchs während der turbulenten Übergangszeit von der belgischen Kolonialherrschaft zur Unabhängigkeit auf. Seminega studierte für das Priesteramt, promovierte aber später in Biotechnologie und wurde 1977 Dozent an der *National University of Rwanda* in Butare. Es war in Butare und Umgebung, wo Seminega und seine ganze Familie den ruandischen Völkermord erlebten. Im Jahr 2003 zogen Tharcisse und Chantal mit vier ihrer fünf Kinder nach Kanada.